Une Traversée Personnelle

by

William Woollard

Traduit de l'anglais par Maria Yolanda Medina

Édité par Myriam Gillet Daubin - Denis Lambert

Grosvenor House
Publishing Limited

All rights reserved
Copyright © William Woollard, 2021

The right of William Woollard to be identified as the author of this
work has been asserted in accordance with Section 78
of the Copyright, Designs and Patents Act 1988

The book cover is copyright to William Woollard

This book is published by
Grosvenor House Publishing Ltd
Link House
140 The Broadway, Tolworth, Surrey, KT6 7HT.
www.grosvenorhousepublishing.co.uk

This book is sold subject to the conditions that it shall not, by way of
trade or otherwise, be lent, resold, hired out or otherwise circulated
without the author's or publisher's prior consent in any form of binding or
cover other than that in which it is published and
without a similar condition including this condition being imposed
on the subsequent purchaser.

A CIP record for this book
is available from the British Library

ISBN 978-1-83975-247-6

À Daisaku Ikeda pour son inspiration permanente,
À Sarah Woollard pour son amour et son soutien constants.

Préface

Récemment, lors de l'un de ses discours publics, Bill Gates aurait déclaré : « Ce n'est pas drôle de n'être considéré que comme quelqu'un qui vaut 27 milliards de dollars ». Il s'agissait, bien sûr, d'une remarque qui se voulait cocasse. Et, pourtant... venant de l'homme situé au sommet de l'échelle capitaliste, nous ne devrions pas négliger le fond de vérité que ces paroles véhiculent. Le fait est que le sentiment ainsi exprimé correspond bien à ce qui est affirmé, au terme de leurs dernières recherches, par des psychologues et spécialistes en sciences sociales, parmi les plus importants d'Amérique et d'Europe. Il semblerait, en effet, que l'accroissement rapide des niveaux de richesse, au cours des dernières cinquante années environ, notamment dans les régions développées du monde, telles que l'Amérique, l'Europe et le Japon, ne se traduit aucunement par une progression des niveaux de bonheur personnel. Ce serait plutôt l'inverse. Les niveaux d'anxiété auraient grimpé en flèche, en raison, du moins en partie, du déséquilibre que provoque le fait de vouloir toujours rivaliser avec son voisin. Il existe même une désignation scientifique pour cette forme particulière de malheur : anxiété de performance.

Au premier abord, il semble difficile d'accepter ce paradoxe. Cependant, le phénomène a été confirmé par de si nombreuses recherches, qu'il n'est plus seulement matière des revues scientifiques, mais est aussi entré dans l'espace public. Les experts en sciences sociales affirment que le bonheur est bien plus que la sécurité financière. Et les politiciens s'en font l'écho quand ils insistent sur le fait que leurs programmes doivent aller bien au-delà de la simple préoccupation pour le PIB !

Mais ce n'est pas seulement une question d'opulence. Le fait est que, quel que soit le critère choisi, aujourd'hui, plus que jamais auparavant, nous avons davantage de tout. Plus de confort, de vacances, de loisirs, de partenaires, de nourriture, de maisons, de santé. Cependant, en ce qui concerne le bonheur, il n'en serait pas de même.

Quelle conclusion pouvons-nous en tirer ? Il se peut, c'est vrai, que le grand esprit consumériste, matérialiste, du type « prenez ce que vous pouvez tant que vous pourrez » des années 80 et 90, ait encore un avenir devant lui. Cependant, il paraît qu'un fort mouvement à contre-courant est en train de se frayer un chemin. Il est composé d'individus qui affirment, chaque fois plus vigoureusement, que la vie doit être bien plus qu'une course pour accumuler des *objets* : un nouveau téléviseur à écran plat, une nouvelle voiture...

Eh bien, c'est autour de cela que tourne essentiellement ce livre... Ce *quelque chose de plus*.

Il s'agit d'un récit personnel, réfléchi et engagé, concernant le bouddhisme, dans le sens où il englobe la vie de tous les jours. Il ne s'agit donc point d'une philosophie lointaine, abstraite, inaccessible et peu concrète. Il porte essentiellement sur certains désirs humains fondamentaux et universels, tels que le désir essentiel d'éprouver, au plus profond de nous-mêmes, un sentiment de bien-être accru et plus constant. Ce livre parle aussi de l'importance vitale du sentiment de connexion avec l'autre, de l'engagement authentique envers autrui, ainsi que du souci pour le bien-être des autres ; du pouvoir transformateur de la détermination, de la gratitude et de l'espoir ; de la relation intime entre le sentiment d'optimisme et la bonne santé. Et bien d'autres sujets encore.

En termes simples, *Une Traversée Personnelle* parle du bonheur dans cette vie. Comment apprendre, de manière tout à fait concrète, à construire une vie meilleure et plus heureuse pour soi-même et pour les autres, quelles que soient les circonstances environnantes. Sans besoin de devenir un grand expert, ni d'être dévot, ni même particulièrement religieux.

Car le bouddhisme enseigne une extraordinaire vérité : le bonheur n'est pas une affaire de hasard ou de chance. C'est essentiellement une question de choix. Et nous tous, nous pouvons apprendre à faire ce choix. C'est là une de mes découvertes les plus importantes, alors que je menais les recherches pour ce livre. En effet, j'ai pris conscience que de nombreuses conclusions issues de la recherche moderne sur ce qui fait que les gens se sentent bien dans leur peau, et qu'ils éprouvent une sensation de plénitude et le sentiment d'avoir un but dans leur vie, se trouvent préfigurées dans les principes et la pratique du bouddhisme.

Remerciements

Tout au long de mon itinéraire, depuis la conception jusqu'à la réalisation de ce livre, de nombreuses personnes y ont joué un rôle, à bien des égards. Je voudrais exprimer mes sincères remerciements à tous mes amis bouddhistes de Londres qui, lors des conversations et des discussions à l'occasion des réunions de ces dernières années, ont contribué à la plupart des pensées et des idées qui sont exprimées ici. Ma gratitude toute particulière à Kazuo Fujii, ami et tuteur, qui a toujours été là pour moi, et à Barbara Cahill, qui sera sans doute surprise de lire ce livre, car elle ne sait pas à quel point ses commentaires éclairés m'ont inspiré au début de ma pratique.

Mais, avant tout, je tiens à remercier Guy McCloskey et Jason Henninger, ainsi que leurs collègues de la SGI-USA pour la lecture et les commentaires si détaillés qu'ils y ont apportés et qui ont représenté une immense contribution. Merci aussi à Jessica, mon agent, source d'inspiration permanente, pour ses encouragements chaleureux et la pertinence de ses conseils. Merci beaucoup à tous.

Chapitre Un
Qu'entendons-nous par bouddhisme ?   1

Chapitre Deux
Un parcours personnel   42

Chapitre Trois
Quelles origines ?   61

Chapitre Quatre
Une question de foi   86

Chapitre Cinq
Qu'entendons-nous par bonheur ?   104

Chapitre Six
États de vie   129

Chapitre Sept
Qu'est-ce que le karma ?   156

Chapitre Huit
Une question de relations   173

Chapitre Neuf
Le bouddhisme et le monde
qui nous entoure   189

Chapitre Dix
Les défis du changement   207

Chapitre Onze
Une vie longue et saine   224

Chapitre Douze
L'unité du corps et de l'esprit   240

Chapitre Treize
Les conceptions modernes de la vie
et de la mort   253

Chapitre Quatorze
La vision bouddhiste de la vie
éternelle   271

Chapitre Quinze
Vers la pratique.   292

Chapitre Seize
Un nouveau départ   321

CHAPITRE UN

Qu'entendons-nous par Bouddhisme ?

L'étonnement est à l'origine de la philosophie et, sans aucun doute, aussi de la science. Saisissement devant les détails de la vie quotidienne, et aussi face à l'ampleur et à la portée de l'univers dans lequel cette vie se déroule. Il y a quelque chose de cette émotion quand on commence à s'approcher du bouddhisme. Il est plein de surprises. Il ne correspond à aucun des stéréotypes que la plupart d'entre nous acquérons au travers de nos voyages ou de nos études occasionnelles. Il n'est ni lointain ni académique. Ni passif ni ennuyeux. Il est radical, stimulant, actif, et oui... surprenant. Essentiellement, il revient à apprendre à rendre les détails de la vie quotidienne plus riches et plus féconds.

Je dois dire que c'est après un bon nombre d'années de pratique bouddhiste que j'écris ces lignes. Lorsque j'ai découvert le bouddhisme, au Royaume-Uni, je ne me souviens que trop bien du sentiment profond d'étrangeté qu'il m'a inspiré. Cela ne collait tout simplement pas. Je n'en voulais pas. Je n'en avais pas besoin. Je n'avais pas le temps. Et en tout cas, j'étais certain que, même si je savais que c'était intéressant en tant qu'école de pensée, cela n'avait pas le moindre rapport avec mon style de vie, trépidant.

J'avais vécu et travaillé pendant de nombreuses années à l'étranger, en Asie du Sud-Est et au Moyen-Orient, parmi des bouddhistes, des hindous et des musulmans. J'étais conscient de la beauté de la pensée bouddhiste, ainsi que de la façon dont elle s'intégrait aux rythmes de la vie locale de la société dans laquelle elle était née et qui l'avait nourrie pendant des siècles.

Ce dont j'avais le plus besoin c'était de plus d'espace, mais surtout pas de me sentir encombré. Je savais qui j'étais, et ce que je voulais dans la vie. Essentiellement, je voulais davantage de ce que j'avais déjà : plus de succès, de gloire et de richesse, pour pouvoir ensuite disposer de plus de temps libre. J'étais assez accro à l'excitation et au rythme de la carrière qui était devenue la mienne : écrire, produire et présenter des programmes de télévision. Chaque émission était à la fois exigeante et stressante, et pourtant, extraordinairement stimulante et gratifiante. Le processus de création était comme une drogue. Les sollicitations incessantes de temps ou d'énergie ne servaient qu'à alimenter mes habitudes. Je ne voulais pas que l'effervescence disparaisse. J'acceptais de plus en plus de travail, même si je savais que j'en avais déjà plus qu'il n'en fallait pour mettre du beurre dans les épinards.

La télévision me procurait aussi d'autres avantages qui entretenaient mon addiction : un large réseau de connaissances et de relations solides et intéressantes, et une quantité de biens matériels au-dessus de ce qui aurait été équitable dans ce monde.

Étais-je heureux ? Si on m'avait posé cette question, je l'aurais probablement contournée, plutôt que d'y répondre directement. Je n'aurais pas songé à me la poser. Simplement, ma vie suivait son cours. En fait, il se trouve que j'avais été extrêmement malheureux pendant plusieurs années à cause de la rupture de mon mariage qui, pour moi, était solide, bien ancré, et source de grande joie.

J'ai pris ma douleur à bras le corps et je me suis débrouillé le mieux que j'ai pu. Je prenais donc ce que la vie me donnait. Je m'inquiétais profondément lorsque j'avais des problèmes, et je riais aussi fort que je pouvais si je me sentais heureux. Ma vie se déroulait comme une véritable montagne russe. Parfois elle me faisait peur, parfois elle me remplissait d'exaltation. Je me rappelle avoir décidé de veiller à ne pas utiliser trop souvent le mot « bonheur ». En effet, c'était comme si dès que je le prononçais, ce que je voulais décrire s'évaporait. C'était donc mieux de ne pas tenter de mettre d'étiquette sur les expériences.

Bien que j'aie été élevé dans un foyer chrétien actif, et que ma vie, je le crois, ait été largement influencée par les valeurs chrétiennes, j'avais, depuis longtemps, renoncé à la religion en tant que soutien ou source d'appui lorsque les temps étaient difficiles. Je ne ressentais pas le besoin d'un échafaudage religieux pour soutenir ma vie. Mes choix étaient essentiellement matériels et intellectuels. Nous vivons des temps marqués par la raison, et il était donc clair pour moi, comme si c'était une vérité absolue, que la façon d'aborder les problèmes et les crises de toutes sortes était de les décortiquer intellectuellement, et d'analyser chaque élément jusqu'à trouver la solution.

J'aurais difficilement admis, pour moi-même ou face à quiconque, que la solution se présentait rarement. Je me retrouvais souvent à penser et repenser à un problème, en quête d'une solution, sans trouver aucune réponse. Il en résultait souvent une profonde lassitude, et la pesanteur qui accompagne une angoisse non soulagée. Ou souvent, j'étais aux prises avec une profonde frustration qui se projetait soudainement, comme un coup de tonnerre, sur tout ce qui se trouvait à portée de main. Lorsque les choses allaient mal dans ma vie, je cherchais quelqu'un ou quelque chose à blâmer. Au moins, cela me permettait de canaliser ma frustration. On me décrivait souvent, à l'époque, comme quelqu'un de colérique et de dur. En tout cas, j'interprétais ces commentaires comme la preuve que c'était moi qui généralement gagnait les discussions ; ce qui d'ailleurs, à mes yeux, n'était point un aspect négatif. En de nombreuses occasions, par exemple, sur les lieux de tournage, très vite, je m'employais à ce que l'on sache clairement qui était aux commandes. C'était pour moi le seul moyen d'obtenir la qualité ou les résultats que je recherchais, dans les délais prévus, et avec les ressources disponibles. Je savais qu'il n'était pas facile de travailler avec moi, mais je m'étais mis dans la tête que les mésententes qui en résultaient étaient un prix relativement faible à payer pour que je puisse obtenir les résultats nécessaires.

Grosso modo, c'est la description de qui j'étais lorsque, par l'intermédiaire de la jeune femme qui était ma compagne à l'époque, j'ai eu mon premier contact avec le bouddhisme. Bien que j'aie considéré qu'il n'avait aucun rapport avec la vie que nous menions, il n'a pas disparu de mes inquiétudes. Sarah se sentait fortement attirée par les enseignements bouddhistes, et elle a commencé à assister à des réunions. Cela a eu sur moi un effet énorme. Pour résumer, je suis passé du rejet à l'antagonisme. Le bouddhisme était une claire menace pour la stabilité quelque peu chancelante que je m'efforçais de rétablir dans ma vie après la douleur et le tumulte du divorce. Je me suis dit : « Le bouddhisme. Qui en a besoin ? » « J'ai déjà assez de problèmes comme ça. »

Mais ce n'était pas si simple. L'exaspération et la colère ne suffisaient pas. Le dilemme auquel j'étais confronté était que, pour pouvoir le rejeter et l'écarter de nos vies avec des arguments tout à fait rationnels, il fallait que j'en sache beaucoup plus. Il me faudrait donc étudier le bouddhisme pour pouvoir démontrer, de manière convaincante, son inutilité et son inadéquation à la nature de notre vie quotidienne.

Avec ce livre je me propose de dépeindre le tableau de ce qui s'est passé depuis lors.

Il ne s'agit pas d'un récit qui reprendrait chaque étape du parcours. En fait, je n'avais pas du tout le sentiment d'avoir entrepris un voyage. Ce n'est que maintenant, lorsque je regarde en arrière, que je vois la distance parcourue et que je constate à quel point le changement a pénétré ma vie. Il n'y a pas eu de tournant décisif, ou quoi que ce soit qui s'en approche. Ce fut un processus relativement lent, étalé sur environ deux années d'entretiens, de lectures, de discussions... Combien de discussions, de rejets, et de remises en cause ! Ce ne fut pas un voyage en douceur, loin de là. La réticence en moi était forte ; pour toute sorte de raisons. Je n'avais pas besoin de religion, et encore moins de quelque chose d'aussi farfelu et ostensiblement étranger que le bouddhisme. Je ne voulais pas faire partie d'un groupe défini pouvant faire obstacle à ce que je considérais comme étant mon individualité. Et surtout, je ne pensais tout simplement pas que ce qui est décrit comme la pratique bouddhiste pourrait avoir un quelconque effet durable sur la façon dont je vivais et dont je ressentais la vie. Comment cela pouvait-il se produire ? Comment une pratique aussi bizarre et apparemment aussi mécanique que de répéter sans cesse la même phrase pouvait-elle changer ma vie de l'intérieur ?

Et, pourtant, au fur et à mesure que j'étudiais, débattais et rétorquais, je constatais qu'il y avait tant de choses concernant le bouddhisme qui avaient un sens. Les valeurs sous-jacentes étaient vraiment extraordinaires, leur but étant de créer une société compatissante, constructive et créatrice de valeurs dans laquelle il ferait bon vivre et élever ses enfants. D'ailleurs, j'ai pu constater ses effets sur les personnes que j'ai commencé à rencontrer lors de réunions et de séminaires. C'étaient des gens qui cherchaient absolument à être positifs et à aller de l'avant, même lorsqu'ils avaient de sérieux problèmes. Et ils étaient extraordinairement généreux et solidaires avec les autres. Il n'y avait rien de l'agressivité et du cynisme corrosif que nous rencontrons si fréquemment dans la société d'aujourd'hui.

UNE TRAVERSÉE PERSONNELLE

Progressivement, j'ai pris conscience d'être parvenu à un stade décisif de ma vie. Un de ces moments difficiles où l'on réalise que l'on va devoir prendre une décision qui peut changer notre vie, même si on aurait préféré ne pas se retrouver dans une telle situation.

Il est bien difficile de réaliser un changement profond dans nos vies. En fait, c'est peut-être ce qu'il y a de plus ardu. Je me retrouvais là, avec une vie apparemment bien définie, confortable, plutôt réussie, sans aucun besoin religieux. Et pourtant, j'avais rencontré quelque chose qui semblait pouvoir apporter une richesse et une profondeur immenses dans ma vie et dans celle de ceux qui m'entouraient. La prise de conscience de ce potentiel n'a pas rendu la lutte intérieure plus facile.

Actuellement, je rencontre beaucoup de personnes qui se trouvent dans une situation très similaire. Nombreux sont ceux qui cherchent quelque chose de *plus* dans leur vie. Quelque chose qu'ils ont du mal à exprimer et à définir, mais qui, néanmoins, reste réel et persistant. Je les rencontre tout le temps. Des gens de tous âges, jeunes et vieux. Beaucoup semblent avoir tout ce qu'on peut désirer. Et pourtant, quand on les connaît un peu mieux, on remarque un certain malaise. Rien de grave, juste la perception que quelque chose manque, qui pourrait procurer une dimension plus large et plus profonde que celle des rituels toujours recommencés du travail et des loisirs, ou de la gestion de tous les désagréments matériels qui absorbent une si grande partie de notre journée.

De nos jours, on a tellement à faire, et tant de choses à notre portée, qu'il est très facile d'être constamment occupé : faire, organiser, passer d'une réunion à une autre, d'un événement à un autre, d'une soirée à une autre, d'un bar à un autre. Toutefois, il y a un fait indéniable : nous sommes des animaux spirituels, même si nous essayons de nous persuader du contraire. Le physique et le matériel ne suffisent tout simplement pas. Il y a un espace à combler. D'ailleurs, même cette chanteuse si reconnue qui, dans les années 80 chantait avec tant d'assurance « *This is a material world... and I am a material girl* », a cherché, par la suite, les consolations d'une puissante religion.

Il fut un temps, peut-être pas si lointain, où cette autre dimension, ou quelque chose de proche, a été procuré, pour la grande majorité d'entre nous, par les religions qui sous-tendent toutes nos sociétés. Mais cela ne semble plus être le cas. Certainement pas la religion dans un sens formel. Nous continuons de ressentir le besoin d'une expérience spirituelle profonde, mais nous rejetons de plus en plus la structure et le formalisme qui accompagnent la plupart des religions. Aussi étrange que cela puisse paraître, cette dimension est de plus en plus comblée de nos jours par les livres de développement personnel disponibles dans les librairies, et qui contiennent toutes sortes de conseils instantanés sur la façon dont nous pourrions enrichir, approfondir ou donner une orientation plus claire à notre vie. Comment expliquer autrement l'explosion de la vente de livres qui prétendent nous dire comment vivre ?

Mes amis bouddhistes sauront me pardonner si je dis que le bouddhisme, en un certain sens, a un pied dans chacun de ces *deux* camps. C'est un pont extraordinaire. En effet, il contient le fondement d'une philosophie profonde et universelle qui englobe tous les domaines de la vie humaine. En même temps, il a beaucoup à voir avec le développement personnel. En effet, le centre même du bouddhisme consiste à apprendre *soi-même* à gérer, avec le plus de succès possible, l'entreprise qu'est notre vie.

J'en suis tout à fait conscient lorsque je rencontre des gens. Quand il m'arrive de parler de bouddhisme, il y a très souvent une étincelle d'intérêt qui jaillit. Les gens veulent en savoir plus que ce que l'on peut échanger pendant une brève rencontre. En même temps, il y a souvent une réticence à s'engager dans quelque chose d'aussi lointain et éthéré que le bouddhisme. Je peux tout à fait comprendre ce point de vue. Personne ne veut paraître bizarre à ses amis. Moi non plus d'ailleurs. Malgré tout ce que nous pouvons dire sur le fait que nous vivons dans une société multiculturelle, le tissu culturel sous-jacent de l'Europe reste le christianisme occidental. C'est d'ailleurs vrai pour tout l'Empire européen qui s'est propagé sur la planète, des Amériques à l'Australie. Un exemple typique est que, lorsque quelqu'un qui n'a pas mis les pieds dans une église depuis longtemps entre dans un de ces temples en quête d'un moment de paix, généralement il se sent tout à fait chez lui ; ou quand quelqu'un est stressé et qu'il récite une prière adressée à un dieu qu'il ne connaît pas vraiment. Cette même personne trouverait infiniment plus difficile, voire impossible, de pénétrer dans un lieu bouddhiste, pour réciter ou méditer. Bien plus, cela signifie que la plupart d'entre nous, en Occident, lorsque nous entendons le mot bouddhisme, nous n'avons aucun repère auquel nous référer. Par rapport au christianisme, même pour les non-chrétiens, les références abondent. En revanche, le terme bouddhisme évoque à peine une série de stéréotypes vagues. Une philosophie mystique, vaste et nébuleuse, sans limites claires. Des images de temples en Asie du Sud-Est, ornés d'immenses statues de Bouddha qui évoquent des dieux ; des groupes de moines en robe couleur safran en Thaïlande ; ou des moulins à prières tournant au Tibet.

D'où la question que pose ce chapitre : qu'entendons-nous par bouddhisme ?

Le bouddhisme et d'autres religions

Quand on souhaite avoir une idée plus précise de quelque chose, on peut expliquer ce que ce n'est pas. Ainsi, en parlant de bouddhisme, on pourrait le comparer, au moins partiellement, avec d'autres religions que nous connaissons mieux. Ce faisant, je dois préciser que je ne tiens pas à exprimer, loin s'en faut, des jugements de valeur, mais plutôt, des constatations. En ce sens, je partage tout à fait ce que le grand historien et philosophe humaniste Arnold Toynbee affirme, lorsqu'il écrit :

« *...l'incompatibilité entre la vision bouddhiste et la vision judaïque de la réalité ultime n'indique pas que l'une ou l'autre de ces visions soit fausse. Il me semble seulement que cela indique que chaque vision, étant humaine, est partielle et imparfaite*[1]. »

---

[1] Arnold Toynbee,*Choose life: A dialogue (Choisis la vie - avec Daisaku Ikeda-)*. Traduit par nous.

Le bouddhisme est athée, ou humaniste. Il n'a pas en son centre la figure d'un dieu créateur, tout-puissant, commune à de nombreuses religions, parmi les plus importantes, comme le christianisme, le judaïsme, l'islam et l'hindouisme... La forme précise de la nature divine varie, bien sûr, d'une religion à l'autre. Mais, de manière générale, tout est disposé de telle sorte qu'il y a, d'une part, le ou les dieux responsables de toute la création, et qui sont donc appelés à jouer un rôle immensément puissant dans la vie des hommes ; et d'autre part, il y a l'humanité entière. Et les deux, les dieux et l'humanité... c'est-à-dire nous, sommes séparés par un abîme infranchissable. Il est donc impensable que les hommes puissent un jour devenir des dieux. Alors, par-delà ce gouffre, les dieux communiquent, du moins au début, par le biais de commandements, c'est-à-dire d'actions devant être réalisées par les hommes afin de mener une « bonne vie ». Quant à la communication qui part de l'humanité, elle se fait sous forme de prières, de louanges ou de supplications. Et le but fondamental de la vie est que les gens établissent une relation appropriée avec Dieu, à la fois en termes de louanges et de remerciements pour le don de la vie, que de supplications pour obtenir de l'aide lorsque les problèmes de la vie deviennent accablants. Le concept du dieu chrétien anthropomorphique a bien sûr évolué au fil des siècles, mais au centre des liturgies chrétiennes, il y a toujours la figure du père divin, qui a concédé la vie à tous les hommes. La prière prononcée lors des funérailles le signale clairement :

« *Le Seigneur donne et le Seigneur reprend.* »

L'humanisme bouddhiste, en revanche, est ancré dans la vie des gens ordinaires. On l'appelle parfois *humanisme dynamique,* car son objectif premier est de faire évoluer la vie des gens vers l'extrême positif de l'éventail. Mais le point essentiel est qu'il nie explicitement l'existence d'une force créatrice en dehors de la vie humaine. Tous les bouddhas sont donc des êtres humains ordinaires. Ils peuvent être extraordinaires par leur sagesse, la profondeur de leurs perceptions et leur capacité à diriger les autres, mais ils ne revendiquent pas de pouvoirs ou de liens divins. Ils ne prétendent point avoir une ligne directe avec Dieu. En fait, ils mettent constamment l'accent sur leur humanité ordinaire. Mais selon le bouddhisme, tous les êtres humains ordinaires portent en eux le potentiel de la bouddhéité. Potentiel est ici un maître-mot. Bouddhéité ne veut absolument pas dire perfection ou élévation. Elle est décrite simplement comme une qualité ou une ressource puissante que nous portons en nous, et que nous devons apprendre à exploiter ou à utiliser dans notre vie. Le bouddhisme vise donc essentiellement à donner aux gens les moyens pour utiliser toutes les ressources dont ils disposent, tant spirituelles qu'intellectuelles, pour créer de la valeur dans leur propre vie et dans celle des autres. Pour accroître, en ce sens, la totalité du bonheur humain.

Évidemment, l'humanisme de base du bouddhisme a des conséquences profondes et nombreuses. Étant donné qu'on ne fait pas référence à un dieu ou à des dieux, il nous faut veiller à la façon dont nous utilisons et réagissons à des mots tels que *foi* et *prière*, qui apparaissent si souvent dans les écrits concernant toutes les religions, y compris dans le bouddhisme. On les trouvera constamment. Mais s'il n'y a pas de dieu en qui avoir foi, ou à qui prier, alors il est clair que ces mots auront un sens très différent dans le bouddhisme.

Prenons le cas des conflits interreligieux, qui est, sans aucun doute, un des sujets les plus importants et les plus difficiles de notre époque. Puisque le bouddhisme n'est rattaché à aucune définition particulière de la divinité, il n'a pas de frontières. Rien, ni personne n'est exclu. Il n'a pas de limites comme celles pouvant séparer la définition islamique de la divinité de celle du christianisme, ou celle du christianisme de celle du judaïsme, ou du judaïsme vis-à-vis de l'hindouisme. Le bouddhisme est totalement inclusif et, en ce sens, c'est une vision colossale. Il englobe la relation de chaque homme avec lui-même, de l'homme vis-à-vis de la société, de la société et l'environnement, de l'environnement et l'univers. On pourrait presque le considérer comme un ensemble de cercles concentriques rayonnant à partir du moi, de l'individu, et allant jusqu'aux confins de l'Univers.

Le deuxième signal, pour ainsi dire, qui a eu un effet profond dans mon cas personnel, a été le fait de me rendre compte que ce bouddhisme n'est pas une morale. En effet, il ne contient pas de dogme religieux ou de commandements établis par une autorité extérieure pour définir la façon dont nous devons vivre notre vie. C'est là une différence majeure, car nous sommes si habitués à l'idée que les religions s'accompagnent de règles de comportement.

Le christianisme, quant à lui, possède ses commandements. L'islam et le judaïsme ont des codes stricts qui couvrent les détails de la vie quotidienne, comme par exemple, quand et quoi manger. L'hindouisme, même dans l'Inde moderne, maintient un système de castes, décidé par dieu, qui semble enfermer les gens dans des rôles spécifiques au sein de la société, vie après vie : prêtres, soldats, dirigeants, commerçants et travailleurs.

On trouve au cœur du bouddhisme la profonde certitude qu'il n'y a pas de séparation radicale entre le bien et le mal. Nous portons tous cette dualité. Le bien et le mal, les forces positives et négatives potentielles sont présentes dans toute chose, tout le temps. La lutte constante dans laquelle nous nous engageons consiste à reconnaître notre négativité pour ce qu'elle est. Cette acceptation est la toute première étape pour éloigner notre vie de cette négativité, et la rapprocher de ce qui est positif et créateur de valeur. La pratique bouddhiste est proposée essentiellement comme un mécanisme pour nous aider à y parvenir, car il s'agit indéniablement d'une entreprise difficile. Notre négativité inhérente est immensément convaincante et persuasive, et elle est omniprésente.

Ainsi, le bouddhisme n'est pas prescriptif. Il se fonde sur l'observation, au même titre que la science qui elle aussi, se fonde sur l'observation. Sans vouloir pousser cette comparaison trop loin. La science, s'attache notamment à définir les lois physiques préexistantes de l'Univers, comme les lois de la lumière, ou celle de la pesanteur. Peu importe, par exemple, si nous connaissons, si nous comprenons ou si nous acceptons cette dernière loi. Si par hasard nous prenons la décision de sortir par une fenêtre du cinquième étage, alors, sans aucun doute, la loi de la pesanteur aura un impact sur notre vie.

De manière similaire, le bouddhisme s'efforce de définir ce que l'on pourrait appeler les lois spirituelles universelles de la vie, les principes qui régissent la pensée et le comportement humains. Il nous dit essentiellement que c'est notre vie. Nous seuls pouvons la vivre. Personne d'autre ne peut le faire à notre place. Nous sommes les seuls à pouvoir gérer toutes les influences qui s'exercent sur nous, tout au long de notre cheminement dans la vie. Personne d'autre ne le peut. Nous seuls pouvons être *responsables* de la manière dont nous gérons ces influences. Et tout comme la loi de la pesanteur s'applique rigoureusement dans l'univers physique, il en est de même avec le principe de la responsabilité personnelle, en ce qui concerne le bouddhisme.

Au cœur du bouddhisme se trouve l'idée que nous sommes entièrement responsables des causes que nous créons, qu'elles soient bonnes, mauvaises ou indifférentes. Et aussi entièrement responsables des effets que ces causes provoquent inévitablement dans nos vies, qu'ils soient bons, mauvais ou indifférents. À un moment donné, dans un endroit donné, ces effets se feront sentir. Le bouddhisme enseigne que les causes et les effets nous sont, à l'instar de notre ombre, étroitement liés. Et tout comme nous ne pouvons pas nous éloigner de notre ombre, nous ne pouvons non plus nous distancer des effets que nous provoquons.

C'est là, sans aucun doute, un des principes bouddhistes les plus difficiles à appréhender. En effet, il est à la fois extraordinairement revigorant, car il ne fixe pas de code de conduite. Et pourtant, extrêmement difficile, en termes du rôle attribué à la responsabilité personnelle.

Mais paradoxalement, c'est aussi un enseignement plein d'espoir. Lorsque les choses tournent mal dans notre vie, il nous semble naturel de faire retomber la responsabilité de ce qui est arrivé sur quelqu'un ou quelque chose d'autre que nous-mêmes. Nous le faisons tous. Cependant, le bouddhisme soutient que nous devons chercher en nous-mêmes les causes, car c'est là qu'elles se trouvent. Le point essentiel est que si les causes sont en nous, les *remèdes* s'y trouvent aussi.

La troisième caractéristique qui, je pense, contribue à définir le bouddhisme, notamment pour ceux qui ont eu peu de contact avec lui, c'est que le bouddhisme n'est pas passif. Cela va directement à l'encontre de ce qui est peut-être un des préjugés les plus enracinés à propos du bouddhisme, et qui colore presque toute discussion à son sujet. Le bouddhisme est pacifiste, car il croit fermement que la guerre et la violence sont totalement destructrices et ne servent qu'à créer et à perpétuer davantage de violence et de destruction. Mais le *pacifisme* est souvent associé à *passivité*. D'où le stéréotype communément admis selon lequel le bouddhisme serait essentiellement une forme d'*évasion*, et que les bouddhistes seraient des personnes calmes, repliées sur elles-mêmes et quelque peu timides, principalement désireuses de trouver une issue, une sorte de refuge contre le rythme et la dureté de la vie moderne.

Rien de plus éloigné de la vérité. Le bouddhisme est une philosophie extraordinairement vaste, dans laquelle tout trouve une place, et qui nous invite à beaucoup réfléchir. Mais, par-dessus tout, le bouddhisme est une question d'action, c'est-à-dire de la manière dont les gens vivent leur vie, plutôt que de la façon dont ils la pensent. Il pose donc constamment aux gens le défi de sortir de leur zone de confort, de chercher de nouvelles manières de développer et de réaliser leur propre potentiel, et de nouvelles façons de créer de la valeur dans leur vie et dans celle de leur entourage. C'est une affaire de confiance en soi.

Pour résumer brièvement, le bouddhisme est athée : il ne suppose pas la croyance en un pouvoir supérieur et divin. Ce n'est pas une morale : il ne fixe pas de code moral, ni un ensemble de dogmes ou de commandements pour apprendre aux gens comment vivre leur vie. Et il n'est pas passif. Il nous met constamment face au défi de nous engager pleinement vis-à-vis de notre propre vie, et dans les rouages de la société dans laquelle nous vivons.

Je rencontre beaucoup de gens qui voyagent dans la vie, montés sur leurs propres montagnes russes, de haut en bas, de droite à gauche. Ils passent par la vie, avec plus ou moins de succès. Il est possible que la dimension religieuse les intéresse peu, et que leur relation à la religion se limite aux baptêmes, aux mariages et aux enterrements. Il est probable qu'ils connaissent très peu le bouddhisme et qu'ils n'aient pas envie d'en savoir plus. En revanche, ce qu'ils ne savent que trop bien, c'est que la vie est dure, et pleine de défis pour l'esprit de chacun d'entre nous, même pour ceux qui semblent avoir le plus de succès et d'assurance. De plus, souvent, une autre question s'impose à nous, discrètement, mais de manière persistante : *Est-ce que la vie c'est seulement ça ? Ne devrait-il pas y avoir quelque chose de plus ?*

Le bouddhisme affirme que justement la vie consiste à trouver *ce quelque chose de plus* que les gens sentent qui leur manque. Un texte bouddhiste illustre à merveille cette notion :

« *Nous, hommes du commun, ne voyons ni nos cils, qui sont si proches, ni le ciel qui est si lointain. De même, nous ne voyons pas que le Bouddha existe dans notre propre cœur[2].* »

Voilà, en quelques mots, une explication de la raison d'être de la pratique et de l'étude bouddhistes. Il s'agit d'apprendre à accéder à cette ressource intérieure, de creuser, en quelque sorte, en dessous du niveau de l'intellect, pour libérer encore plus les qualités qui composent notre humanité entière.

À propos de ce monde intérieur, l'historien et philosophe Arnold Toynbee, que j'ai cité précédemment, lors de l'un de ses entretiens avec Daisaku Ikeda, une des plus grandes autorités modernes sur le bouddhisme, et dont vous trouverez de nombreux livres dans la bibliographie, a fait un commentaire fort intéressant.

Le professeur Toynbee a fait remarquer que si nous voulons comprendre le fonctionnement de notre esprit, ainsi que les motivations et les impulsions qui se cachent derrière nos pensées et nos actions, nous pourrions beaucoup apprendre des philosophies asiatiques de

---

[2] Les écrits de Nichiren. 172 - Écrit du Nouvel An - p. 1144 (Soka Gakkai – Bibliothèque du Bouddhisme de Nichiren) nichirenlibrary.org

l'époque du premier Bouddha historiquement enregistré, Shakyamuni :

« La conscience n'est que la surface manifeste de la psyché. À l'instar de la portion visible d'un iceberg, dont la majeure partie est submergée... La découverte et l'exploration des profondeurs subconscientes de la psyché, qui, en Occident, n'ont commencé que récemment, avec Freud, étaient déjà en cours en Inde, à l'époque du Bouddha et de ses contemporains hindous, c'est-à-dire au moins 2400 ans avant Freud. ...Les Occidentaux ont beaucoup à apprendre dans ce domaine de l'expérience indienne et de l'est de l'Asie. »

On affirme que le plus grand apport du bouddhisme au patrimoine spirituel ou religieux de l'humanité est d'avoir introduit le concept d'élection. Lorsque le bouddhisme a vu le jour, il y a environ 2500 ans, ce fut une véritable révolution. À une époque où l'humanité était prisonnière de puissants concepts, normatifs et contraignants, tels que la destinée ou les commandements divins, le bouddhisme a introduit cette idée extraordinaire, que nous ne sommes vraiment responsables que vis-à-vis de nous-mêmes. Nous disposons de la liberté et des ressources nécessaires pour faire nos propres choix, pour prendre le contrôle de nos vies, à la seule condition d'accepter la pleine responsabilité de nos choix. C'était révolutionnaire à l'époque. À bien des égards, cela reste révolutionnaire encore aujourd'hui, en particulier à une époque de fondamentalisme religieux acharné. Il peut sembler ésotérique, voire bizarre, de se tourner vers le bouddhisme pour trouver une solution aux multiples problèmes inextricables de la société. Mais c'est en grande partie parce que notre vision du bouddhisme en Occident est limitée par de multiples stéréotypes. Nous avons pris l'habitude de chercher nos solutions non pas tant à travers un changement individuel, mais plutôt en cherchant à puiser dans les stratégies politiques ou dans les promesses de la science et de la technologie. En substance, le bouddhisme vise à transformer la société de la seule manière dont un changement sociétal profond pourrait être durable, à savoir, du bas vers le haut, en transformant les vies individuelles. Il parle, en effet, de *révolution humaine*, soit, individu par individu. Et personnellement, je crois que jamais dans l'histoire de l'humanité, le besoin d'une philosophie de la vie basée sur la responsabilité individuelle n'a été aussi grand.

La Constitution de l'UNESCO contient un élément qui fait écho de l'essence même de la vision bouddhiste d'un monde fermement enraciné dans la paix :

« *...les guerres prenant naissance dans l'esprit des hommes, c'est dans l'esprit des hommes que doivent être élevées les défenses de la paix.* »

Le bouddhisme pourrait ajouter les mots « individu par individu ».

Le bouddhisme et la science

Il est à la mode aujourd'hui de placer côte à côte les mots *bouddhisme* et *science*, comme si cela impliquait qu'ils occupent des territoires identiques ou similaires. Je pense que cette approche est extrêmement trompeuse. Le bouddhisme ne prétend pas le moins du monde être scientifique dans son approche, et il ne l'est pas non plus. D'ailleurs, il n'a pas besoin de l'être. Le bouddhisme n'a pas besoin de justifier scientifiquement ses conceptions philosophiques concernant la nature de la vie humaine. Et la science n'est tout simplement pas équipée pour traiter du domaine des croyances religieuses. Les scientifiques, en tant qu'individus, peuvent très bien avoir des croyances religieuses. C'est le cas, d'ailleurs, pour nombre d'entre eux, ce qui témoigne, tout simplement, du pouvoir de la pensée religieuse. La science ne fait pas de religion. Elle n'a pas les outils pour s'en occuper. Stephen Jay Gould, remarquable paléontologue et écrivain scientifique américain, aujourd'hui disparu, a, en fait inventé l'acronyme pour décrire cette position. *NOMA*, pour *Non-Overlapping Magisteria* (Magisteria non chevauchantes). Une façon grandiloquente de dire que la science et la religion occupent essentiellement des dimensions différentes de notre vie.

C'est là, je pense, un point important, d'autant que nous vivons dans un monde qui semble être totalement dominé par la science et la technologie. Cependant, la science académique n'est qu'une partie très réduite et hautement spécialisée de ce que nous connaissons tous. La plupart de nos connaissances sont issues de notre expérience de la vie. Et si nous y réfléchissons, ne serait-ce que brièvement, c'est le seul moyen dont nous disposons pour nous en sortir et gérer notre vie quotidienne. C'est à la suite de nos expériences de vie personnelles que nous établissons une série de suppositions sur nous-mêmes, sur les autres, et sur le monde qui nous entoure. Et nous mettons constamment à jour ces suppositions, au fur et à mesure que nous accumulons des expériences. On pourrait affirmer que c'est à partir de la vie que nous apprenons sur la vie. Quant à la vérification des hypothèses, ou des postulats, à charge de la *science*, c'est là un prolongement spécialisé de cette approche de base sur la vie. Quand on se pose les questions les plus importantes et les plus déroutantes de toutes, par exemple, Pourquoi sommes-nous ici ? Y a-t-il un but et un sens à la vie ? Que devenons-nous après la mort ? Dans ces cas là nous n'interrogeons pas la science, n'est-ce pas ? Nous nous tournons vers un domaine complètement différent de notre vie, que nous dénommons *religion*.

En novembre 2006 au *Salk Institute, à la Jolla*, en Californie, un symposium scientifique a été organisé sur ce thème. De nombreux scientifiques renommés du monde entier y ont participé. Le symposium s'intitulait *Au-delà de la croyance : science, religion, raison et survie*. Parmi une grande variété de thèmes, une question singulière a été posée : La science devrait-elle éliminer la religion ? Ce qui est frappant c'est qu'aucun des éminents scientifiques présents n'a défendu cette idée. Steven Weinberg, cosmologue réputé et prix Nobel, de l'université du Texas à Austin, a, parmi d'autres experts, souligné qu'il voyait un certain rôle continu pour la religion dans notre vie. Il a déclaré :

« *Je ne suis pas de ceux qui, de manière fort enthousiaste, diraient qu'il nous suffit de comprendre le monde et de regarder les images de la nébuleuse de l'Aigle, pour ressentir une joie telle, que nous n'aurions pas besoin de religion. La religion nous manquerait.* »

Et, en effet, il a raison.

Pour revenir à la question initiale, c'est-à-dire, à la relation entre bouddhisme et science, ce qui me paraît fascinant c'est que les perceptions bouddhistes, issues de siècles de méditation et de réflexion, semblent préfigurer, de multiples manières, un grand nombre de conclusions scientifiques modernes, qui sont le résultat de 200 ans d'observation et d'expérimentation rigoureuses. Le bouddhisme, tout comme la science, est rempli de surprises. Tous deux révèlent à quel point nous pouvons être induits en erreur par notre bon sens conventionnel et par nos perceptions quotidiennes.

L'histoire de la science moderne est l'histoire de l'inattendu. Les choses sont rarement, voire jamais, ce qu'elles semblent être. Ce que nous expérimentons avec nos sens, ce que nous croyons être la réalité pure et dure s'avère très souvent d'une toute autre nature. C'est très difficile à accepter, mais c'est la vérité. Comme l'a exprimé le physicien théoricien Brian Greene, dans *The Fabric of the Cosmos*[3] :

« *La leçon primordiale qui ressort de la recherche scientifique du siècle dernier est que l'expérience humaine est souvent un guide fallacieux de la vraie nature de la réalité. Par-dessous la surface de la vie quotidienne se trouve un monde que nous avons du mal à reconnaître.* »

---

[3] Brian Greene. *Fabric of the Cosmos (La Magie du Cosmos)*. Traduit par nous.

On pourrait dire que ce clivage entre la perception et la réalité remonte à Copernic. Il a eu tout le mal du monde à convaincre ses pairs que ce que leurs propres yeux voyaient était complètement faux. Le Soleil ne tournait pas tous les jours autour de la Terre. Personne n´aurait imaginé, même dans ses rêves les plus fous, que c´était la Terre qui tournait. Il a dû faire appel à ses observations mathématiques minutieuses, pour prouver que ce qu'ils voyaient, ce que nous voyons tous les jours, n'est qu'une illusion. Aujourd'hui, bien sûr, nous en sommes convaincus. Nous ignorons simplement ce que nos yeux nous montrent et nous croyons plutôt ce que les scientifiques nous disent. Aucun d'entre nous n'a jamais vu réellement la Terre tourner autour du Soleil.

Depuis lors, le processus s'est poursuivi sans interruption. Au fil des années, les scientifiques ont enlevé, couche après couche, notre ignorance, pour nous montrer de plus en plus comment le monde fonctionne réellement. Ainsi, ils ont révélé une réalité, non pas légèrement différente de notre perception quotidienne, mais à l'encontre du bon sens ordinaire. Nous savons maintenant, par exemple, que nos oreilles ne peuvent détecter qu'une petite fraction de l'ensemble du spectre des sons émis par le monde qui nous entoure. Il en est de même pour nos yeux, qui ne peuvent voir qu'une petite partie de l'ensemble du spectre des ondes électromagnétiques et ne captent donc qu'une fraction de ce qu'il y a autour de nous. Le monde des objets, -y compris nous-mêmes-, que nous considérons comme fixe et solide, se révèle être principalement espace vide et vibrations. Et lorsque nous nous aventurons dans le monde des particules élémentaires qui composent tout ce qui existe, le monde réel devient encore plus bizarre, plus instable. Rien n'est fixe. Rien ne reste identique. Tout change constamment. Les particules apparaissent et disparaissent, apparemment au hasard. Parfois elles sont là, parfois elles n'y sont plus. Certaines fois elles apparaissent sous forme de particules, ou bien elles prennent la forme de vagues d'énergie. Inattendu, voire irréel. Einstein lui-même, à un moment donné a trouvé cela absurde. C'est pourtant vrai. Il est d'ailleurs hautement significatif que l'une des lois les plus importantes définies par les scientifiques pour décrire le monde qui sous-tend toutes nos réalités, porte le nom de « principe d'incertitude ». Parce que ce monde réel semble se déplacer face au regard même des scientifiques. Il change en fonction du moment et de la manière dont il est observé.

Quel est le rapport avec le bouddhisme ? Eh bien, je pense que cela a beaucoup à voir. À mesure que je me familiarisais avec le monde de la pensée bouddhiste, j'ai commencé à voir d'importantes similitudes entre la vision physique, technique et scientifique du fonctionnement du monde et de nombreux principes bouddhistes fondamentaux, établis de longue date. Selon le bouddhisme, le rythme constant de tout ce qui se trouve sous le soleil, y compris le soleil, est marqué par le changement. En ce sens, le bouddhisme emploie le terme *impermanence,* utilisé pour dénoter que, dans la relation esprit/corps, et entre notre moi et notre environnement, il y a séparation et à la fois unité. Deux mais non deux, comme il a été dit. Nous ne pouvons pas vraiment le voir, nous devons donc avoir confiance qu'il en est ainsi. En effet, la phrase de Brian Greene sur la physique est tout aussi pertinente, appliquée à la pensée bouddhiste :

« *...l'expérience est souvent une indication trompeuse par rapport à la vraie nature de la réalité.* »

L'enseignement bouddhiste consiste aussi, en grande partie, à nous amener à revisiter certains des préjugés habituels, en apparence issus du bon sens, que nous portons en nous, en écartant la pellicule de la familiarité, et en aiguisant la lentille à travers laquelle nous voyons le monde, afin que nous puissions le voir avec plus de clarté. C'est toujours le même vieux monde ; c'est juste que la perception que nous en avons est quelque peu différente, et que cette perception modifiée transforme fondamentalement la façon dont nous nous comportons avec nous-mêmes et avec autrui.

Le bouddhisme et la santé

Comme je l'ai déjà dit, la science, en général, ne s'occupe pas de religion. Cependant, il est à remarquer qu'au cours des dernières années, un nombre croissant de scientifiques s'est penché sur le thème de la religion, essentiellement en tant que phénomène *évolutif*. On pose, en gros, les questions suivantes : Pourquoi la religion existe-t-elle ? Quelle est sa signification ? En termes scientifiques, plus clairement, cela revient à se demander quel est le rôle que la religion est appelée à occuper dans l'évolution. En quelque sorte, c'est la question ultime que nous devons nous poser, n'est-ce pas ? Quel est le rôle principal de la religion dans nos vies ? Pourquoi est-elle là ? C'est certainement une question qui a tourné dans ma tête tout le long de mon processus de réconciliation avec le bouddhisme. C'est d'ailleurs un thème qui apparaît et réapparaît tout au long de ce récit.

Visiblement, Karl Marx a tourné la religion en dérision quand il l'a décrite comme « l'*opium du peuple* ». C'est une phrase indéniablement puissante et elle a retenti avec force au cours des dernières décennies. Mais ces quelques décennies ne sont qu'un claquement des doigts, comparées aux millénaires au cours desquels, sous une forme ou sous une autre, la religion, qu'on pourrait appeler aussi croyance spirituelle, a clairement joué un rôle central dans la vie humaine. Il semblerait, en effet, qu'elle remonte au tout début de notre existence, bien avant les premiers établissements humains. Avant l'agriculture et les débuts de ce que nous dénommons les marques de la civilisation. Il est aujourd'hui largement admis, par exemple, que les peintures rupestres extraordinairement riches et émouvantes qui sont associées à la première apparition de l'homme moderne en Europe, c'est-à-dire nous, il y a quelque 30 000 à 40 000 ans, n'étaient pas uniquement une sorte de décoration, de gribouillage oisif de chasseurs du néolithique ayant du temps à perdre pendant un long hiver froid. Aujourd'hui, il semble clair qu'elles étaient liées à une sorte de cérémonie, une expérience profondément spirituelle partagée par les membres d'une tribu ou d'une famille étendue, au fond d'une grotte, avec la lumière des torches scintillant sur les images colorées des murs, pour les unir plus fortement les uns aux autres. Rien de plus important pour permettre à un groupe tribal de faire face aux défis physiques et spirituels de la vie à l'Âge de pierre. De sorte que, aussi tranchantes qu'aient été leurs armes ou leurs outils de pierre, cela était bien moins important face aux valeurs de confiance, de soutien et de croyance en eux-mêmes, partagées par les membres d'un si petit groupe isolé.

De cette époque, si nous nous projetions 30 000 ans environ jusqu'à aujourd'hui, il semblerait que l'un des avantages les plus frappants d'une croyance religieuse ou spirituelle forte est qu'elle procure un plus grand sentiment de bien-être et de plénitude. Il paraît qu'il y a de plus en plus de preuves qui suggèrent que la religion fait que l'on se sente mieux et même, que l'on vive plus longtemps. Elle renforcerait le système immunitaire, rendrait les gens moins enclins à des maladies qui écourtent la vie, comme les cancers et les maladies cardiaques, contribuerait à mieux faire face aux tensions et aux épreuves de la vie, et améliorerait le taux de récupération après des événements stressants comme des interventions chirurgicales et des maladies graves. C'est évidemment une revendication énorme, qui ne saurait être faite à la légère. C'est une question sur laquelle je reviendrai plus en détail dans le chapitre sur le bouddhisme et la santé. En tout état de cause, elle s'appuie fermement sur un nombre important et croissant de recherches. D'après une revue scientifique :

« *Des études sociologiques récentes ont montré que, par rapport aux personnes non religieuses, les personnes activement religieuses sont plus heureuses, vivent plus longtemps, souffrent moins de maladies physiques et mentales et se remettent plus rapidement d'interventions médicales telles que la chirurgie*[4]. »

Je ne sais pas si nous pouvons ou non appliquer le terme *évolutif* à ce genre d'observation scientifique. En tout cas, je pense que personne ne remettra en question le fait qu'elle est à notre avantage. Une dimension religieuse dans notre vie, cela semble clair, engendre l'espoir. Et ce dernier, à son tour, nourrit la capacité du corps à combattre la maladie.

L'ensemble de la pratique bouddhiste vise à procurer, dans nos vies, de l'espoir et de l'optimisme.

Le bouddhisme et la vie quotidienne

On se retrouve ici face à l'épreuve de vérité. Comment le bouddhisme agit-il sur notre façon de voir et de gérer le flux constant d'événements qui constituent notre quotidien, dans tous ses détails chaotiques, inattendus, stimulants, parfois édifiants, souvent frustrants ? La réponse peut être exprimée de nombreuses manières, mais la plus importante est que le bouddhisme est à la fois inspirant et concret. Il propose une vision globale et visionnaire de la vie humaine, de sorte que l'on est en mesure de voir les choses sous un angle plus large. En même temps, il est extrêmement réaliste et nous fournit une stratégie concrète et terre à terre pour faire face aux événements quotidiens.

---

[4] Robin Dunbar, *New Scientisct, février 2006*. Traduit par nous.

Voilà qui marque une grande différence. Le bouddhisme ne consiste pas à faire preuve d'allégeance à un ensemble de règles et de commandements dictés par une divinité extérieure. Ici, il est question d'allégeance envers ce qu'il y a de meilleur en chacun d'entre nous. Clairement, cela influe profondément sur la façon dont nous nous comportons envers nous-mêmes, sur notre estime de nous-mêmes, et sur la façon dont nous nous comportons avec tous ceux qui nous entourent : notre famille, nos amis et nos collègues.

Le fait que la vision bouddhiste du monde soit globale marque aussi une profonde différence. Il s'agit véritablement d'une religion globale. Elle cherche à briser toutes les barrières entre *soi* et *l'autre*. En ce sens, elle transcende les races et les groupes ethniques, les nationalités et les cultures. Elle englobe toute l'humanité sans exception. À ce propos, on pourrait affirmer que jamais auparavant nous n'avons eu tant besoin d'une vision globale de la vie, d'un moyen pour abolir les barrières entre les gens.

Quant à être tout à fait concret et terre à terre, cela veut justement dire qu'il ne s'agit en aucun cas d'espérer accéder à un lieu quelconque dans un au-delà céleste. Le bouddhisme c'est la *vie de tous les jours*. Il s'occupe donc de l'ici et du maintenant. Il cherche à engendrer des qualités totalement réalistes, telles que la persévérance face aux malheurs, le courage de faire face aux problèmes plutôt que de les balayer sous le tapis, ainsi que la prise de conscience de la valeur de notre prochain. Et c'est une question d'équilibre. Nous avons tellement l'habitude en Occident, de séparer le César et

Dieu, l'État et l'Église, de croire que les aspirations spirituelles sont séparées des aspirations matérielles, et qu'elles sont plus dignes. Eh bien, le bouddhisme soutient que les deux sont essentielles au bonheur de l'homme. L'une n'est pas plus digne que l'autre. C'est à nous d'établir l'équilibre approprié dans nos vies.

Les implications de ces principes, de ces valeurs fondamentales sont essentielles, non seulement pour l'individu, mais aussi pour l'ensemble de la société. La vision bouddhiste de la réalité est que tout, absolument tout ce qui existe est interconnecté et interdépendant au niveau le plus profond. Tout est, en essence, partie d'un tout. À l'instar d'une île qui, depuis la surface, semblerait être complètement séparée du continent, mais qui, en réalité, dès que l'on s'immerge dans les profondeurs de la mer, se révèle être partie d'un tout. Chaque vague à la surface de la mer peut sembler séparée et distincte, mais en réalité, elle est ancrée dans le vaste corps qu'est l'océan.

Il se trouve, d'ailleurs, que cette vision bouddhiste profondément enracinée, qui remonte à plus de 2500 ans, rejoint, à bien des égards, ce que nous dit la science moderne. Notre ADN, par exemple, nous relie à tous les autres êtres vivants, non seulement aux autres humains, mais à toutes les entités vivantes qui ont existé sur la surface de la planète. Daniel Dennet, philosophe scientifique américain l'a expliqué avec passion :

« Un virus est une énorme molécule unique, une macromolécule composée de centaines de milliers, voire de millions de parties, selon la taille de chacune des

parties que nous aurons décidé de compter. Ces parties, d'échelle atomique, interagissent de manière arbitraire (spontanée), pour produire des effets frappants, dont le principal, du point de vue de notre enquête, est l'autoréplication. .... Il n'existe plus aucun doute sérieux à ce sujet : nous sommes les descendants directs de ces robots autoreproducteurs. .... Il n'y a qu'un seul arbre généalogique, sur lequel on peut trouver tous les êtres vivants qui ont vécu sur cette planète, pas seulement les animaux, mais aussi les plantes, les algues et les bactéries. Nous partageons un ancêtre commun avec chaque chimpanzé, chaque ver de terre, chaque brin d'herbe, chaque séquoia[5]. »

Et ce n'est que le début. En effet, jusque-là nous n'avons parlé que de l'ADN. Or, la matière dont nous sommes faits nous relie intimement à chaque rocher, chaque planète, chaque galaxie de l'univers. Nous sommes composés de la même substance, c'est-à-dire que nous sommes interconnectés jusqu'en bas de l'échelle, au niveau de l'atome et de la molécule. Et ce n'est pas un simple sophisme. Ce n'est rien d'autre qu'une vision de la réalité qui va au-delà de notre expérience personnelle. À tous égards, nous faisons intimement partie de notre environnement.

Mais réellement, quelle différence cela fait-il ? Quel mal y aurait-il à nous considérer séparés et distincts du reste de la planète ? Quelle différence cela peut-il faire ? La science, en prouvant la réalité de notre

---

[5] Daniel Dennet, *Kinds of Minds*. Traduit par nous.

interconnectivité, n'envisage aucune dimension éthique ou sociale. Le bouddhisme, en revanche, en tient compte. Et la réponse bouddhiste fondamentale à cette question est que tout dans notre vie est guidé par nos perceptions. Ainsi, toute perception erronée résultant de l'étroitesse de notre vision, conduira à des actions réellement inappropriées.

Cela signifie simplement, pour chacun, un « *moi* » et un « *vous* ». C'est probablement assez facile à gérer. Mais si on va un peu plus loin, cela commence à signifier « *nous* » et « *eux* ». « *Eux* » est différent de « *nous* ». Et c'est *là* que les choses se compliquent. Il se peut que vous soyez un individu affable, charitable et altruiste qui s'entend bien avec tout le monde. Mais, il va sans dire que ce n'est pas le cas de tout le monde.

Il suffit d'un bref regard sur l'histoire de l'humanité, que ce soit l'ancienne ou la récente, pour constater que l'idée de séparation, cette notion de nous et eux, de leur sort et du nôtre, de peaux blanches et de peaux brunes, de catholiques et de protestants, de chrétiens et de musulmans, est à l'origine de tous les conflits, à commencer par les fans de telle ou telle équipe de football qui se bagarrent à la sortie d'un match, jusqu'aux forces perturbatrices du racisme, du nationalisme extrême, et du fondamentalisme religieux ; et d'événements atroces comme ceux du Rwanda, de Srebrenica et d' Auschwitz.

Le bouddhisme trace trois cercles concentriques autour de nos vies. Au centre, nous. Ensuite, les autres, c'est-à-dire, la société dans son ensemble, une société globale. Et, finalement, le cercle externe, soit l'environnement universel. Le bouddhisme soutient qu'ils sont tous intimement liés. Aucun n'est complet sans les autres. Pour vivre une vie pleine et heureuse, nous devons être connectés aux trois. C'est dire que nous devons respecter pleinement notre propre vie, nous devons soutenir la vie des autres de toutes les façons possibles, et nous devons protéger et préserver l'environnement qui nous soutient tous.

Le bouddhisme et le dilemme de la souffrance

La souffrance est le dilemme humain. Nous ne la comprenons pas, et nous ne savons pas comment y faire face. Personne ne veut souffrir. Personne ne veut des difficultés ni des problèmes dans sa vie. Le sentiment commun est donc que nous devons les éliminer, nous en écarter, et organiser notre vie de telle sorte qu'ils ne nous dérangent plus.

Mais ici à nouveau, le bouddhisme avance un paradoxe singulier. Il enseigne fondamentalement que les problèmes, les difficultés et les défis angoissants que nous rencontrons tout au long de notre vie, et que nous nous efforçons d'éviter avec autant d'énergie et d'ingéniosité, sont, en fait précieux. Plus que cela, ils sont essentiels à notre bien-être et à notre véritable bonheur dans la vie. Bien plus encore, selon le bouddhisme, c'est là le *seul* moyen disponible pour tirer le meilleur de chacun de nous-mêmes. Pour faire de nous l'individu le plus fort, le plus heureux, le plus résistant et le plus optimiste que nous soyons capables d'être. Si cela vous semble être une proposition quelque peu excentrique, pour ne pas dire perverse, je vous assure que c'est précisément ce qui m'a heurté lorsque j'en ai pris connaissance. Qui a besoin de problèmes ?

Or, bien sûr, la question n'est pas d'en *avoir ou non besoin*. Le problème c'est d'y *faire face*. Quand tout va bien, il va sans dire, nous préférons tous nous concentrer sur le bonheur dans notre vie. Mais, nous ne le savons que trop bien, le soleil et le bonheur sont des conditions passagères. La réalité a la fâcheuse habitude de s'immiscer. L'amour se transforme en chagrin, la richesse en pauvreté, l'harmonie en conflit, la santé en maladie, et la paix en guerre. Le fait est que nous sommes conditionnés, de toutes sortes de façons, à peu près dès notre plus jeune âge, à réagir négativement aux problèmes et aux difficultés ; à les voir comme le fléau de notre vie, qu'il nous faut éviter à tout prix. Et comme ils continuent inévitablement de se présenter à nous, de manière intense et accélérée, notre réaction négative persiste aussi. Très semblable aux chiens de Pavlov. Le résultat naturel est que, dans notre esprit, les problèmes et les défis finissent par être inextricablement associés à l'anxiété et à l'inquiétude.

Le bouddhisme enseigne que pour débloquer cette situation, la clé consiste à apprendre à voir la situation telle qu'elle est réellement. La souffrance ne résulte pas tellement du problème en tant que tel. Elle procède plutôt de la *réponse* qu'on y apporte. Cette distinction peut sembler peu réaliste, mais elle est, en fait, d'une importance capitale. À tel point que lorsque nous l'avons compris, toute notre vie peut changer, à partir de notre intérieur. Le bouddhisme soutient que le fait qu'un problème soit cause de souffrance ou source de croissance personnelle, dépend essentiellement de notre attitude à son égard.

Il existe, en outre, de nombreuses situations associées à notre corps, pour lesquelles cet enseignement est applicable. Aucun haltérophile, par exemple, ne pourrait développer une plus grande puissance musculaire en s'exerçant à soulever des poids de plus en plus légers. Aucun athlète ne pourrait atteindre une condition physique optimale en évitant la douleur des entraînements intenses. En effet, les athlètes parlent souvent d'aller au-delà du seuil de la *douleur*. Un athlète qui choisirait d'adopter des routines plus douces et plus faciles, pourra sans doute dire adieu à la réussite dans les compétitions. On sait pertinemment que pour atteindre les meilleures performances, les athlètes et les sportifs doivent se mettre à l'épreuve, créer les conditions qui offrent la plus forte résistance ou présentent la plus grande difficulté, puis se pousser à travers ces résistances, pour ensuite les vaincre et surmonter les obstacles. Ils réapparaissent alors plus forts, plus résistants, plus capables ; et naturellement, plus heureux ! C'est vrai que cela n'est pas facile. Il faut l'apprendre. En fin de compte, c'est ça l'entraînement. C'est dur !

Le bouddhisme a surgi de la perception que la vie elle-même est dure, et que la façon dont nous choisissons de répondre à cette dureté détermine la nature de notre vie. Et cela non seulement pour certains d'entre nous. Au contraire, pour tous, sans exception. Pour ceux qui possèdent une part généreuse de biens matériels, ainsi que pour ceux qui n'en ont pas. La seule différence réside dans la nature de la dureté. Il n'y a pas moyen de bâtir un isolement parfait pour tenir à distance les tensions et les contraintes inhérentes à notre humanité. Ni le statut, ni la richesse, ni le succès, ni le pouvoir ; absolument rien. La prospérité matérielle peut modifier les circonstances superficielles, elle peut éliminer la faim et le froid, mais elle ne change pas fondamentalement la nature de la condition humaine. En ce sens, nous sommes tous sur le même bateau. Et cela n'a peut-être jamais été aussi évident qu'en cette époque de célébrité, où la vie de ceux qui ont acquis, ne serait-ce qu'un peu de renommée, est mise à nu en permanence dans les journaux et à la télévision. Il suffit de regarder de plus près la vie d'une princesse, d'un premier ministre ou d'une star de cinéma. Aussi glamoureuse ou brillante que puisse paraître leur vie vue de l'extérieur, la réalité est qu'ils traversent exactement les mêmes souffrances que le reste d'entre nous, voire davantage, ou même plus extrêmes dans de nombreux cas. La richesse et le succès s'accompagnent de leurs propres contraintes.

Ce qui est étrange c'est que, malgré toutes les leçons que nous donne continuellement notre propre vie, nous choisissons souvent de nier la réalité. Nous préférons voir le flux constant de problèmes et de défis auxquels nous sommes confrontés, comme s'il s'agissait d'une déviation de la norme.

« Ma vie n'est pas vraiment comme ça », nous disons-nous ; *« il faut juste que je traverse cette période difficile, et ensuite les choses s'arrangeront. Tout retournera à la normalité. »*

Nous sommes persuadés qu'une fois que nous aurons surmonté la petite difficulté du moment, la crise financière personnelle, le conflit au travail, la dispute avec notre partenaire, ou quoi que ce soit, notre vie reviendra à son état *normal* de calme et d'équilibre. C'est l'état de vie que nous souhaitons : une vie sans problèmes.

Une telle vie n'existe pas, bien sûr. Les problèmes actuels seront remplacés par d'autres, et ainsi de suite. Ils font partie inhérente de notre vie sur cette planète, au même titre que la loi de la pesanteur. Et tout comme les pommes tombent toujours vers le bas, la vie humaine est pleine de complexité et de défis.

C'est pourquoi le bouddhisme n'est en aucun cas une évasion, un refuge contre la pression, le rythme et la complexité troublante de la vie moderne, qui se produirait dans un sanctuaire méditatif intérieur. Il ne s'agit pas non plus de stoïcisme, d'apprendre à résister, ni d'apprendre à rester totalement calmes lorsque tous les autres n'arrivent pas à se retenir. Absolument pas. Rien de la sorte. Avant tout, c'est un défi.

Au cœur même du bouddhisme se trouve la notion selon laquelle, bien que nous ne puissions pas changer la nature intrinsèquement difficile de la vie humaine, il est possible de modifier notre attitude face à ces défis. Cette affirmation pourrait sembler évidente, voire banale. « *Ce n'est que ça ?* », me direz-vous.

Or, selon le bouddhisme, le changement d'attitude est crucial pour obtenir un *résultat* différent. En effet, c'est selon notre attitude qu'un problème provoquera en nous de la souffrance ou sera plutôt source de croissance. D'abord l'attitude à l'égard de nous-mêmes et ensuite, vis-à-vis de la situation dans laquelle nous nous trouvons. Mais nous le savons bien, peu de choses sont aussi difficiles que de changer les modèles de pensée et de comportement que nous avons passé des années à intégrer dans notre vie quotidienne. Ils représentent ni plus ni moins que ce que nous sommes. Et changer qui nous sommes est un défi difficile à relever.

La pratique bouddhiste est essentiellement axée sur la mise en œuvre de ce changement d'attitude et sur la libération d'une toute nouvelle source d'énergie et de détermination. Nous ne pouvons pas nous contenter de nous dire : « *À partir de maintenant, je vais vivre différemment.* » Ça ne marche tout simplement pas. Nous devons apprendre à rendre réalité ce changement. Tout comme l'athlète doit s'entraîner, développer de nouveaux muscles et améliorer ses réflexes pour tirer le meilleur de son corps, nous devons acquérir un ensemble de compétences et de façons de penser. Il ne s'agit pas d'une destination, mais d'une traversée. Un voyage continu de découverte de soi. Cela commence par l'acceptation de notre responsabilité concernant les aspects de notre vie qui ne fonctionnent pas, pour ensuite développer, étape par étape, et jour après jour, le courage de la résilience et de la compassion, afin de pouvoir relever le défi de les changer.

Ce récit n'est, en aucune manière, une série d'exposés explicatifs sur la philosophie bouddhiste. Il s'agit plutôt d'une longue conversation, un tête-à-tête personnel, pratique, tout à fait concret, qui se déroule en grande partie, en suivant mon parcours de pratique et d'étude au cours des dix-sept dernières années environ, et qui a mené à ce que cette pratique apporte, chaque jour, une immense valeur à tous les domaines de ma vie. Par exemple, elle enrichit et renforce mon mariage, de multiples manières. Il n'y a point de mariage sans conflits ni tensions. En ce sens, le bouddhisme est une grande aide conjugale ! Ou mieux encore, un puissant support pour la vie en commun. Pourquoi ? Eh bien, parce que les disputes entre ceux qui partagent intimement la vie de l'autre peuvent être parmi les plus impitoyables et les plus férocement destructrices. En effet, chaque partie connaît trop bien les aspects vulnérables de l'autre. La pratique bouddhiste met entre les mains de chacun le mécanisme le plus puissant pour mettre fin rapidement à ces querelles et panser les blessures. Croyez-moi, je parle d'expérience !

Mais il n'est pas nécessaire d'être marié pour en constater les avantages. Les mêmes mécanismes, la même approche, sont applicables à tout environnement où il y a des gens travaillant ensemble. Mes relations avec mes enfants et mes amis ont gagné une profondeur et une vitalité que je n'aurai jamais cru possible. Mes rapports quotidiens avec les autres, depuis le marchand de journaux jusqu'aux collègues de travail se sont transformés.

Ce n'est point que les problèmes ou les défis inhérents à la vie aient disparu. Une approche bouddhiste de la vie n'a rien de parfait. La colère, l'exaspération, la frustration, la déception, le chagrin, tout cela continue à faire partie de la fusion quotidienne d'émotions. Mais je les vois plus clairement pour ce qu'ils sont. Ils ne prennent pas le dessus. Il est évident que le bouddhisme a considérablement accru le bonheur dans ma vie quotidienne, et dans celle des personnes que je rencontre. Le bonheur est à bien des égards une sorte de mot fuyant, car il est tellement subjectif. Qu'est-ce que le vrai bonheur ? Il est indéniable que la manière dont nous vivons notre vie dépend d'une meilleure compréhension de ce que nous entendons par bonheur. Il dépend, par exemple, de la compréhension de la différence entre ce que l'on pourrait appeler l'extase, de courte durée, à la suite d'un événement excitant, et un sentiment de bien-être profond et durable, même en présence de problèmes considérables. À bien des égards, c'est là que se trouve le fil conducteur de ce livre.

CHAPITRE DEUX

Un parcours personnel

J'ai grandi dans un foyer chrétien actif. Il y a toujours eu un élément religieux vigoureux dans mon éducation. Je n'ai pas souvent assisté à des services religieux si ce n'est peut-être, lors de rencontres scolaires. En tout cas, lorsque j'ai écrit « chrétien » sur ma demande de passeport, cela signifiait pour moi bien plus que le simple fait d'avoir été baptisé. Les valeurs chrétiennes de mon père, profondément ancrées, ont eu un impact profond et durable sur ma vie. Non pas qu'il se soit employé à prêcher auprès de nous. Loin de là. Il était bien trop réservé. Mais nous avons tous absorbé ses valeurs par une sorte d'osmose. Si je devais le décrire d'un seul mot, je dirais qu'il était très vertical. Il avait une conscience claire de lui-même. On savait toujours à quoi s'en tenir avec lui.

Mes parents étaient d'origine paysanne. Ils ont grandi dans de petits villages proches, dans l'*East Anglia*, une région de champs de culture de blé. Leurs premières années ont été fortement marquées par le rythme des saisons, la proximité et la dépendance réciproque de la vie villageoise, lorsque les gens s'adressaient souvent à leurs voisins pour obtenir de l'aide. Ce sentiment de convivialité ne les a jamais quittés, même lorsqu'ils sont venus à Londres en quête de travail et d'une meilleure éducation pour leurs enfants. Ils ont eu une vie difficile, sans commodités ni luxe, mais ils ont toujours conservé leur bonne humeur et leur générosité. Malgré une vie difficile, car c'était une lutte constante contre la pauvreté, ils avaient toujours du temps pour celui qui leur demandait de l'aide. Même ceux qui ont à peine connu mon père reconnaissaient en lui une générosité d'esprit permanente.

En remontant dans le temps, je me rappelle que nous avons rarement parlé de ses croyances religieuses ou de ses principes. Mais il a toujours été très clair sur la façon dont nous devions traiter les autres. Mes frères et sœurs ont maintenu la pratique chrétienne régulière de notre père. Pour ma part, ses principes de charité et de sollicitude envers les autres sont restés partie active de ma vie, même s'ils n'ont pas été entretenus par une fréquentation régulière de l'église.

Mon premier contact sérieux avec le bouddhisme a eu lieu il y a longtemps, lorsque je travaillais et vivais en Extrême-Orient. J'ai toujours eu un vif intérêt pour les autres religions, surtout pour des raisons culturelles et archéologiques, et j'ai passé une partie importante de ma vie professionnelle à l'étranger, dans des pays aux traditions religieuses complexes et fascinantes. J'ai travaillé en Israël et au Liban par exemple, à Oman et en Arabie Saoudite, au Moyen-Orient, et plus loin encore à Singapour et à Hong Kong, en Chine, en Indonésie et en Malaisie. Pendant ces années, quand je travaillais en étroite collaboration avec des équipes composées de musulmans, d'hindous et de bouddhistes, il était très important pour moi de mieux connaître les fondements de leurs croyances religieuses.

Tout comme aujourd'hui, dans ces pays, les thèmes religieux remontaient alors facilement à la surface et, très souvent, dans la rue, les gens en parlaient avec passion. Les conversations au restaurant d'entreprise ou le soir, autour de la table, prenaient souvent un tour religieux ou politique. J'ai donc passé pas mal de temps à lire et à parler de l'islam, de l'hindouisme et du bouddhisme, du moins jusqu'à sentir que j'avais une compréhension plus profonde de ce qui se passait autour de moi. J'ai travaillé dur pour apprendre le malais et l'arabe, et même si mon niveau n'était pas très avancé, j'arrivai quand même à soutenir des conversations. Cela a considérablement changé la qualité de mes rapports avec les autres. Mais ma relation avec leurs religions est restée un exercice purement intellectuel. Quand j'y pense aujourd'hui, je constate que ce que je souhaitais surtout c'était comprendre, et entretenir avec les autres des relations au-delà des aspects purement professionnels. Mais ma motivation ne répondait pas à un intérêt personnel. Je me rendais compte à quel point ces croyances agissaient sur la vie de mes collègues, mais ça n'allait pas plus loin. Je n'ai jamais songé qu'elles pourraient avoir quelque incidence sur ma vie intérieure, ou qu'elles pourraient convenir à mon style de vie occidental, à l'autre bout du monde. C'était, en quelque sorte, comme si j'avais dans ma bibliothèque un excellent ouvrage de religion comparée, fascinant à consulter. Je savais bien à quelle page trouver telle ou telle information, mais une fois le livre remis à sa place, il n'avait plus d'impact sur ma vie.

Quant à mon christianisme, c'était comme une vieille veste : un peu froissée, mal ajustée, et même usée aux coudes, mais je l'enfilais si facilement que c'est à peine si je remarquais que je la portais.

Cependant, je dois dire que sur les trois religions que j'ai étudiées, c'est le bouddhisme qui m'a le plus attiré, notamment pour son humanisme essentiel. Le Bouddha n'est pas divin, malgré le grand nombre de statues dorées, immenses, du Bouddha et des Bodhisattvas, qui ornent les temples d'Asie du Sud-Est. Sous sa forme méridionale, le bouddhisme est tellement entouré de codes de conduite que les milliers de moines que nous voyons dans leurs tuniques safran sont à peu près les seuls à pouvoir consacrer le temps nécessaire pour les respecter. Il me semblait donc, à cette époque, que le bouddhisme consistait essentiellement à contourner les défis constants et les difficultés de la vie quotidienne, en se réfugiant dans un sanctuaire intérieur et distant. Les textes bouddhistes, par exemple, comparent la méditation à une gaine en verre qui protégerait la flamme vacillante d'une bougie, la flamme étant la conscience spirituelle de celui qui médite. Ce n'est que lorsqu'elle est ainsi protégée contre les vents de la réalité, que la flamme de la bougie peut commencer à briller plus fort. C'est sans doute une belle image, mais elle ne faisait que souligner ce qui me semblait être la qualité lointaine et étrangère de la pratique bouddhiste. De plus, lorsque je lisais des textes ou des commentaires bouddhistes, ils étaient obscurs et extrêmement académiques. Ce que j'apprenais ne me semblait certainement pas pertinent, ni pour ma vie quotidienne, ni pour les ambitions que j'avais à ce moment-là, ni pour l'avenir tel que je l'envisageais.

La vision que j'ai acquise du bouddhisme pendant les cinq années que j'ai passées en Asie du Sud-Est est très proche de la manière dont l'Occident a entretenu ses relations avec le bouddhisme au cours des derniers siècles. En général, il est vrai que c'est ce bouddhisme du Sud, ou bouddhisme Theravada, qui a coloré la vision occidentale générale du bouddhisme. Du point de vue historique, le bouddhisme a été considéré comme une unité extraordinaire de philosophie humaniste, foisonnant de révélations sur les forces qui animent le comportement humain, mais toutefois, lointain, académique et obscur à l'extrême. En ce sens, il a été davantage source d'études académiques et doctrinales, que guide pour la vie quotidienne, notamment dans le contexte d'une société occidentale post-industrielle hautement compétitive et axée sur la réussite. Le cliché qui prévaut est celui de moines faisant tourner des moulins à prières dans un monastère isolé au sommet d'une montagne, soucieux essentiellement d'échapper à la dimension matérielle de la vie pour chercher une réalité plus haute, par le biais de diverses formes de discipline mentale, plutôt que de s'occuper de la vie et du quotidien.

C'est, bien sûr, un stéréotype ; et sans doute inexact. Mais aussi partiel et inexact qu'il soit, c'est l'image que je m'étais faite à partir de mon expérience personnelle, même si j'étais un observateur bien disposé. Et d'après mon expérience, c'est l'image qui prévaut chez de nombreux occidentaux.

Il existe différentes formes de bouddhisme, tout comme il existe de multiples formes de christianisme. C'est là d'ailleurs, l'une des principales raisons de l'image quelque peu confuse que le bouddhisme projette en Occident. Les différentes écoles ont des doctrines et des codes de pratique différents, mais je pense qu'il est utile de comprendre que toutes les formes de bouddhisme proviennent de la même racine, à savoir les enseignements du Bouddha Shakyamuni, dont nous aborderons le parcours dans le prochain chapitre.

Des années plus tard, j'ai rencontré à nouveau le bouddhisme, mais cette fois dans des circonstances complètement différentes. Je vivais et travaillais au Royaume-Uni depuis de nombreuses années déjà. Mon mariage de dix-sept ans s'était rompu de manière abrupte et douloureuse. À tel point que ma stabilité s'est vue compromise. Je croyais que mon mariage était tout simplement parfait. J'étais très amoureux de ma femme, et je pensais qu'elle aussi m'aimait. Nous avions trois enfants merveilleux et je pensais que nous étions immensément heureux. Mais j'étais aveugle. Un vendredi soir, dont les détails sont ancrés dans ma mémoire, j'ai appris qu'elle voulait divorcer pour aller vivre avec un autre homme, et qu'elle voulait emmener les enfants avec elle.

J'ai plongé dans une sorte d'enfer, et aujourd'hui encore, quand j'y pense, cela me déstabilise.

Je n'ai aucun souvenir précis de la suite des événements qui se sont déroulés pendant les neuf mois qui ont suivi, si ce n'est que j'étais profondément effrayé. J'étais atterré à l'idée de perdre mes enfants. J'ai basculé dans une sorte de dépression. Il m'était pratiquement impossible de travailler, de sorte que mon travail de producteur et de présentateur de télévision était sur la corde raide. Je pouvais encore écrire assez bien, mais je ne pouvais plus livrer avec conviction, devant la caméra, ce que j'avais rédigé. Quand on est face à un objectif, et que l'on se regarde, on voit une image minuscule de soi-même. Et je ne pouvais plus me regarder dans les yeux. Mon assurance et ma confiance en moi étaient fortement compromises.

Je dois dire que mon christianisme désinvolte m'a rendu la pareille, compte tenu de la manière dont je l'avais considéré pendant tant d'années. Il ne m'a servi absolument à rien durant cette misérable période. De plus, j'étais trop fier ou trop effrayé pour chercher une quelconque aide professionnelle. Je me suis donc contenté de me frayer un chemin, de vivre au jour le jour, pas à pas, à travers ce qui me semblait être alors un désert gris. Je ne m'intéressais à aucune sorte de vie sociale, bref rien ne m'attirait. Mon seul souci était de ne pas perdre mes enfants. Le sort des maris divorcés n'est pas très heureux en ce qui concerne la garde des enfants, notamment lorsque les enfants sont petits, comme c'était notre cas. Il y a des avocats qui sont très habiles à dépeindre les scénarios les plus sombres. Mais, malgré leur jeunesse, nos enfants avaient bien compris ce qui arrivait, et étaient déterminés à garder les deux parents dans leur vie ; nous sommes arrivés à nous mettre d'accord pour obtenir la garde conjointe. Je me souviens très bien d'avoir pris la parole devant un tribunal et d'avoir reproché au juge de traiter avec une énorme légèreté ce qui était pour moi, à l'époque, pratiquement une question de vie ou de mort, à savoir l'attribution de mes enfants... nos enfants, à l'un ou l'autre des parents. Cela peut sembler trop dramatique, mais quand on est dans un tel enfer, la vie devient dramatique. Tout est blanc ou noir.

Peut-être devrais-je ajouter déjà, avant de poursuivre, que l'un des plus grands avantages de ma pratique bouddhiste est qu'elle a apporté davantage de clarté dans ma perception. Il est en effet très difficile d'accepter notre responsabilité personnelle face aux circonstances dans lesquelles nous nous trouvons. À l'époque, je voyais ma situation en tant que victime. Ce qui m'arrivait, c'était ma femme qui avait choisi de me l'infliger, pour quelque raison que ce soit, tout à coup, sans me prévenir. Cela rendait mon enfer encore plus douloureux. Aujourd'hui, je sais pertinemment qu'il ne pouvait y avoir une telle rupture violente et destructrice que parce que les deux parties y avaient contribué, dans une certaine mesure, même sans en être conscients.

Un an plus tard environ, j'avais retrouvé une sorte de stabilité. J'étais encore déprimé et manquais désespérément de confiance en moi, mais je fonctionnais. Je me concentrais sur la manière d'assurer à mes enfants une vie heureuse. J'ai appris à cuisiner un peu pour pouvoir leur préparer le repas du soir. Aussi étrange que cela puisse paraître, ce genre de petits gestes, sans importance, m'a vraiment redonné confiance en moi. C'était positif ! J'agissais. À quoi bon une carrière à la télévision, si l'on n'est pas capable d'élever convenablement trois jeunes enfants ! Aujourd'hui, ils peuvent rire, et ils le font souvent, de ces repas horribles que je leur préparais. Mais, à l'époque, ils avaient sans doute une nette conscience de l'effort que je faisais, de sorte qu'ils ne laissaient rien dans leurs assiettes et me félicitaient, pour me faire plaisir. Et ça a marché ; je me suis senti utile.

Parfois, à dîner, il y avait aussi avec nous une jeune femme, Sarah, qui se souvient également très bien de mes plats désastreux. Mais elle aussi s'efforçait de tout manger et d'en faire l'éloge. Je ne cherchais aucune relation, mais Sarah était jeune et impétueuse, et farouchement pugnace, tout à fait déterminée à me tirer de mon désespoir avec son énergie, même si la relation ne survivait pas à la thérapie. On discutait et on se disputait chaque semaine. Et, aussi étrange que cela puisse paraître, bon nombre de fois la discussion portait sur le bouddhisme.

Sarah commençait à prendre sa pratique bouddhiste très au sérieux. Pour moi, à l'époque, ce n'était qu'une petite tache à l'horizon de ma vie. Si petite que je m'en rendais à peine compte. En fait, un ami proche de Sarah, qui pratiquait le bouddhisme depuis un certain temps, l'avait invitée, elle et son compagnon, à quelques réunions. De mon point de vue, très en marge de la situation, cette pratique me semblait assez inoffensive : se réunir en petits groupes de discussion une ou deux fois par mois, et réciter tous les jours, matin et soir, une phrase incompréhensible pendant plusieurs minutes. Il me semblait impensable que ce processus puisse permettre à Sarah d'atteindre ce qu'elle recherchait, à savoir un sentiment plus fort d'avoir un cap et un but dans la vie, et la capacité de gérer les défis et les problèmes qui se présentaient inévitablement à elle, avec un sentiment accru de stabilité et de confiance en soi.

Sans doute, me rencontrer dans la vie a dû être l'un de ces défis. Sans trop savoir comment, j'ai trouvé la force nécessaire pour reprendre ma carrière à la télévision, et j'étais à nouveau très sollicité. Cependant, presque tout me mettait en colère, et je me retenais rarement. J'étais prêt à batailler avec quiconque osait me contrarier. Je suppose que j'essayais de me convaincre que j'avais récupéré la confiance en moi. C'était faux. Chaque jour, devant la caméra ou devant le public, je me battais contre des démons intérieurs qui me disaient que je ne serais pas capable. Je suis sûr que beaucoup d'équipes de tournage de la BBC s'en souviennent. À cette époque, travailler avec moi était une sorte d'enfer. « *Pour l'amour de Dieu, finissons-en avant qu'il n'explose à nouveau.* » Pour moi, ce qui était prioritaire c'était de donner une vie équilibrée à mes enfants, comme si je pouvais, à moi seul, créer un bouclier contre tous les problèmes qui s'étaient abattus sur notre famille.

En tout cas, je ne ressentais pas le moindre besoin du bouddhisme dans ma vie. Il n'y avait pas de place. J'étais trop occupé et de toute façon, les souvenirs de mes rencontres avec le bouddhisme ne m'encourageaient pas à le faire. Je ne pouvais pas imaginer qu'une philosophie abstraite et lointaine, née à une époque et dans un lieu totalement différent, puisse m'aider à faire face à ces problèmes insolubles, inquiétants et sans concession qui nous accablent tous, au quotidien.

J'étais prêt à accepter que ces idées étaient intéressantes et j'étais très heureux d'en discuter autour de la table. Mais je trouvais insensé que l'on me suggère que réciter, même si je pouvais trouver le temps pour une activité aussi vide en apparence, que cela pourrait m'aider à gérer l'amertume que je portais en moi, et les difficultés complexes que je rencontrais : comment être présent pour les caméras, tout en étant présent pour mes enfants.

Ce fut une période étrange et mouvementée, un mélange confus de bonheur naissant et d'accès de colère fréquents. Je voulais que Sarah fasse partie de ma vie, et mes enfants le souhaitaient aussi. Mais je ne voulais pas du bouddhisme auquel elle était désormais attachée. Je sentais que c'était une intrusion qui l'influençait de plus en plus, un obstacle qui venait s'interposer entre nous. J'ai tout fait pour la dissuader de poursuivre sa pratique. Avec tellement d'entrain que j'en étais même surpris. Nous nous disputions presque tous les jours à ce sujet. J'ai fait appel à tout pour la convaincre, depuis la raison jusqu'au ridicule. Beaucoup de larmes ont coulé. Des objets cassés, les panneaux des portes détachés à force de les claquer. Nous avons failli nous séparer. La nuit je restai éveillé à tourner et retourner la question dans ma tête. Alors, que faire ? Tout à coup, une idée m'est venue. Ce fut comme une inspiration. Je me suis rendu compte que j'étais en train d'attaquer le problème à l'envers. Je frappais les murs de l'extérieur. Et cela ne faisait que renforcer la détermination de Sarah. Ce qu'il fallait faire, en revanche, c'était attaquer le problème de *l'intérieur*, pour ainsi dire. Je devais approfondir l'étude du bouddhisme au point de pouvoir nous en débarrasser, non pas en l'attaquant, mais en *raisonnant*, en étant capable d'expliquer sereinement et rationnellement pourquoi il était tout à fait inapproprié au type de vie que nous menions en Europe au XXe siècle.

C'était un stratagème intellectuel, un *Gambit* comme on l'appelle aux échecs. J'ai consacré beaucoup de temps à l'étude du bouddhisme de Nichiren Daishonin, la forme spécifique de bouddhisme que Sarah pratiquait. J'ai lu tous les livres que j'ai trouvés sur les étagères de Sarah, à son insu, et à peu près tout ce que j'ai pu trouver dans les bibliographies de ces ouvrages.

Le fait est que ce processus m'a procuré beaucoup de plaisir. Bien qu'à la télévision j'avais la réputation d'être une sorte d'homme d'action, je suis naturellement studieux, et la philosophie bouddhiste est fascinante. Elle s'occupe de nous, de l'être humain, de notre façon de fonctionner et de nous comporter les uns avec les autres. Il faut dire que cette exploration a acquis une vie propre. Elle est devenue une fin en soi. Je lisais partout : dans les avions et les trains, les taxis et les bus, et même au travail, entre deux prises. Rappelons que la philosophie bouddhiste a été décrite comme étant peut-être la plus grande création de l'esprit humain. Elle a évolué dans de multiples directions au cours des 2500 dernières années. Il n'est donc guère surprenant que j'ai trouvé certains aspects confus, voire contradictoires. Rappelons que le Sûtra du Lotus est, avec la Bible et le Coran, l'un des grands textes religieux de l'histoire de l'humanité. Cependant, pour y accéder, il faut de la détermination. Ce n'est pas sur un plateau qu'on y trouvera, encore moins un débutant, son contenu de sagesse. Le texte est beau et contient de nombreuses images poétiques, mais le langage est souvent obscur, avec le récit d'événements mystiques étranges et de personnages singuliers.

Je ne suis donc pas tout à fait sûr de l'efficacité de ce voyage intellectuel. En revanche, presque sans en avoir pris réellement conscience sur le moment, le voyage spirituel a été important. On a continué à se disputer, même plus souvent, d'ailleurs. Désormais, je connaissais beaucoup plus, et j'avais donc davantage d'éléments de répartie. Mais il y avait moins de colère dans mes commentaires, et ils étaient moins destructifs. J'ai commencé à remarquer que, subtilement, les altercations avaient changé et qu'elles avaient ouvert la voie, en quelque sorte, à un processus d'exploration, bien loin donc du démantèlement progressif que j'avais envisagé. Sarah pratiquait avec plus d'entrain encore. De plus, presque sans être conscient du processus de guérison, j'étais redevenu « normal ». Tout à coup, je me suis mis à aller au théâtre, à des concerts, à des expositions. Bref, j'appréciai à nouveau le fait d'être vivant.

Ce processus, ce parcours d'exploration a duré environ deux ans, jusqu'à ce que je prenne la décision de devenir bouddhiste pratiquant. Si l'on songe à la virulence de mon rejet antérieur, cela pourrait sembler étrange et même inexplicable. Mais le plus étonnant, pour moi personnellement, c'est qu'après tout, ce changement ne me paraissait pas si inattendu. En effet, c'était presque inévitable. Je n'avais point l'impression d'avoir à faire un grand bond vers l'inconnu. Si je regarde en arrière, je n'ai pas de souvenir précis de lutte intense ou de débat intérieur. Ce fut comme une traversée progressive vers la compréhension. Ce qui ne veut pas dire que le scepticisme ait entièrement disparu, loin de là ! Le scepticisme est un adversaire tenace et ingénieux. Il ne cède pas facilement, et il est très habitué à monter des actions d'arrière-garde assez amères.

J'éprouvais encore des sentiments violents de négativité et de doute concernant certains éléments de base de la pratique, comme la répétition de la même phrase lors la récitation, ou la récitation quotidienne de chapitres du Lotus. La récitation répétée est une pratique qui semble étrange en Occident. Mais ce n'était pas tout. La méditation, c'est cool. Les stars de cinéma la pratiquent. Mais, en général, on considère que pratiquer ces récitations répétitives est une niaiserie. C'est comme si, pendant certaines périodes, l'on mettait le cerveau en position neutre : ce qui est vu avec beaucoup de suspicion à une époque dominée par le pouvoir de l'intellect. Dans une certaine mesure, bien sûr, cela fait partie intégrante de l'objectif des récitations. Leur rôle, pour ainsi dire, c'est de nous libérer, ne serait-ce que brièvement, de la domination écrasante du processus intellectuel, pour permettre à d'autres niveaux de la conscience, à d'autres éléments intérieurs, de s'exprimer. Durant des mois et des mois, je n'arrêtais pas de regarder la montre pendant que je récitais, en espérant que le temps passe plus vite. Je pratiquais comme s'il s'agissait d'une obligation, même si je n'étais pas sûr de savoir envers qui je m'étais engagé. Il a fallu beaucoup de temps avant que je puisse me détendre, jouir du moment et du son, et simplement laisser couler en moi. Je dois dire qu'à cette époque-là, je récitais rarement quand nous avions des invités chez nous ou quand nous étions chez quelqu'un. Au studio ou lorsque j'étais en train de tourner, j'évitais d'évoquer le sujet de ma pratique bouddhiste. Je n'en parlais pas. J'étais, je suppose, une sorte de « bouddhiste au placard », et je n'étais pas prêt à en sortir. Je ne savais pas du tout où cela me menait, et je n'étais donc pas prêt à en faire part. Comme je l'ai déjà dit, personne ne veut paraître bizarre face à ses amis.

Et puis il y avait aussi les réunions. Pour moi, les réunions de discussion mensuelles étaient un véritable supplice. Elles consistent en un groupe de bouddhistes qui vivent dans le même quartier, et qui se réunissent pour aborder un problème quotidien, d'un point de vue bouddhiste. Déjà, pour commencer, je n'étais pas du tout intéressé à participer à un groupe quelconque. De nous jours, nous sommes tous tellement préoccupés par la préservation de notre individualité que nous voyons souvent des obstacles là où il n'y en a pas. C'est ce que j'ai vécu lors de ces rencontres. En effet, je sentais qu'elles manquaient de structure et d'objectif. Le débat partait tous azimuts sans arriver à aucune conclusion significative. Il m'a fallu un certain temps avant de pouvoir ralentir, laisser de côté mon impatience, et pouvoir commencer à vivre ces réunions pour ce qu'elles étaient.

Une fois mon ego de côté, j'ai vite compris que ces réunions constituaient un forum extrêmement précieux. Elles permettaient à toutes sortes de personnes, aux origines et aux expériences très variées, de partager leur vécu quotidien concret, parfois gai et parfois douloureux, dans un entourage de soutien total. Il ne s'agissait pas de porter un jugement. C'était là leur grande qualité. Et leur structure était presque parfaite pour cette tâche. Chacun pouvait développer et démontrer son individualité sans se sentir menacé. Ceux qui, au début, avaient du mal à s'exprimer en public apprenaient à le faire avec une certaine facilité et même avec aisance. On pouvait voir des gens apprendre à creuser dans leurs propres expériences personnelles pour les partager avec d'autres, et avoir le courage d'accepter des perspectives très différentes des leurs. Il n'est pas facile de dévoiler en public ses problèmes personnels. Et il n'est pas non plus aisé de faire preuve de la compassion nécessaire pour apporter des éléments constructifs face aux problèmes émotionnels des autres. Ce sont deux compétences que nous devons acquérir. Ces réunions représentaient le forum dans lequel presque tout le monde pouvait parler et vivre ce processus d'apprentissage sans se sentir menacé. Au fil des semaines et des mois, de nouveaux arrivants rejoignaient le groupe. On commençait à les voir changer, grandir et se développer de manière tout à fait remarquable. En fait, ces réunions permettent essentiellement aux gens d'apprendre ensemble comment mettre leur bouddhisme en pratique dans leur vie quotidienne. Les membres entreprenaient un voyage, leur vie était en mouvement.

Ce que je viens de dire est pratiquement la condensation de mon expérience personnelle. Durant la première année environ, la pratique a été un véritable combat. Si je l'ai poursuivie c'est surtout parce que je m'étais engagé vis-à-vis de moi-même. Je ne percevais aucun changement important dans aucun aspect de ma vie.

Et cela, parce qu'il est tout simplement impossible de suivre les changements de vie de cette façon. C'est un peu comme regarder un arbre pousser. Si on le fait tous les jours, il n'y a pas la moindre différence perceptible. Mais au bout d'une année, si on regarde en arrière, le changement est visible. Alors, pourquoi ai-je continué ? Si je regarde en arrière maintenant, c'est en partie parce que je m'y étais engagé, et je n'étais tout simplement pas prêt à abandonner si facilement. Il ne semblait pas y avoir d'autre raison. J'avais décidé qu'une fois embarqué dans ce voyage, je le poursuivrai jusqu'à ce que je sois sûr, d'une manière ou d'une autre, de la valeur de cette pratique dans ma vie quotidienne.

C'était justement cela ce que je cherchais. Je ne prétendais pas trouver dans le bouddhisme une vision philosophique globale de la vie. Non pas qu'il n'en contienne pas, bien sûr, mais le fait est que nous vivons rarement notre vie au niveau de grandes stratégies. Nous vivons dans le détail de l'instant présent, que ce soit un moment de bonheur pour une raison, ou d'angoisse pour une autre. Les gens me disaient volontiers et souvent « Le bouddhisme *c'est* la vie quotidienne », mais pour moi justement la question était de savoir si cela fonctionnait vraiment à ce niveau. Est-ce que cela marchait dans l'interminable quotidien de la vie ? Dans le flux constant, incohérent et kaléidoscopique d'incidents, d'événements et de rencontres qui constituent notre vie dans une société moderne ? Est-ce que le bouddhisme marquait une différence fondamentale dans la façon de voir et d'aborder les choses de la vie ? Je le souhaitais profondément. Mon inquiétude était qu'il n'en soit pas ainsi.

La deuxième raison était plus intime. J'ai senti, peut-être pour la première fois de ma vie, que j'étais en contact avec quelque chose qui pouvait permettre à mon vrai moi d'émerger. Cela peut sembler quelque peu confus, mais, comme beaucoup de gens, j'avais créé un ensemble de défenses très solides pour maintenir l'intimité absolue de ce que je pensais être ma vie intérieure. J'avais une vie émotionnelle très forte, mais je ne partageais pas mes sentiments les plus profonds. Je vivais ma vie derrière ce mur extérieur. J'étais profondément préoccupé par ce que les gens pensaient de moi, et j'étais extrêmement bien entraîné à présenter, en fonction des personnes, ce que *je* croyais être la version de moi la plus convenable.

Ou du moins, c'est ce que je pensais. Or, nous savons aussi que nous sommes très habiles pour lire le personnage caché derrière les apparences. De plus, je suis sûr que beaucoup de gens, peut-être plus souvent des hommes que des femmes, vivent une grande partie de leur existence derrière ce genre de barricade. En tout cas, le vrai William ne se montrait pas souvent aux yeux du monde. Et pour être tout à fait honnête, je pense que je ne le faisais même pas face à ma famille proche, mes frères et sœurs. Seuls mes enfants et ma Sarah, franchissaient la barrière de mes défenses les plus intimes.

Mais plus j'avançais dans ma pratique bouddhiste, plus je sentais émerger un sentiment de liberté et d'optimisme. Je pouvais révéler mon vrai moi, ouvertement et librement, et ce que les gens pensaient de moi n'avait plus d'importance pourvu que je reste fidèle à moi-même. Quel sentiment merveilleux ! Ce sentiment de liberté naissante est devenu d'une importance capitale pour moi. Je me suis rendu compte que c'était là la base d'un vigoureux sentiment sous-jacent de bien-être. J'avais cru que rien n'avait changé, mais en fait, ce fut une période de changement profond. L'arbre avait fleuri. Je profitais de la vie et de la compagnie des autres. Rien n'avait changé quant à la nature essentielle de la vie. Comment cela aurait-il pu se produire ? La nature inéluctable de la vie humaine consiste en une succession de défis de toutes sortes. Les difficultés et les problèmes n'avaient pas disparu. Au contraire, ils avaient augmenté. Ma famille vivait encore les contrecoups d'un divorce très douloureux et en plus, il y avait des tensions financières très importantes, en raison, notamment, du temps creux dans ma carrière. Cependant, malgré ces problèmes, qui étaient là au quotidien, je ne me sentais ni accablé ni surchargé. La panique et l'anxiété avaient disparu pour laisser place à un sentiment de stabilité naissant qui provenait, du moins en partie je pense, de la pratique quotidienne du bouddhisme. J'éprouvais le ferme sentiment que je sortais du trou.

CHAPITRE TROIS

Quelles origines ?

C'est un fait extraordinaire qu'au cours des 40 dernières années environ, peut-être un peu plus, plusieurs dizaines de milliers de personnes en Europe et en Amérique, qui ont été élevées et ont vécu au sein d'une culture essentiellement judéo-chrétienne, ont choisi d'adopter un ensemble de pratiques et de croyances qui proviennent d'une culture complètement différente, voire étrangère. Il est assez difficile de trouver un parallèle historique pour ce genre de mouvement spontané, à cette échelle.

On pourrait raisonnablement affirmer que l'Europe est devenue chrétienne, en grande partie, à cause de l'Empire romain. Jésus et Saint Paul, son premier missionnaire, ont vécu à l'époque où l'Empire romain s'étendait vers l'Europe occidentale. L'Empire a assigné au christianisme un siège, Rome, et l'a doté d'une infrastructure très développée pour porter la nouvelle du christianisme jusque dans les confins les plus éloignés. Ainsi le destin de l'Europe a été scellé pour les 2000 années qui ont suivi. Le continent est passé sous la domination chrétienne, et le christianisme a aussi été porté à l'étranger par les commerçants et les colons espagnols, portugais et britanniques, qui l'ont imposé soit par l'épée, soit par l'action de missionnaires fervents. Aussi, l'ensemble du Nouveau Monde et les régions du Vieux Continent où se sont établis ces nouveaux venus européens ont été intégrés au monde judéo-chrétien.

Le bouddhisme, après ses origines, au 5e siècle avant JC, dans le nord de l'Inde, ne s'est pas étendu en Occident. Il s'est propagé en Orient : vers le sud et l'est, dans la région occupée aujourd'hui par des pays comme le Sri Lanka, la Thaïlande et le Vietnam ; vers le nord et l'est au Tibet, en Chine, en Corée et au Japon.

Aujourd'hui, pour la première fois en 2500 ans d'histoire, le bouddhisme a pris la direction de l'ouest, depuis le Japon et l'Asie vers l'Europe et les Amériques. Et il se répand non pas à travers les actions de missionnaires, mais à travers le bouche à oreille. D'une personne à une autre.

Le fait est que, jamais auparavant, le bouddhisme ne s'était répandu aussi rapidement ni aussi largement du point de vue géographique. Jamais, dans l'histoire religieuse de l'Occident, autant de personnes ne s'étaient tournées vers le bouddhisme, en quête de réponses à leurs questions sur la vie, l'univers et tant d'autres sujets. Il n'y a pas de réponse facile qui explique ce phénomène. Les personnes qui ont adopté la pratique bouddhiste ont les origines les plus variées et proviennent de tous les milieux, de tous les métiers. Des bouchers, des boulangers, des fabricants de bougies ; des avocats et des chauffeurs de taxi ; des plombiers et des écrivains. Des gens ordinaires, qui vivent dans le monde réel, qui travaillent, qui tombent amoureux, qui élèvent des enfants, qui s'occupent de leurs parents âgés, qui s'inquiètent car ils ne savent pas comment ils vont faire pour payer leurs traites ou leurs impôts, ou pour obtenir une promotion au travail, et qui ont choisi de tout rassembler autour du bouddhisme. Cela constitue, à vrai dire, toute une révolution.

Ce phénomène est d'autant plus surprenant qu'il s'agit d'une option qui n'est pas facile à mettre en œuvre, justement à une époque marquée par un matérialisme rampant et un cynisme généralisé, ainsi que par une diminution vertigineuse de la fréquentation des églises. La pratique est véritablement exigeante. Elle réclame une application et des efforts constants, car il s'agit d'acquérir de nouvelles compétences et des manières essentiellement nouvelles de se voir soi-même et de résoudre les problèmes inhérents à la vie quotidienne.

Récemment, dans le cadre d'une discussion sur la place de la religion dans la société actuelle, une haute personnalité religieuse, un évêque chrétien en l'occurrence, a fait une déclaration extrêmement intéressante. Il a signalé que, traditionnellement, en Occident, les gens ont cherché à exprimer leur spiritualité la plus profonde à travers les formes de religion établies. C'est la situation qui a prévalu durant des siècles. Mais, selon lui, depuis plusieurs décennies, et notamment ces dernières années, les gens cherchent encore à faire l'expérience de leur spiritualité, mais en dehors de la structure et de la « contrainte » de la religion formalisée. Ils veulent éprouver un sentiment de libération qui soit issu de l'expérience directe de leur spiritualité, personnellement, sans les formalités qui jouent un si grand rôle dans les Églises établies. Cette observation est, je pense, une véritable prise de conscience. Elle explique, du moins en partie, le fait que le bouddhisme se soit répandu si rapidement et si largement en Occident. Il répond à ce besoin nouveau, exprimé par des dizaines de milliers, voire, si nous incluons le Japon, des millions de personnes dans le monde, de fonder leur vie sur cette pratique. Une pratique qui nous propose une vision englobante sur le fonctionnement du monde, sans dogme ni prescription, et qui met l'accent sur la responsabilité individuelle autant dans la pratique que dans l'action.

Le Bouddha Shakyamuni

Tous les enseignements bouddhistes sont issus essentiellement de l'expérience de vie de Shakyamuni. C'est à partir de lui que ce grand arbre a poussé. Ses enseignements ont changé le cours de l'histoire du monde. Mais il a vécu il y a longtemps, lorsque rien n'était consigné par écrit. Beaucoup a donc été perdu, et il est souvent difficile de distinguer les faits historiques des mythes et des légendes qu'une vie aussi vaste a pu inspirer.

Shakyamuni ne revendiquait aucune sorte de connexion divine. Il était fermement enraciné dans ce monde. Il était le fils du chef de la tribu ou du clan Shakya, d'où le nom de Shakya-muni, ou « Sage des Shakyas ». Ce petit royaume semi-autonome se trouvait aux frontières du Népal actuel. Les recherches les plus récentes placent sa naissance entre le VIe et le Ve siècle avant Jésus-Christ. La date précise n'est peut-être pas importante, mais la période l'est, car en l'espace d'un peu plus de 100 ans, un nombre considérable de grands penseurs, qui se sont constitués en précurseurs, ont été à l'origine d'une vague d'idées révolutionnaires sur la nature de la vie humaine dans le monde entier, depuis Socrate en Grèce et Isaïe en Palestine, jusqu'à Confucius en Chine et Shakyamuni au Nord de l'Inde.

Cette période d'effervescence intellectuelle a été décrite comme l'aurore de « notre civilisation spirituelle ». Une courte période qui a vu apparaître pratiquement toutes les idées qui ont dirigé l'histoire spirituelle de l'homme depuis cette époque jusqu'au début de l'ère de la science et de la technologie à la fin du XIXe siècle.

Shakyamuni, en sa qualité de fils aîné, aurait reçu la formation pour succéder à son père au royaume. Il semblerait qu'il ait vécu une vie solitaire dans le palais, ayant peu de contacts avec le monde de la pauvreté et les difficultés vécues par les gens à l'extérieur. En dehors de cet isolement, il aurait mené ce qui, à bien des égards, était la vie ordinaire de quelqu'un vivant dans l'opulence. Marié vers l'âge de 16 ans, il a eu un fils, devenu plus tard un de ses principaux disciples. Cependant, Shakyamuni n'était manifestement pas un homme ordinaire. D'après la tradition la plus largement acceptée, alors qu'il était sur le point d'aborder la trentaine, Shakyamuni a décidé d'abandonner le modèle de vie qui lui avait été imposé et a quitté la maison et la famille de son père. Il s'est alors engagé dans une vie religieuse, à la recherche de la vérité. Ce fut cette décision, prise par un seul homme, dans une petite ville du nord de l'Inde, qui a profondément influencé la vie de plusieurs millions de personnes au cours des siècles.

Qu'est-ce qui aurait pu le pousser à prendre une décision aussi radicale ? Bien que surprenant, ce n'était pas inédit. Il semblerait qu'à cette époque, dans les familles privilégiées du nord de l'Inde, les fils aînés étaient enclins à suivre la voie de la vérité, ou de l'illumination, plutôt que d'emprunter le chemin de leur père, dans une carrière politique ou commerciale. En ce qui concerne Shakyamuni, la tradition nous parle d'une motivation très claire. Il semblerait que lorsqu'il a pris conscience de l'ampleur de la souffrance et des difficultés des hommes et des femmes ordinaires dans le monde réel, à l'extérieur des murs du palais, il a trouvé l'expérience si bouleversante qu'il a tout simplement senti qu'il ne pouvait pas l'ignorer. Il a été poussé à agir, à faire quelque chose, à sauver l'humanité en quelque sorte. Et presque immédiatement, il a renoncé à tout ce qu'il avait. Il a quitté sa famille et il est parti en quête d'un moyen de transcender, de gérer les souffrances inhérentes à la vie humaine.

Le récit de la façon dont il a pris conscience de l'étendue de la souffrance humaine est raconté sous forme de mythe ou de légende. Il joue un rôle si important dans les enseignements bouddhistes qu'il faut le raconter ici. On le connaît sous le nom des « quatre rencontres » ou « quatre souffrances ».

On raconte que Shakyamuni se serait aventuré à l'extérieur du palais pour se rendre dans la petite ville de Kapilavastu, à quatre reprises. Quand il sortit par la porte de l'est, il rencontra un vieillard, à peine capable de marcher, courbé et infirme. En quittant le palais par la porte sud, il croisa quelqu'un de très malade. De la porte ouest, il vit un cadavre. En sortant par la porte nord, il rencontra un personnage courant à l'époque, un ascète, en quête de réponse à l'énigme de l'existence humaine au moyen de privations physiques extrêmes.

Mythe, légende, ou récit d'événements qui ont eu lieu, nous ne le saurons pas. La vie réelle se déroule rarement dans des circonstances aussi nettes et régulières. Mais ce récit, aussi formalisé soit-il, sert à concentrer l'attention sur l'essence de la question. Le point de départ de la religion bouddhiste est le mystère ou le dilemme de la souffrance humaine. Les problèmes de la vieillesse, de la maladie et de la mort, ainsi que la naissance, ou le fait même de vivre. Ils représentent, en termes succincts et schématiques, les questions fondamentales de l'existence humaine. Qu'est-ce que la vie humaine ? Qu'est-ce qui est à l'origine de la souffrance humaine ? Quel serait le meilleur moyen d'y faire face ?

Ce sont des questions qui nous interpellent aujourd'hui tout aussi fortement qu'hier. Nous pouvons choisir de ne pas les considérer, ou de ne pas les reconnaître, en particulier si nous sommes en pleine jeunesse, mais comme nous le rappelle Job, quelle que soit l'étape du voyage dans laquelle nous nous trouvons, nous ne pouvons pas y échapper : « *L'homme naît pour souffrir, Comme l'étincelle pour voler* ». En fait, on pourrait affirmer que l'homme a inventé la religion, à son image pour ainsi dire, pour faire face à l'éternel problème de la douleur et de la souffrance dans cette vie.

Pour mieux comprendre, il convient de saisir le contexte dans lequel Shakyamuni poursuivit sa quête de réponses plus claires concernant la condition humaine. Il est né et a été élevé dans une société traditionnellement dominée par une caste de brahmanes, qui exerçaient une autorité presque divine. Ils représentaient sur terre un puissant panthéon de dieux qui régissaient toutes les affaires des hommes. Éviter la colère des dieux était une préoccupation quotidienne pour tous, à tous les niveaux.

Certainement, il aura aussi été conscient des forces nouvelles et puissantes qui bouillonnaient dans le monde extérieur. Des forces qui commençaient à briser les schémas de l'ancienne société tribale, bâtie pendant des siècles autour de cette autorité religieuse brahmanique. Le nord de l'Inde a vécu un important essor du commerce et des échanges, ce qui a entraîné l'apparition d'une nouvelle classe de marchands riches et puissants, et l'expansion des villages et des villes. Les gens ont commencé à quitter les communautés rurales, liées par des traditions anciennes, pour s'installer dans des villes plus riches, où les liens familiaux et tribaux étaient moins étroits. C'est ainsi qu'a surgi une société urbaine, déconnectée et sans racines. L'autorité religieuse et intellectuelle de la classe sacerdotale brahmanique, fondement de la structure sociale pendant des siècles, faisait l'objet d'une contestation ouverte. Les gens ordinaires recherchaient de plus grandes libertés.

Shakyamuni a passé plusieurs années dans ce que l'on pourrait appeler son désert personnel. Il a fait son propre voyage intérieur. Il a suivi son propre processus d'évolution et de développement spirituel. En même temps, il a exploré ce qui était considéré à l'époque, et même encore dans une certaine mesure, comme les sentiers les plus fructueux vers l'illumination, ou la compréhension la plus profonde de la vie.

À mon avis, cette démarche ne doit pas nous surprendre. Même les plus grands révolutionnaires ont été, d'une certaine manière, prisonniers de leur temps. Et, à cette époque-là, les voies classiques de la connaissance de soi étaient la méditation et l'ascèse. Shakyamuni a étudié avec deux professeurs de méditation yogique parmi les plus respectés, jusqu'à ce qu'il ait lui-même atteint leur niveau d'éveil et de concentration, décrit comme « *l'endroit où rien n'existe* ». Ensuite, tel que le racontent les textes bouddhistes qui décrivent cette partie de sa vie, il a compris que ce genre de pratiques, poussées à l'extrême, conduisait à une sorte de vacuité, et a décidé de partir. Elles n'avaient pas beaucoup à offrir à l'homme ordinaire, à celui qui essayait de survivre dans un monde dur et difficile. Elles menaient en quelque sorte à un cul de sac, une fin en soi. Elles ne contribuaient pas à retrouver un meilleur mode de vie, et menaient uniquement à « *l'endroit où rien n'existe* ».

Lorsque les pratiques avancées du yoga lui ont fait défaut, Shakyamuni est passé à une période de pratiques ascétiques sévères ou « austérités » comme on les appelait, telles que le jeûne prolongé et l'arrêt de la respiration, presque jusqu'à la mort. Si le corps alourdit l'esprit et bloque la progression de l'esprit vers l'illumination spirituelle, alors ce lien doit être rompu. Ce type de pensée ne se limite pas au brahmanisme ancien. Il existe aujourd'hui sous plusieurs formes. En effet, beaucoup de gens reconnaîtront un élément de ce type de dualisme, du conflit entre l'esprit et le corps, dans certaines formes du christianisme moderne.

Shakyamuni croyait vraiment que pour saisir le sens de la liberté spirituelle, il devait goûter à la douleur et à l'angoisse d'une souffrance profonde. Il a testé ces formes d'auto-négation extrême jusqu'à la limite, avant d'avoir la certitude que ce n'était pas non plus la voie de la libération de l'esprit qu'il recherchait. Il s'est essentiellement rendu compte que ces pratiques punitives ne faisaient que détruire son corps et limiter, plutôt que d'accroître, sa capacité à penser clairement ou à agir positivement. Il y renonça, commença à rétablir son corps affaibli, et se mit à méditer.

L'éveil de Shakyamuni

Ce qui est arrivé à Shakyamuni sous l'arbre de la Bodhi, près du village de Bodhagaya, pendant sa longue période de méditation est difficile à saisir et encore plus difficile à décrire de manière compréhensible pour un investigateur moderne. Nous ne pouvons pas le comprendre, pas plus que nous ne pouvons comprendre ce qui est réellement arrivé au persécuteur de chrétiens, Saul, sur la route de Damas, devenu plus tard St. Paul, le plus grand missionnaire et architecte de l'Église chrétienne. Ces moments de révélation ou d'illumination extrême dans la vie de certains individus, qui changent ensuite toute la direction de l'histoire humaine sont, par définition, rares et profondément mystiques au sens le plus profond du terme. Ils sont véritablement hors de la portée de l'intellect.

UNE TRAVERSÉE PERSONNELLE

À bien des égards, le concept d´ « Éveil » ou d´état « d´Illumination » est singulier, pour ne pas dire étranger à nos yeux. C'est un mot que nous n'utilisons probablement que très rarement, voire jamais. En ces temps, essentiellement intellectuels et matérialistes, nous sommes beaucoup plus attentifs et plus à l'aise avec les explications factuelles et les modèles scientifiques qu'avec les expériences mystiques. Mais bien sûr, comme nous le savons tous, notre humanité est bien plus que ce que l'on peut observer dans un laboratoire. Nous devons accepter, je pense, qu'en utilisant un mot inhabituel comme « Éveil » nous essayons de décrire quelque chose qui est peut-être difficile à cerner, mais qui reste, néanmoins, une partie tout à fait valable de l'expérience humaine.

Shakyamuni, un peu comme Jésus, qui vécut longtemps après lui, enseigna à travers la tradition orale. Rien n´a été écrit. Ce n'est que bien des années après sa mort, que ses disciples se sont réunis pour écrire un recueil de ses enseignements, qui se comptaient par milliers. Dans son livre « *The living Buddha* » Daisaku Ikeda explique comment les premiers récits bouddhistes écrits décrivent l'éveil de Shakyamuni comme un « état de sagesse parfaite et sans égal ».

Mais pour nous, qu'est-ce que cela signifie ? De nombreuses tentatives ont été menées pour nous rapprocher des implications de cette expérience. On y retrouve des éléments qui sont devenus les piliers du bouddhisme, les idées qui sous-tendent l´ensemble de la structure. Peut-être les plus importantes sont l'interconnexion profonde qui relie toute chose dans l'univers, de la poussière entre nos orteils jusqu'au lointain des galaxies dans l'espace, et la compréhension que l'impermanence ou l'entropie, pour utiliser un terme plus scientifique, représente la nature même de toutes les choses. Rien ne reste jamais pareil d'un moment à l'autre. Tout ce qui est ou était, passe par le même cycle sans fin : naissance, croissance, déclin et mort.

Naître, grandir, décliner, mourir.

Formation, prolongement, décadence, désintégration.

La seule variable c'est la durée du cycle, qui peut aller de quelques millisecondes, comme dans le cas de la particule subatomique, couvrir des temps plus longs comme la vie d'un être humain, d'un arbre ou d'une montagne, et arriver jusqu'aux millions d'années que représente le cycle de vie d'une étoile, depuis sa naissance jusqu'à son déclin et sa mort. Mais tous, absolument tous, naissent, grandissent, déclinent et meurent.

Et pourtant, paradoxalement, il y a une constante qui sous-tend ce cycle de flux et de changement. Il s'agit du *rythme*, qui maintient et soutient les étapes du cycle qui se répètent sans cesse, de la naissance à la mort. C'est ce que le bouddhisme de Nichiren appelle la Loi Universelle ou Loi Mystique. On retrouve à nouveau le mot mystique, hors de portée de l'intellect.

Quelle que soit la nature précise des vérités que Shakyamuni a perçues, quels que soient les éléments de son histoire que nous avons du mal à croire ou à comprendre, le point essentiel auquel il faut s'attacher c'est que la puissance immense et émouvante de cette expérience a allumé un feu chez Shakyamuni, qui ne s'est jamais éteint. Il l'a encouragé à emprunter un chemin qu'il n'a jamais pu quitter, et qui l'a accompagné jusqu'au seuil de sa mort. Tout comme Saint Paul après son expérience sur le chemin de Damas, Shakyamuni n'a plus jamais été capable de séparer son existence en tant qu'être humain de son enseignement concernant les vérités qu'il avait vécues. Il en a parlé, littéralement, jusqu'à son dernier souffle. Aujourd'hui, nous vivons tous dans un monde différent, précisément à cause des expériences que Shakyamuni a vécues au Bouddhagaya, et de la flamme qui s'est allumée en lui, pour ne plus jamais s'éteindre. Nous continuons de recevoir ses enseignements, même si une longue période de temps s'est écoulée depuis. Moi-même, j'écris ces mots, inspiré par cette expérience. Et mon jeune fils Sebastian, lui aussi, récite avant d'aller à l'école le matin, inspiré par cette même expérience.

Shakyamuni a été envahi par un élan de joie et de compassion envers l'humanité, aussi puissant que celui ressenti par St Paul, et qui ne les a jamais abandonnés ni l'un ni l'autre. Shakyamuni s'est efforcé inlassablement de trouver les moyens de transmettre l'essence de ce qu'il avait appris d'une manière qui résulte vraiment *concrète pour* la vie des gens ordinaires. Au centre de cet enseignement se trouvait le message que la sagesse et les perceptions qu'il avait reçues, bien qu'elles aient eu une nature mystique, n'étaient en aucun manière d'ordre divin ou éloignées de l'existence humaine ordinaire.

Comment pourraient-elles l'être, si lui-même n'était ni plus ni moins qu'un être humain ordinaire ? Tout simplement elles représentaient le plus loin que peut arriver un esprit humain ordinaire.

En lisant ce qu'il a écrit, l'image de Gandhi vient à ma mémoire. Tout comme ce dernier, Shakyamuni a dû être un homme d'un grand charisme et un professeur d'un immense ascendant. Il n'a pas tant expliqué comment atteindre l'Éveil ; il a plutôt enseigné la guérison et l'espoir, la façon de gérer les difficultés quotidiennes : comment faire face à la maladie et au désespoir, à la colère et à l'aliénation. Dans un contexte marqué par l'influence séculaire du brahmanisme, ses enseignements étaient radicaux à l'extrême, mais il a toujours veillé à enseigner de manière à ce que son public reçoive son information et la comprenne sans problème.

Durant la longue période de sa vie consacrée à l'enseignement, il a développé sa puissante philosophie humaniste et l'a approfondie. Il a gagné des millions d'adeptes de tous horizons : indigents, commerçants, artisans et même des rois. Avant sa mort, il a prédit que, bien que ses enseignements continueraient à se répandre et à avoir une large influence pendant plusieurs siècles, il arriverait un temps, une période de grande confusion qu'il a dénommé « Le dernier jour de la loi », où ils finiraient par perdre leur capacité à aider les gens ordinaires. Mais il a aussi prédit qu'après la confusion le temps viendrait pour un nouvel enseignement, basé sur son propre enseignement suprême : le Sûtra du Lotus.

Les débuts de la propagation du bouddhisme

Après la mort de Shakyamuni, ses enseignements, imprégnés d'une approche radicalement nouvelle de la vie, et d'un espoir et d'un optimisme accessible à tous, se sont répandus comme feu de brousse dans toute l'Asie du Sud-Est. Comme toute grande école de pensée, il a fait l'objet d'interprétations et de pratiques différentes et, très tôt, dans l'histoire du bouddhisme, deux grandes voies de pratiques bouddhistes se sont développées. Le courant du bouddhisme qui s'est répandu au sud et à l'est jusqu'au Sri Lanka, en Thaïlande et en Asie du Sud-Est, était largement basé sur certains des premiers enseignements de Shakyamuni, qu'il avait lui-même qualifiés de « provisoires », compte tenu de ce qu'il avait déclaré être son but, à savoir, emmener les gens avec lui dans un voyage spirituel, au cours duquel ils évolueraient lentement et approfondiraient leur niveau de compréhension de cette pratique.

Le courant du sud-est est appelé Theravada ou bouddhisme Hinayana. Theravada signifie essentiellement « enseignement des anciens ». Avec une tendance marquée pour la vie monastique, il contient des codes extrêmement détaillés, au point que seuls ceux qui sont prêts à se lancer dans la vie monastique peuvent avoir le temps de les suivre à la lettre. Il est également réputé dans certaines parties de l'Asie du Sud-Est pour ses temples ornés souvent de grandes statues dorées du Bouddha. Dans *The Buddha in Daily Life,* Richard Causton a décrit le bouddhisme Hinayana ou Theravada ainsi :

« C'est probablement la forme de bouddhisme la plus connue en Occident. Pour cette raison, aux yeux de

certains, le bouddhisme implique le culte d'idoles. D'autre part, comme l'application du bouddhisme hinayana à la vie quotidienne est limitée, jusqu'à présent il a revêtu principalement un intérêt en tant que sujet d'étude académique. Cela a renforcé l'idée que le bouddhisme est principalement concerné par une abstraction intellectuelle, un moyen d'échapper au côté matériel de la vie pour atteindre une réalité supérieure par le biais de diverses formes de discipline physique et mentale. »

Le deuxième grand courant du bouddhisme s'est dirigé vers le nord et l'ouest, en passant par le Tibet, jusqu'en Chine, vers le début de l'ère chrétienne, pour arriver finalement en Corée et au Japon. Ce courant du bouddhisme, appelé Mahayana, met l'accent sur la transmission des enseignements bouddhistes à la vie des gens ordinaires qui vivent dans le monde séculier. En effet, Mahayana se traduit par « Grand Véhicule », ce qui montre clairement que son but est de conduire tous les gens vers un état de vie supérieur.

Un aspect essentiel à retenir est que le texte central du bouddhisme Mahayana est le Sûtra du Lotus. Sûtra signifie enseignement, tandis que Lotus est une puissante métaphore, dont l'une des plus importantes interprétations est que, bien qu'il s'agisse d'une plante qui pousse dans un environnement marécageux et boueux, elle donne l'une des plus belles fleurs au monde. Ainsi, il serait le symbole du grand potentiel qu'il y a dans le travail quotidien des hommes. Ce long Sûtra, débordant d'images, de métaphores extraordinaires et de récits sous forme de paraboles, a été la raison principale de la mission de Shakyamuni au cours des dix dernières années de sa vie, et représente le noyau et l'essence même de l'œuvre de sa vie. Le Sûtra explique, à lui seul, sa vision la plus fondamentale, à savoir que chacun d'entre nous possède le potentiel inhérent pour atteindre la bouddhéité. Cependant, et lui-même en était pleinement conscient, pour une simple personne, le message du Sûtra du Lotus n'était pas facile à appréhender ou à croire, ni en ce temps-là ni aujourd'hui. Il le dit lui-même dans ce Sûtra :

« *Parmi tous les Sûtras que j'ai prêchés, que je prêche maintenant et que je prêcherai, le Sûtra du Lotus est le plus difficile à croire et le plus difficile à comprendre.* »

Beaucoup de gens se sentent troublés, dans une certaine mesure, par le grand nombre d'écoles bouddhistes apparues, même si nous sommes habitués à ce que toutes les grandes religions, le christianisme, le judaïsme, l'islam et l'hindouisme, soient réparties en différents groupes. Il semblerait presque inévitable que, partout où l'on se retrouve face à un grand courant de pensée qui chercherait à expliquer les immenses complexités de la vie, celui-ci fasse l'objet d'interprétations variées, à des moments et en des lieux différents. En ce sens, ce ne serait donc que le reflet de la complexité de la vie qu'il cherche à éclairer, et devrait donc être considéré comme une richesse plutôt que comme une confusion.

Nichiren Daishonin

Un des plus grands maîtres du Bouddhisme, parmi les plus controversés, et qui a joué un rôle majeur dans l'évolution et la transmission des enseignements dans le monde moderne, est né en 1222, dans un petit village de pêcheurs sur la côte sud du Japon. Il a vécu 60 ans, et a passé pratiquement toute sa vie, presque depuis son enfance, immergé dans l'étude et l'enseignement, pour essayer, à l'instar de Shakyamuni, de parvenir jusqu'aux gens ordinaires. Il a également eu le courage de s'opposer ouvertement à la dictature militaire qui régissait alors au Japon. Il a dénoncé les abus de pouvoir et la négligence à l'égard du peuple japonais. Depuis, il est connu comme le Grand Sage, ou Nichiren Daishonin.

Nichiren est entré dans un monastère à l'âge de 12 ans, essentiellement parce que, à cette époque, c'était à peu près le seul endroit où un garçon pouvait apprendre à lire et à écrire. C'était un garçon ordinaire, élevé dans les usages de l'époque, mais, manifestement, dès un très jeune âge, il était évident qu'il avait des qualités de perception, de courage et de compassion inhabituelles. Très tôt dans la vie il a pris conscience de deux aspects qui, pour lui, étaient étroitement liés. D'un côté, l'ampleur des conflits et l'intensité des souffrances qui dominaient la vie des gens ordinaires dans le Japon du XIIIe siècle. De l'autre, la grande confusion d'enseignements, provoquée par la profusion d'écoles bouddhistes. Il avait constaté que les gens ordinaires ne savaient pas en quoi croire ni comment pratiquer. À cette époque, la pratique religieuse jouait un rôle dominant dans la vie de chacun. La confusion intérieure se reflétait dans les niveaux de douleur, de souffrance et de conflit dans la vie des gens ordinaires.

Dès son très jeune âge, Nichiren Daishonin a consacré sa vie à mettre de l'ordre dans cette confusion. Il a pris une décision qui rappelle celle que Shakyamuni avait prise des siècles auparavant. Ce vœu, annoncé à un âge si précoce l'a conduit à devenir le réformateur religieux et social le plus persistant et le plus franc de son époque. Rien ne lui faisait peur. Aucune menace, aucune notification de punition de la part des autorités ne l'ont dissuadé. Devenu moine à l'âge de 16 ans, il consacra les 15 années suivantes, c'est-à-dire toute sa jeunesse, à une quête personnelle pour apporter de la clarté dans la confusion des enseignements bouddhistes. Pour ce faire, il a parcouru les principaux monastères du Japon, dépositaires des anciennes transcriptions des textes bouddhistes. Ainsi, il a soigneusement tracé le fil d'or de la pensée bouddhiste à travers les écrits japonais, chinois et indiens jusqu'à parvenir à Shakyamuni lui-même... et au Sûtra du Lotus.

Le résultat de la quête de Nichiren Daishonin a amorcé la révolution moderne dans le bouddhisme mahayana. Ce qui est extraordinaire c'est que ce n'est qu'au cours des 50 dernières années environ, avec la libéralisation et l'ouverture de la société japonaise de l'après-guerre, que le bouddhisme de Nichiren a commencé à se répandre dans le monde. Essentiellement, il a mis en lumière ce qui était resté occulte avec la prolifération de sectes bouddhistes : la primauté du Sûtra du Lotus, comme étant le cœur du message de Shakyamuni.

Cependant, Nichiren est allé beaucoup plus loin que ne l'avait fait aucun bouddha avant lui. Depuis la clairvoyance de sa propre illumination et sa profonde compréhension de la nature humaine, il a révélé ou créé une méthode extraordinairement simple et concrète, afin que tout un chacun puisse commencer à pratiquer le bouddhisme indépendamment des contraintes de sa vie quotidienne. Ce fut son immense contribution : créer un modèle de pratique bouddhiste accessible à tous, autant hier qu'aujourd'hui. À la portée de l'être humain moderne, de celui qui mène une vie active, occupée, prenante. C'est sans doute l'une des raisons pour lesquelles on l'appelle le bouddha de l'ère moderne.

À travers cette pratique quotidienne, essentiellement simple, Nichiren a révélé le véhicule Mahayana ultime que tant de gens recherchaient depuis si longtemps. Puissant, clairement mystique, et pourtant, accessible à tous. Pour la toute première fois, il s'agissait d'une méthode permettant à tout le monde, sans exception, jeunes et vieux, hommes et femmes, riches et pauvres, philosophes et ouvriers, d'intégrer dans leur vie quotidienne une pratique bouddhiste significative et enrichissante. Ce fut une étape majeure dans l'histoire du bouddhisme, et même, en général, dans l'histoire de la religion. Nichiren Daishonin a vécu et enseigné dans le Japon du XIIIe siècle, mais sa vision était intemporelle, et visait l'humanité tout entière, pour les siècles à venir.

D'un point de vue historique, Nichiren, tout comme Shakyamuni avant lui, fut un réformateur social important. Il est né au sein d'une société féodale rigide, gouvernée par une puissante dictature militaire qui abritait des moines sectaires qui commandaient, jusque dans le détail, la vie des gens ordinaires. Les femmes n'avaient pratiquement aucun droit. En revanche, lui, il prêchait ouvertement un bouddhisme qui parlait de l'universalité de la bouddhéité pour tous, hommes et femmes, du respect de l'individu quel que soit son statut dans la société, et de la possibilité pour tous les hommes de mener une vie sans souffrance. C'était si attrayant qu'il est inévitablement devenu un homme pointé du doigt. Craint par les moines des écoles qu'il a attaquées et vaincues dans les débats, et persécuté par le shogunat militaire dont il a cherché à réformer la manière de gouverner.

Il a consacré sa vie à clarifier l'essence des enseignements de Shakyamuni et à aider les gens ordinaires à voir son bouddhisme, non pas comme quelque chose à part, mais plutôt comme une expérience entièrement pratique, une partie du tissu de leur vécu quotidien. Il leur écrivait constamment, pour les soutenir et les guider au travers de leurs innombrables problèmes quotidiens ; les soucis de tous les jours de cette époque, qui d'ailleurs sont semblables à ceux d'aujourd'hui : une dispute avec un employeur, la détresse d'un enfant malade, ou le chagrin de la mort d'un mari. Le message est toujours positif, empreint d'espoir et d'optimisme. Il veille toujours à approfondir la compréhension de l'étrange paradoxe qui se trouve au cœur même du bouddhisme : la souffrance est inévitable dans nos vies, mais elle est aussi la plate-forme *essentielle* sur laquelle nous construisons la force et la résilience nécessaires pour connaître le bonheur. Il a enseigné que lorsque nous sommes faibles, nos problèmes semblent énormes, voire accablants. Lorsque nous sommes forts, les problèmes semblent se réduire. La question essentielle n'est donc pas de savoir comment éliminer les problèmes de notre vie, ce qui est une illusion, mais comment devenir plus fort. Et il n'y a vraiment qu'une seule façon d'y parvenir... en les surmontant.

Lorsque Nichiren est mort, à l'âge de 60 ans, il a laissé un héritage immense. Il avait mis en place un enseignement et une pratique pouvant, non seulement transformer la manière dont chaque individu perçoit sa vie, mais ayant aussi une portée et une capacité susceptible de transformer depuis la base et jusqu'au sommet, la façon dont les sociétés modernes fonctionnent.

Le bouddhisme de Nichiren Daishonin dans le monde d'aujourd'hui

Le fil historique qui relie les enseignements de Nichiren Daishonin, présentés à l'époque du Japon médiéval, et l'expansion et l'intérêt remarquables qui leur sont portés dans le monde d'aujourd'hui, est dramatique. Après la mort de Nichiren, ses enseignements sont restés confinés dans un Japon féodal, pratiquement fermé et isolé du reste du monde. Ils ont été maintenus par un groupe restreint de moines et de pratiquants, qui les ont transmis de génération en génération, ce qui, en soi, est déjà extraordinaire. Plus tard, au XXe siècle, deux événements clés ont eu lieu. Le premier, dans les années 1920, lorsqu'un éducateur japonais, déterminé et visionnaire, nommé Makiguchi, consacré à la quête d'une réforme sociale par le biais de changements dans le système éducatif, a trouvé dans les enseignements de Nichiren le fondement philosophique qu'il cherchait pour une approche entièrement nouvelle de l'éducation au Japon. Il était au courant des progrès de l'éducation en Occident et voulait que le Japon mette fin au régime d'apprentissage impersonnel et axé sur la mémoire, qui caractérisait le système éducatif, au profit d'une approche cherchant à développer le potentiel individuel de chaque élève. En 1930, il a créé un groupe, avec ces objectifs audacieux, fondé sur le bouddhisme de Nichiren. Ce cercle s'est progressivement étendu au cours de la décennie suivante jusqu'à devenir un mouvement plus large, constitué d'individus, pratiquant et diffusant en même temps, les principes du bouddhisme de Nichiren dans la société japonaise.

Après l'accession au pouvoir de la dictature militaire au Japon, dans les années 1930, ce groupe, petit mais fermement libéral et progressiste, a été considéré comme une menace contre la promotion généralisée dans le pays d'une forme de culte, le shintoïsme, voué au soutien des ambitions militaires de la dictature. Makiguchi, et son disciple le plus proche, un homme appelé Josei Toda, ont été emprisonnés pour avoir refusé d'abandonner leurs croyances. Makiguchi est mort en prison en 1944, en donnant littéralement sa vie pour ses croyances. Josei Toda a été libéré en 1945, émacié et dans un état piteux, sa santé fragilisée pour le reste de sa vie, suite aux épreuves subies durant sa captivité.

Mais il n'avait pas renoncé un seul instant à sa pratique, et cela lui avait clairement donné une force intérieure irréductible. À sa libération, il s'est retrouvé dans un monde totalement différent. Le Japon avait été anéanti. Une grande partie de son infrastructure avait été détruite. Beaucoup de villes étaient en ruines. En 1945, le général MacArthur fut nommé chef suprême du Japon, pour une période d'environ 5 ans. Il avait les pleins pouvoirs pour superviser la reconstruction du pays et introduire une série de mesures libérales qui allaient transformer la société japonaise. Des mesures aussi radicales, dans ce pays encore féodal, que l'égalité des femmes, la liberté d'éducation et la liberté totale de religion.

Le temps et l'homme se sont retrouvés. À un moment où autant Josei Toda que le peuple japonais se trouvaient au point le plus bas de leurs vies, cet homme a retrouvé en lui la force et l'inspiration pour repartir à nouveau. Il a commencé à parler publiquement du bouddhisme de Nichiren, de ses méthodes de pratique clairement définies, de son message d'espoir et de courage, et de ses solutions réalistes aux problèmes de l'existence quotidienne. Pour un peuple écrasé par de longues années de dictature militaire, et accablé par les ravages que toutes sortes de bombes, y compris la bombe nucléaire, avaient provoqués dans les villes, c'était un message qui le hissait au-dessus de son désespoir. En l'espace de dix ans, plusieurs milliers de personnes fondaient déjà leurs vies sur les principes du bouddhisme de Nichiren.

Aujourd'hui, l'organisation créée à l'origine par Makiguchi, connue actuellement comme SGI, ou *Soka Gakkai International* (*Soka* signifie « création de valeurs » et *Gakkai* signifie « société ») s'est étendue dans le monde entier. Elle doit beaucoup à son extraordinaire leader des cinquante dernières années, Daisaku Ikeda, un des plus grands penseurs et écrivains sur le bouddhisme dans le monde moderne. Il a parcouru le monde et a travaillé sans relâche pendant plusieurs décennies pour faire connaître le message du bouddhisme de Nichiren, à la fois comme base solide pour la vie des individus que comme vecteur majeur de paix et de réconciliation dans un monde en proie aux conflits.

La SGI est une organisation de soutien. Elle ressemble, à bien des égards, à une université mondiale, car elle fournit une structure au sein de laquelle, à leur propre rythme et à leur manière, des personnes de multiples nations et de milieux culturels très divers peuvent étudier le bouddhisme et ses implications, tant pour leur propre vie que pour le fonctionnement de la société en général. À cette fin, la SGI traduit, publie et formule des commentaires et des observations, et organise des séminaires, des sessions d'étude et des débats. Toutes ses activités son bénévoles. Ce sont les personnes qui vont chercher l'organisation, plutôt que l'inverse. Grâce à sa médiation, quelque quinze millions de personnes aujourd'hui, de toutes origines, cultures et modes de vie, ont pris la décision de fonder leur vie sur le bouddhisme de Nichiren.

Mais qu'est-ce que cela signifie exactement, fonder sa vie sur le bouddhisme de Nichiren ?

CHAPITRE QUATRE

Une Question de foi

Le terme foi se déplace, manifestement, avec de nombreuse valises, accumulées au cours de longs siècles de tradition religieuse. Mais que peut-il bien signifier, penserez-vous, dans une religion qui n'a pas de dieux en qui manifester sa foi ?

Dans toutes les grandes religions les plus connues, ou dans celles que nous rencontrons au cours de nos voyages, dans toutes les religions abrahamiques telles que le christianisme, le judaïsme et l'islam, la foi est l'agglutinant, la matrice qui relie les éléments de l'enseignement pour lesquels il n'y a pas de preuves concrètes. Comme on pourrait s'y attendre, dans toute religion traitant de la nature de la divinité et de l'insaisissable au-delà après la vie sur cette terre, la foi est appelée à jouer un rôle immense, puisque ces éléments, qui ne peuvent être prouvés, sont substantiels.

Aussi, lorsqu'une doctrine religieuse ne peut pas être validée par l'expérience humaine, elle devient, par définition, une question de foi. Cela signifie, essentiellement qu'il faut croire en cet enseignement ou en cette doctrine, parce que Dieu ou la sagesse de l'Église l'a déclaré ainsi. Par exemple, croire que Jésus est le Fils de Dieu, né d'une femme vierge, et qu'il est monté au ciel et est assis à la droite de Dieu le Père. Ou que, selon le principe de la Trinité, axe central du christianisme, le fils *est* en fait le père. Ou que les paroles du Coran ont été directement dictées à Mahomet par l'ange Jibril (Gabriel). Le croyant est appelé à faire ce que l'on appelle un acte de foi, un saut dans l'inconnu, pour accepter cet élément de la doctrine.

L'utilisation de l'expression « acte de foi » ou saut dans l'inconnu, indique que ce que l'on doit faire, en tant que croyant, c'est quitter le confort et l'assurance d'un terrain solide, pourrait-on dire, pour réaliser un saut à l'intérieur de soi-même, et manifester sa confiance aveugle en quelque chose qui dépasse largement l'expérience normale. Cela ne signifie pas, bien entendu, qu'un tel acte soit nécessairement difficile. Il est clair que ce n'est pas le cas, au vu du pouvoir soutenu et extrêmement durable exercé par le christianisme et l'islam, auprès de millions de personnes, au cours des siècles. Je précise encore une fois que cela ne doit, en aucune manière, être interprété comme un jugement de valeur ; en aucun cas. Je cherche simplement à comprendre les différences dans la manière dont nous utilisons ce mot-clé : la foi. Et dans toutes ces grandes religions, la foi est clairement liée à la croyance dans le pouvoir de Dieu ou d'Allah, et au rôle qu'exerce ce pouvoir dans la vie des hommes.

Mais que peut-on dire quand on revient au bouddhisme ? Puisqu'il n'y a pas de Dieu créateur tout-puissant dans le bouddhisme, le terme « foi » doit avoir une signification très différente. Il est donc important que nous essayions de saisir quel est ce sens.

La différence fondamentale que nous apprenons, dès le départ, dans le bouddhisme de Nichiren, est que la foi ne doit, en aucun cas, être assimilée à la croyance en quelque chose d'*extérieur à nous*. En fait, les textes bouddhistes sont absolument clairs sur ce point. La foi, nous devons la chercher en notre intérieur.

« Votre pratique des enseignements bouddhiques ne vous délivrera pas des souffrances du cycle des naissances et des morts tant que vous n'aurez pas perçu la véritable nature de votre vie. Si vous cherchez l'illumination en dehors de vous-même, même dix mille pratiques et dix mille actes bons seront inutiles. Vous serez comme un homme pauvre qui compte nuit et jour la fortune de son voisin sans gagner lui-même le moindre sou[6]. »

Que peut donc signifier la foi dans un tel contexte ?

On nous dit que nous devons « *...percevoir la véritable nature de votre propre vie[7].* »

La réponse, quelque peu surprenante, est qu'il s'agit essentiellement de croire en *soi*. Ce concept est lié à la force du désir ou à la détermination *à l'intérieur de sa propre vie,* afin d'agir ou de vivre d'une manière

---

[6] Les écrits de Nichiren. 1 - Sur l'atteinte de la bouddhéité en cette vie - p.3 (Soka Gakkai – Bibliothèque du Bouddhisme de Nichiren) nichirenlibrary.org

[7] Cf. Note 6.

spécifique. La foi, en termes bouddhistes, n'est donc pas différente de la détermination ou de la confiance en soi qui nous conduit à poursuivre n'importe quel but important dans la vie. Atteindre, par exemple, un niveau d'excellence dans une profession, ou dans une carrière sportive ou artistique. La différence fondamentale, et elle est sans aucun doute majeure, est que dans ce cas, la confiance en soi est ancrée sur un ensemble d'enseignements, impartis par Shakyamuni et qui ont évolué, au cours des deux mille cinq cents dernières années grâce au travail de grands penseurs et maîtres.

En ce sens, il semble donc clair que le bouddhisme de Nichiren Daishonin nous demande de participer à une extraordinaire expérience en continu. Elle consiste à tester, dans n*otre propre vie,* ses affirmations : faire appel à la confiance en soi, à la détermination, adopter la pratique, suivre les étapes établies :
« ... *Exercez-vous dans les deux voies de la pratique et l'étude...*[8]. »

O*bservez* les résultats dans votre propre vie, afin de constater si la promesse se concrétise ou non.

Comment pouvons-nous essayer ?

Nichiren a été, sans aucun doute, un grand professeur et un grand philosophe. Mais il était aussi un homme

---
[8] Les écrits de Nichiren. 40 – La réalité ultime de tous les phénomènes - p.390 (Soka Gakkai – Bibliothèque du Bouddhisme de Nichiren) nichirenlibrary.org

pratique et terre à terre. Il a choisi de passer presque toute sa vie parmi les paysans et les artisans, pour appréhender leurs problèmes quotidiens, et employer les principes bouddhistes pour les aider à continuer leur vie. Il avait la ferme volonté de montrer, d'une manière accessible aux gens ordinaires, que leur vie quotidienne pouvait être améliorée grâce à la compréhension des principes et des pratiques bouddhistes. Nos circonstances matérielles ont bien sûr énormément changé depuis. Cependant, notre humanité fondamentale reste la même. Nous sommes tous pratiquement dans le même bateau. Des êtres humains ordinaires, avec beaucoup de défis à relever au cours de notre vie. Nichiren a surtout enseigné que si nous ne pouvons pas changer la nature de la vie humaine, nous pouvons modifier notre *attitude vis-à-vis de* la vie. C'est essentiellement notre attitude face aux douleurs et aux problèmes, qui détermine si nous sommes ou non en mesure de placer le bonheur au centre de notre vie. Voilà l'essence de son enseignement. Et il savait fort bien qu'il ne s'agissait pas d'un enseignement facile à assimiler.

Nichiren lui-même a posé la question à notre place : comment pouvons-nous juger de la validité de ses enseignements ?

C'est là que réside le problème central : une religion humaniste, transmise par un être humain *ordinaire* à d'autres êtres humains, et n'ayant pas comme fondement des dogmes ou des commandements délivrés avec l'autorité d'un dieu ou d'un créateur divin. En effet, les commandements d'un dieu ne souffrent aucun débat.

En revanche, les conseils d'un autre être humain exigent qu'il en soit ainsi.

Dès le début, Nichiren a reconnu que c'est là un problème clé auquel nous sommes tous confrontés, aujourd'hui comme hier : savoir distinguer ce qui est pertinent de ce qui ne l'est pas ; différencier les bons enseignements de ceux qui ne le sont pas. Et il a lui-même répondu à la question. *Ne croyez-pas sur parole* a-t-il dit. *Cherchez des preuves claires*. En fait, il a conseillé de chercher *trois* types de preuves pour juger ou estimer la validité de ses enseignements ou d'ailleurs, de toute proposition religieuse ou philosophique, que nous pourrions rencontrer. Et il nous les a expliquées. La première est ce qu'il a appelé la *preuve textuelle*. Existe-il une base textuelle solide, quelque chose que l'on puisse se procurer et lire afin d'apprendre sur la nature essentielle de l'enseignement lui-même ? Les livres de la Torah par exemple, ou le Nouveau Testament, ou le Coran, les grands livres de l'hindouisme ou le Sûtra du Lotus, représentent ce genre de preuve. La seconde qu'il a appelée *preuve doctrinale,* nous permet de voir dans quelle mesure l'enseignement a un sens pour nous. Est-il fantastique et magique, ou bien est-ce qu'il présente une vision de la réalité comparable au processus de la vie telle que nous la vivons, et qui nous permet de mieux comprendre cette réalité ?

Mais c'est la troisième preuve annoncée par Nichiren, celle qui résonne le plus en nous. Il l'appelle *Preuve factuelle,* ce qui nous ramène à la question fondamentale posée précédemment, et qui sous-tend à peu près tout dans ce voyage, à savoir, quel est l'objectif, dans notre vie, d'une croyance spirituelle ou religieuse ? Lorsqu'il parle de preuve factuelle, Nichiren se réfère aux effets réels, sur notre propre vie, exercés par notre adhésion à cette pratique. Le bouddhisme utilise le mot « bénéfices » pour décrire ces effets. Est-ce que l'enseignement contient une proposition concrète ? Est-ce qu'il nous aide vraiment à surmonter nos problèmes ou à faire face à nos défis ? Est-ce que nous nous sentons soutenus ? Sommes-nous en mesure de vivre une vie plus solide, plus positive et en créant des valeurs malgré tous les défis et les angoisses que nous sommes appelés à rencontrer en tant qu'êtres humains ?

Ces trois types de preuve sont importants pour toute philosophie ou tout enseignement religieux. Mais, selon Nichiren, la preuve définitive de la validité consiste à constater les bienfaits réels, concrets, de la pratique sur notre vie quotidienne. Si vous y pensez, ne serait-ce qu'un instant, c'est autour de cela que tourne la question fondamentale. Est-ce que cet enseignement fonctionne ? Est-ce qu'il améliore notre vie quotidienne ? Eh bien, cette pratique vous invite à vous poser cette question. Elle n'exige aucune foi aveugle. Il s'agit de croire en soi et d'avoir la conviction et la détermination dont nous avons parlé précédemment, afin de lui donner une chance raisonnable.

Nous pouvons retenir nos incertitudes et les appréhensions que suscite cette pratique, et qui, d'ailleurs, peuvent survenir à tout moment, en particulier au début. Et nous pouvons poser des questions et étudier davantage en quête de solutions. Mais en fin de compte, même si c'est important, ce n'est pas ce que nous *lisons,* ni ce qu'on nous *dit* sur le bouddhisme qui va nous convaincre de sa validité. C'est plutôt l'accumulation progressive de nos propres expériences qui nous prouvera si cela a ou non un sens pour notre propre vie. Cette pratique est trop exigeante pour être poursuivie sur la base de ce que quelqu'un d'autre nous dit à son sujet. La croyance, de plus en plus forte, que le bouddhisme a le pouvoir de changer notre vie doit jaillir de notre intérieur, car cela implique que l'on assume sa propre bouddhéité. Et c'est là peut-être, l'étape la plus difficile de toutes.

Que voulons-nous dire lorsque nous parlons de bouddhéité ?

Nous sommes habitués à penser que « le Bouddha » c'est Shakyamuni, la grande figure historique. On reconnaît qu'il y a eu beaucoup d'autres bouddhas au cours de l'histoire, mais dès que l'on ajoute l'article « *le* » c'est bien à Shakyamuni que l'on se réfère. Comme on a pu le constater, il n'a jamais, de son vivant, prétendu à la divinité ou à l'inspiration divine. En fait, il a expressément interdit à ses disciples d'établir un tel lien. Cependant, en tant que personnage purement historique, il occupe clairement une place dans les esprits occidentaux aux *côtés* des autres grands fondateurs de religions comme Jésus et Mahomet, qui, eux, ont revendiqué un lien divin. C'était d'ailleurs la base même de leur mission sur terre. Ils affirmaient être, à leur manière, le canal par lequel le dessein divin était transmis à l'humanité.

En raison de ce statut parallèle, nous sommes habitués à attribuer au titre de bouddha, non pas les qualités très spéciales de la divinité, mais quelque chose de très proche. En effet, en Asie du Sud-Est, comme nous l'avons vu, Shakyamuni a été virtuellement déifié, et a été représenté par d'immenses statues dorées, qui occupent une place centrale dans les temples bouddhistes. Puisque c'est cette forme de bouddhisme qui a été rencontrée et décrite pour la première fois en Occident, ce sentiment de déification colore fortement la réponse occidentale au terme bouddhisme.

Qui ? Moi ?

Aussi, nous sentons-nous déconcertés lorsque, pour la première fois, nous accédons à l'enseignement central du Sûtra du Lotus et du bouddhisme de Nichiren, et que nous apprenons que la bouddhéité n'est pas une qualité détenue par une seule figure historique extraordinaire, voire par un groupe réduit de personnes. La bouddhéité, nous dit-on, est une qualité universelle, inhérente à chacun, sans exception. Elle fait partie de notre humanité essentielle. Selon cet enseignement, nous portons tous en nous cet immense potentiel, que nous l'acceptions ou non, que nous y croyions ou non, ou que nous ressentions ou non le moindre intérêt pour comprendre ce que cela signifie. Nous le portons tous ; sans exception. La personne qui voyage à côté de nous dans le bus ; l'homme à qui nous achetons le journal du matin ; tous nos collègues au travail ; les gens que nous aimons, tout comme ceux qui nous sont antipathiques.

Nul doute, encore une fois, qu'il s'agit d'un concept immense, qui change la vie. Une véritable révolution dans l'histoire du développement spirituel. Il a fait partie de l'illumination de Shakyamuni, et a été révolutionnaire quand il l'a exposé pour la première fois dans le Sûtra du Lotus. Il a encore été révolutionnaire lorsque Nichiren Daishonin l'a enseigné au Japon, au XIIIe siècle. Il reste révolutionnaire aujourd'hui encore, dans le sens où c'est une idée difficile à comprendre, qu'il est difficile d'y croire, et qu'il n'est pas aisé de le mettre en œuvre et de lui accorder le caractère de source principale d'inspiration pour vivre dans le tumulte de notre vie quotidienne.

C'est essentiellement le but de la pratique quotidienne du bouddhisme. Il nous aide à avancer sur la voie de la compréhension et à *incorporer* cela dans tous les aspects de notre vie. J'aime beaucoup le terme « incorporer » depuis que je me suis initié en cuisine. Et c'est justement le bon mot pour décrire ce que j'essaie d'exprimer ici. Cela veut dire, pour moi, que l'on ajoute cet enseignement, quelque peu étrange, à la texture de notre vie, et qu'on mélange le tout de façon homogène, jusqu'à ce qu'il soit inséparable du reste.

Qu'entendons-nous alors par bouddhisme ? Comment devrions-nous l'assumer ? Le fait, quelque part surprenant, est qu'on peut le définir, à une échelle humaine, c'est-à-dire d'après des caractéristiques très ordinaires. Rien de surhumain. Ce sont toutes des caractéristiques ou qualités dont nous pouvons tous faire bon usage : une provision intérieure de persévérance et de courage, de sagesse et de compassion. L'objectif, à mesure que nous approfondissons notre croyance et que nous profitons de ses apports, consiste à développer, au centre de nos vies, un esprit fort, résistant et positif.

Bien sûr, nous sommes tous des êtres humains ordinaires. Et, en aucune manière, il s'agirait d'un état statique ou d'une destination. Tout comme la vie elle-même, la bouddhéité est dynamique et en évolution constante. D'où le caractère quotidien de la pratique. Mais le point crucial, qu'il convient de souligner ici, c'est l'*humanité* essentielle et concrète du concept. Tous les bouddhas sont des êtres humains ordinaires, immensément sages et lucides peut-être, mais, comme nous tous, avec des pieds d'argile, et avec leur lot de qualités humaines fondamentales, partie essentielle de leur vie. La bouddhéité n'a rien à voir avec ce que l'on pourrait considérer comme une aspiration à la perfection, rien à voir avec des capacités surhumaines, ni avec des pouvoirs transcendantaux. Tout comme le bouddhisme est une question de vie quotidienne, la bouddhéité ne peut se révéler que dans la vie des gens ordinaires qui vaquent à leurs occupations de tous les jours.

Courage, Sagesse et Compassion

Ainsi, courage ne veut pas dire bravoure, comme celle d'un soldat. Ce n'est pas, non plus, *absence* de peur. C'est l'énergie pour surmonter la peur et la négativité que nous avons tous dans nos vies. La peur de tant de choses : de l'échec, du rejet, de l'isolement, du sentiment de ne pas être à la hauteur. Vaincre nos propres blocages est toujours la partie la plus difficile de tout défi. Nous avons besoin de ce type de courage, au quotidien, pour affronter les problèmes à mesure qu'ils surgissent, plutôt que de les mettre sous le tapis jusqu'à ce qu'ils prennent une telle ampleur qu'ils menacent de nous submerger. Il faut un véritable courage pour surmonter nos faiblesses les plus grandes.

La sagesse ne désigne pas les perceptions profondes du philosophe, mais plutôt la connaissance plus précise et plus vigoureuse de nous-mêmes, de nos forces, de nos faiblesses, et la capacité à percevoir, dans notre comportement, les modèles qui nous causent tant de souffrances, afin de pouvoir entreprendre de les changer.

La compassion ne correspond point à la *pitié* envers ceux qui ont moins de chance que nous. C'est la capacité à voir et à comprendre la véritable nature de notre propre vie et de celle de tous ceux qui nous entourent. Il s'agit bien plus de respect et de compréhension profonds, par rapport à nous-mêmes, et vis-à-vis de tous ceux avec qui nous sommes en contact, afin de développer un niveau de conscience accru. Nous avons tendance à ressentir le besoin puissant et instinctif de nous placer au centre de notre propre univers. Nous entendons haut et fort la voix intérieure qui réclame la satisfaction de nos propres besoins et désirs. Il nous est extrêmement difficile de comprendre une situation à partir de la perspective des autres, qu'il s'agisse d'une dispute avec la personne qui nous est la plus proche, ou de comprendre la nature de la pensée d'un fondamentaliste musulman. C'est la compassion qui permet de mettre en place la volonté de comprendre le point de vue de l'autre, même s'il est diamétralement opposé au nôtre. On pourrait affirmer, sans risque de se tromper, que la compassion fait énormément défaut dans le monde d'aujourd'hui.

Passer à l'acte

Mais ce ne sont, bien sûr, que des mots. Sur le papier ils ont un sens, c'est vrai. Mais ce n'est pas grand-chose face au défi que représente leur mise en pratique. Nous pouvons comprendre à la perfection les principes du tennis. Cependant, le jeu ne commence que lorsque l'on a pris une raquette et que l'on essaie de taper correctement sur la balle.

C'est justement le problème auquel j'ai été confronté. J'étais, pourrait-on dire, un très bon bouddhiste théorique. Je connaissais bien ses principes. Et plus je lisais, plus j'appréciais l'immense potentiel transformateur de cette philosophie que j'avais rencontrée de manière accidentelle et banale. Mais je n'étais pas préparé pour aller plus loin. J'appréciai le fait d'avoir compris, mais j'étais très réticent à l'idée de l'intégrer dans ma vie quotidienne. Je trouvais mille et une excuses. Et surtout, j'étais inquiet à l'idée de ce que les autres pourraient penser. Cela peut sembler superficiel aujourd'hui, mais à l'époque, c'était un problème réel. Il m'avait fallu beaucoup de temps pour me forger une réputation de journaliste compétent et fiable, spécialisé en science et en technologie. Comment pourrais-je expliquer à tous mes confrères des médias, cyniques et futés, que j'étais devenu ni plus ni moins que bouddhiste ? L'image stéréotypée du bouddhisme est qu'il s'agit d'une pratique passive, centrée sur la douceur, et quelque peu floue du point de vue mystique. Où en étais-je donc ? Est-ce que l'on peut être à la fois un journaliste de télévision coriace et inquisiteur, et pratiquer le bouddhisme ? Je n'étais pas le premier à ressentir ces craintes. Bien avant moi, beaucoup d'autres avaient fait face et avaient surmonté ces doutes. Ce qui ne veut pas dire qu'ils soient moins intimidants pour celui qui les éprouve.

Je me souviens quand j'ai commencé à faire de la plongée, et que j'ai quitté l'environnement réconfortant de la piscine pour ma première immersion en haute mer. C'était dans la Méditerranée. Je savais que le fond était à environ 30 mètres et qu'il était noir. Est-ce que je voulais *vraiment* y aller ? Je suis entré dans l'eau et j'ai commencé à faire semblant d'ajuster mon équipement. Alors, mon instructeur a crié : « Vas-y. Vas-y ! » Et nous avons plongé.

Avec le bouddhisme il m'est arrivé quelque chose de semblable. Un jour, Sarah, dans sa sagesse, m'a persuadé d'arrêter de *penser* et de commencer à réciter. Pas beaucoup ; cinq ou dix minutes. L'important c'est la régularité, plus que la durée. Mieux vaut 10 minutes deux fois par jour, qu'une heure une fois par semaine. À l'époque, c'était un moment sans trop d'importance. En tout cas, une fois que j'ai commencé le voyage, je l'ai poursuivi. En effet, le bouddhisme est un voyage et non pas une destination. Il ne s'agit pas de franchir un énorme fossé, ni d'arriver à une destination précise. C'est plutôt une progression plus ou moins constante, entrecoupée de moments de retour en arrière, pendant lesquels on se demande : « *Bon sang ! À quoi me sert tout ça ?* »

Mais je crois qu'il est bon d'avoir des doutes. Ils font partie de notre essence. En fait nous en avons beaucoup, depuis le choix d'un costume jusqu'au choix de nos partenaires. Alors, il est parfaitement normal de se poser des questions sur quelque chose d'aussi important que le fait d'intégrer le bouddhisme dans sa vie. Ce qui est important, c'est de mettre les doutes au grand jour, de les dépouiller et de les regarder en face, pour comprendre d'où ils viennent. C'est la seule façon de pouvoir y apporter une réponse.

S'accrocher à la vision

Mais il est également important de nous accrocher à la vision, au but, à ce que nous essayons d'atteindre. Nous voulons renforcer dans notre vie la capacité à voir toute chose, oui, *absolument tout,* d'un point de vue positif, constructif. Aussi grise et peu inspirante que puisse paraître, au départ, toute circonstance, l'objectif est d'apprendre comment la transformer et en tirer profit. Car c'est là la promesse. Mais il va sans dire que c'est difficile. Cela ne se fait pas du jour au lendemain. Il faut du temps et cela implique l'acquisition de nouvelles compétences. Mais il en est de même, quelle que soit la compétence que l'on souhaite maîtriser. Certes, on ne songerait jamais à devenir un pianiste brillant ou un joueur de tennis accompli, sans entraînement, n'est-ce pas ?

C'est en ce sens que le bouddhisme est une affaire de vie quotidienne. Nous sommes tous dans le même bateau. Toute vie humaine, aussi brillante, étincelante et sans douleur qu'elle puisse paraître de l'extérieur, comporte de la peur et de l'espoir, du désespoir et de la joie. La grande force du bouddhisme de Nichiren est qu'il y va tout droit. Il fait une promesse très claire et sans ambiguïté. Si l'on persévère dans l'engagement pris, on verra, *sans aucun doute,* les résultats. Et le changement chez un individu a des implications bien plus lointaines. Pour chacun d'entre nous, la vie est un réseau de relations en évolution et en mutation constante, avec tous les niveaux de complexité possibles. Au cœur du bouddhisme se trouve la notion selon laquelle chaque individu doit assumer la responsabilité de sa propre vie. Loin d'être une opération en une seule étape, c'est un processus continu. C'est la traversée dont nous avons parlé auparavant. Une fois que nous avons puisé le courage de nous engager sur cette voie, la pratique bouddhiste nous aidera dans notre vie quotidienne à ne pas lâcher prise. Et lorsque nous échouons, et on ne saurait y échapper, elle nous aidera à nous reprendre en main et à recommencer ; une fois après l'autre ; et ainsi de suite. Aussi souvent qu'il le faudra. Mais une fois que le processus a commencé, l'effet est comparable à celui d'un caillou lancé dans un étang. Au fur et à mesure que nous changeons et que nous commençons à vivre notre vie sur la base d'un ensemble de principes différents, les ondes se propagent en cercles de plus en plus larges.

Lorsque, au sein d'un groupe soudé une personne change, cela ne peut manquer d'avoir un effet sur les autres. Une approche plus positive et plus optimiste de la vie, aussi chancelante et hésitante soit-elle, est une force puissante de changement. Le bouddhisme enseigne que l'effet se produit d'abord sur la famille, puis sur les collègues et les camarades de travail. Et nous savons que c'est vrai. Nous en avons tous fait l'expérience dans notre vie quotidienne. Quelqu'un qui a une vision profondément négative ou pessimiste de la vie peut rapidement faire chuter l'esprit de tout un groupe. À l'inverse, une vision optimiste et lumineuse est extrêmement contagieuse, même dans des circonstances difficiles.

Lorsque j'ai commencé à pratiquer, le questionnement intérieur est resté persistant. De plus, j'étais vraiment un bouddhiste « au placard ». En dehors de mon cercle le plus intime, je n'avais dit à personne que j'avais adopté cette pratique. Malgré cela, les gens au travail ont commencé à remarquer un changement dans mon comportement. J'ai même entendu des commentaires ironiques du type « Qu'est-ce que vous êtes en train de manger dernièrement ? ». Je n'étais que trop conscient de ma réputation de dur, exigeant et provocateur. Et les jours de tournage ou en studio se déroulaient dans une ambiance tendue. Mais j'avais aussi la réputation de produire de très bons résultats et j'en étais venu à croire, pour une raison ou pour une autre, que les deux allaient de pair ; que ce genre d'adrénaline était nécessaire pour obtenir les meilleurs résultats. J'avais profondément tort. Je le réalise maintenant. J'ai commencé à faire des efforts pour changer ma façon d'aborder les relations au travail. Je suis devenu bien plus facile à vivre et, d'ailleurs, nos résultats ont été nettement meilleurs. Est-ce que cela était entièrement dû à ma pratique du bouddhisme ? C'est difficile à dire, mais je suis sûr que c'est ce qui a déclenché mon changement intérieur.

Selon le bouddhisme, un changement radical dans l'approche de la vie d'une personne peut avoir cet effet durable de propagation lente, progressive, à l'instar des ondes, au-delà de la famille et des amis, pour atteindre la société locale, et aller encore plus loin. C'est une vision vaste et globale. Le bouddhisme de Nichiren enseigne que la marche vers une société meilleure, basée sur les principes du respect de la vie et des valeurs d'autrui, et ayant pour objectifs la paix et le bonheur individuel, ne saurait être menée comme un processus *du haut vers le bas*. Il faut commencer par la *base*. Le changement profond dans la vie d'innombrables individus modifie progressivement la manière dont la société fonctionne.

Daisaku Ikeda a affirmé :

« Il ne peut y avoir de solution durable aux problèmes de la société que s'il y a évolution de notre propre état de vie[9]. »

Ce voyage vers la bouddhéité, qui commence donc comme un processus purement personnel, englobe cette vision infiniment plus large et plus étendue. Une vision de l'avenir, essentielle, tout à fait appropriée au moment présent. Rarement auparavant, une société n'avait eu autant besoin de ces valeurs jumelles qui sont au cœur du bouddhisme : des individus qui assument la pleine responsabilité de leur propre vie, tout en respectant les valeurs et le caractère humain des autres. Ce n'est pas un changement qui pourrait être imposé de l'extérieur. Il doit être adopté et renforcé de l'intérieur.

---

[9] Daisaku Ikeda. *Living the Gosho, Vol. 1*. Traduit par nous.

CHAPITRE CINQ

Qu'entendons-nous par bonheur ?

Le mot "bonheur" revient souvent dans les discussions bouddhistes. Vous aurez sans doute remarqué qu'il est déjà apparu à de nombreuses reprises dans ce récit. Les bouddhistes de Nichiren diront souvent que la raison fondamentale de leur pratique est d'atteindre un plus grand bonheur pour eux-mêmes et pour autrui. En termes humains, cela n'est pas surprenant. Nous faisons bien des choses en pensant au bonheur. D'ailleurs, cette idée occupe une place centrale dans la Déclaration d'indépendance américaine :

« *Nous tenons ces vérités pour évidentes, que tous les hommes sont créés égaux, qu'ils sont dotés par leur créateur de certains droits inaliénables, que parmi ceux-ci se trouvent la Vie, la Liberté et la poursuite du Bonheur.* »

En termes religieux, cependant, c'est plutôt inhabituel. En fait, dans la plupart des liturgies religieuses on a du mal à trouver ce terme. Je parle du bonheur sur terre, ici et maintenant, non pas de celui qui serait atteint dans un quelconque au-delà céleste.

Le bouddhisme, avec son humanisme essentiel et sa confiance dans le pouvoir de l'esprit humain, fait de la poursuite du bonheur l'objectif fondamental de la vie humaine, ici et maintenant. En ce sens, il cherche à mettre à profit l'un des plus puissants facteurs de motivation de la vie humaine, et à s'en servir comme moteur de changement, afin que nous puissions mener une vie plus pleine et plus riche. Il enseigne que la concrétisation du bonheur, pour soi-même et pour les autres, les deux étant toujours liés, est essentiellement le but de la vie. Mais le bonheur ne nous tombe pas du ciel. Vouloir l'atteindre n'implique pas directement qu'il se réalise. Nous devons apprendre à y parvenir. Nous devons prendre la matière étonnante et complexe avec laquelle la vie est façonnée, et la transformer en une matière qui construit le bonheur.

C'est essentiellement pour cette raison que Shakyamuni est parti de chez lui. Pour travailler à comprendre ce qu'était réellement la vie. Il avait été témoin de la douleur profonde et de la souffrance de la plupart des habitants de sa ville. Que pouvait-on faire pour y remédier ? Était-ce inévitable ? Ou les gens pourraient-ils arriver à mieux comprendre la nature de leur vie pour créer ainsi une meilleure façon de vivre ? Il savait évidemment qu'il ne pouvait pas transformer les processus *physiques* de la vie. Il devait analyser plus en profondeur la nature et le potentiel de l'*esprit* humain. Le résultat de cette quête est l'ensemble des enseignements que nous appelons le bouddhisme.

Mais qu'entendons-nous donc par *bonheur* ? C'est un état immensément fuyant et insaisissable. Difficile à définir, puisqu'il est, par nature, subjectif.

Ce qui est clair, c'est que, tout comme il arrive avec le goût de la fraise, difficile à définir, mais que nous reconnaissons pleinement dans notre bouche, nous distinguons aussi le bonheur dès que nous le ressentons. D'ailleurs, nous sommes fortement conscients quand il nous fausse compagnie. Et si nous nous penchons sur notre propre vie, par exemple, nous pouvons le définir plus facilement à travers des expériences particulières. Nous pensons plutôt à des moments ou à des périodes heureuses de notre vie, des épisodes, plutôt qu'à un « état de bonheur ». L'époque où nous avons vécu en un certain lieu, ou certaines vacances ; lorsque nous avons appartenu à une équipe sportive à l'école, ou quand nous avons acquis une compétence particulière ; ou lorsque nous avons débuté dans notre activité professionnelle, ou que nous sommes tombés amoureux. Pour la plupart d'entre nous, l'expérience réelle du bonheur est passagère et éphémère. De brèves bouffées de cette expérience appelée bonheur, entrecoupées de périodes peut-être plus longues où il était absent ou trop terne pour avoir laissé dans notre mémoire un sentiment doux et lumineux.

Mais pourquoi ne pas se poser la question ? Eh bien, parce que la réponse pourrait nous donner un aperçu incomplet de ce qu'est cette expérience fuyante que nous appelons bonheur. S'est-il tout simplement estompé jusqu'à disparaître ? Est-ce qu'il a été couvert par des expériences de *non bonheur* qui auraient provoqué des accès d'anxiété plus ou moins importants ? Faire face, par exemple, à une relation brisée, ou à un travail ennuyeux et non satisfaisant, auquel il semblait impossible d'échapper ; à des soucis financiers constants, ou à un manque persistant d'estime de soi qui sape notre confiance en nous-mêmes. La liste des désagréments possibles est bien sûr inépuisable. Nous avons tous nos propres agonies personnelles.

Mais ce que je veux surtout montrer c'est qu'en général, notre sentiment de bonheur semble être très lié à des événements *extérieurs*. Nous vivons une expérience plaisante, et nous nous sentons heureux. Mais si elle est contrariante, alors nous sommes malheureux. Comme un bouchon qui flotte au gré de la houle, qui monte et descend à chaque vague qui passe. Si nous examinons les indicateurs sociaux clés, sujet de tant de recherches de nos jours, tels que l'incidence de familles et de relations brisées, ou la prise de médicaments et les ordonnances d'antidépresseurs comme le Valium et le Prozac, nous constatons une augmentation des facteurs qui déclenchent les périodes de non bonheur. Il semblerait que le *potentiel* pour une insatisfaction, toujours présente, active, et sous-jacente, soit plus fort qu'il ne l'a jamais été.

Quelle en serait la cause ? Et où pourrait-on trouver une explication ?

Eh bien, comme il arrive souvent de nos jours, même dans un domaine aussi difficile à saisir que le bonheur, nous pouvons nous tourner, au moins dans une certaine mesure, vers la science. Au cours des dernières années, de nombreuses recherches sociales et psychologiques ont été menées pour définir ce qui fait que les gens se sentent bien dans leur peau et dans leur vie. Comme on pourrait s'y attendre, la plupart de ces recherches ont eu lieu en Amérique, où la recherche du bonheur est après tout un élément central de la Constitution !

Longtemps depuis ses origines, la psychologie s'est intéressée à ce qui accable et ronge l'esprit humain. Les psychologues ont passé des décennies à se concentrer sur les causes de la dépression et de l'anxiété, et à chercher à aider les gens à passer d'un état négatif ou de souffrance, à un état normal, neutre. Plus récemment, ils en sont venus à penser que la compréhension des facteurs qui contribuent à un sentiment profond de bien-être pourrait résulter bien plus utile. C'est ainsi que depuis une dizaine d'années, cette discipline s'est développée pour devenir un nouveau domaine d'étude universitaire de grande valeur : la Psychologie Positive.

Martin Seligman de l'Université de Pennsylvanie, l'un des principaux architectes de la nouvelle orientation s'y réfère ainsi :

« *Il ne suffisait pas d'annuler les conditions qui anéantissent la personne, et d'arriver à zéro. Nous devions nous demander quelles sont les conditions favorables qui permettent aux êtres humains de s'épanouir. Comment pouvons-nous passer de zéro à cinq*[10]. »

Cela étant dit, les chercheurs en sciences sociales ont encore beaucoup de mal à définir précisément ce qu'est le bonheur. En effet, comme on pourrait s'y attendre,

---

[10] Martin Seligman. *Revue Time, février 2005*. Traduit par nous.

il ne peut être défini qu'en termes d'expérience personnelle. Or, si nous examinons quelques-unes des conclusions qui ont émergé ces dernières années, suite aux recherches menées sur les types d'expériences qui sont à l'origine d' un profond sentiment de bien-être, il est extraordinaire de constater à quel point elles incarnent des enseignements contenus dans les innombrables lettres adressées par Nichiren à ses disciples.

Bien que cela puisse sembler surprenant, l'altruisme arrive en tête de liste. S'occuper des besoins d'autrui plutôt que de se concentrer sur ses propres problèmes actuels. Les biologistes évolutionnistes ont encore beaucoup de mal à appréhender la valeur évolutive de l'altruisme. En tout cas, il est là, présent, révélé comme source primaire de bonheur humain. Le pouvoir exceptionnel de la gratitude est aussi un thème récurrent. Non seulement il provoque un sentiment de bien-être chez celui qui donne et celui qui reçoit, mais il améliore aussi la santé et les niveaux d'énergie. Le professeur Seligman, a décrit comment le simple fait d'exprimer sa gratitude à quelqu'un peut avoir un effet bénéfique sur le sentiment de bien-être de celui qui donne, même un *mois* après.

Avec son livre *Authentic Happiness* (*Le Bonheur Authentique*), Seligman vient se joindre aux nombreux auteurs qui mettent l'accent sur ce qu'il appelle « engagement », c'est-à-dire le degré d'implication dans la vie de ceux qui nous entourent : famille, amis et collègues de travail. Avoir une conscience et une compréhension de notre humanité, au sens large, et de notre relation aux autres. Il insiste également sur la nécessité d'avoir un but précis, un objectif ou une direction qui soit plus grand et qui aille au-delà du simple mouvement quotidien de notre vie.

Mais quelle explication les psychologues ont-ils trouvée pour ce genre nouveau d'insatisfaction ou de malaise dont nous avons parlé ? Le Dr Edward Diener, de l'Université d'Illinois, un des professionnels les plus actifs dans le domaine de la psychologie positive, affirme que cette situation peut être considérée comme la *conséquence négative* de l'opulence accrue dans le monde d'aujourd'hui.

L'impasse du matérialisme

Il semblerait que cette impasse provienne de l'abondance actuelle. Nous avons devant nous tellement de choses, que nous en sommes avides ; et c'est là une puissante cause extérieure de mécontentement intérieur. Nous sommes constamment appelés à mesurer qui nous sommes et ce que nous avons, par rapport à des modèles qui nous sont présentés comme ayant très bien réussi, et qui seraient plus prospères et donc, *plus heureux*. De toute évidence, de nos jours, le bonheur est très largement mesuré en termes de biens, c'est-à-dire, de ce que nous possédons : la nouvelle voiture, la grande maison, les vêtements à la mode, etc. C'est bien sûr la façon dont le marketing et la publicité modernes fonctionnent. Ils tirent habilement profit de la tendance naturelle de l'homme à se comparer aux autres, et à se concentrer davantage sur ce que nous n'avons pas. Déjà Nichiren, il y a bien longtemps, avait évoqué quelque chose de très similaire dans l'une de ses lettres :

« *Vous serez comme un homme pauvre qui compte nuit et jour la fortune de son voisin sans gagner lui-même le moindre sou[11].* »

En ce sens, le *marketing* du style de vie moderne est une influence perturbatrice. Il nous envoie constamment des images de personnes qui possèdent des voitures, des vêtements, des maisons, des meubles, des corps, bref, toutes sortes de biens, plus grands, meilleurs, plus élégants, plus beaux, plus puissants... Jamais auparavant l'éventail de biens matériels n'avait été aussi large. De plus, avec la portée mondiale du cinéma et de la télévision modernes, le cercle de comparaison s'est élargi au point d'englober le monde entier. Aussi, le potentiel de ce que l'on pourrait appeler insatisfaction « induite », à l'égard de notre sort, est bien plus vaste encore. Et ce n'est pas seulement une question de convoitise. C'est à la fois plus profond et plus large. Nous pensons que si nous ne pouvons pas atteindre ces symboles de réussite, c'est qu'il y a, en nous, quelque chose qui ne va pas. Nous avons échoué car nous n'avons pas tout ce qu'il faut pour réussir dans la vie. Et puisque, selon cette équation, succès signifie bonheur, nous n'avons tout simplement pas ce qu'il faut pour être vraiment heureux.

La psychologie positive a même proposé un nom pour décrire cette condition : « anxiété de performance ».

Ceci dit, il convient de souligner que le bouddhisme de Nichiren ne consiste pas à *renoncer aux* biens matériels. Au contraire, il s'occupe à la fois des aspects matériels

---

[11] Martin Seligman. *Revue Time, février 2005*. Traduit par nous.

et des aspects spirituels, puisque les deux sont importants pour nous. La clé d'un sentiment profond de bien-être consiste à reconnaître que nous devons trouver un équilibre. Être humain implique vouloir posséder des biens. Cela fait partie de notre nature. On peut dire, par exemple, que nos ancêtres directs ont introduit, pendant la préhistoire, il y a entre 30 000 et 40 000 ans, la société de consommation sous forme de colliers de coquillages, de perles décorées, et d'armes de chasse personnalisées magnifiquement sculptées à la main, appelées propulseurs de lance. Les enjolivures de ces armes ne les rendaient pas plus efficaces. Simplement elles étaient plus agréables à regarder, ce qui les rendait plus désirables. D'ailleurs, ils les vendaient dans toute l'Europe. Cela n'a pas cessé depuis. Le désir est l'un des principaux moteurs de la vie. Et les désirs fondamentaux, comme un bon travail, le confort matériel, etc., sont profondément ancrés en nous, et ne devraient en aucun cas être mis de côté ou considérés moins dignes.

Lorsque quelqu'un adopte cette pratique bouddhiste, il est encouragé à réciter pour tout ce dont il pense avoir besoin dans sa vie. Et cela peut inclure des avantages matériels, tels que des revenus supérieurs, la sécurité financière, une meilleure maison, ou toute autre chose. Le raisonnement est que l'acte de réciter apportera inévitablement la sagesse et la compassion nécessaires pour placer ces désirs dans un contexte approprié, plus large, dans la globalité de la vie.

Cependant, selon cette pratique, même si se procurer de nouveaux biens matériels peut être une expérience extrêmement agréable, il est peu probable qu'elle soit à la base du bonheur solide, durable et résistant que nous recherchons. Le plaisir que nous donne un nouvel objet s'estompe rapidement, et la seule façon de le raviver c'est d'acheter d'autres objets. Cette sorte de thérapie nous la connaissons tous. Nous avons tous parcouru ce chemin. Nous nous persuadons que pour nous sentir plus satisfaits, ce dont nous avons besoin est justement ce « quelque chose » que nous avons vu en vitrine. Et puis nous découvrons un nouvel objet qui nous attire. Et nos actes se répètent, et ainsi de suite...

Cette tendance, à l'origine de beaucoup de douleur et de souffrance, reçoit un nom, au sein du bouddhisme. C'est l'état de vie que l'on connaît comme état d'Avidité. Un état d'insatisfaction quasi permanente et fébrile, qui nous mène à être totalement convaincus que notre bonheur dépend de posséder, ou de vivre quelque chose, qui à ce moment précis, est juste hors de notre portée.

Ce mirage ne se limite bien sûr pas aux choses matérielles. Il s'étend à tous les domaines de l'activité humaine, depuis le désir d'un partenaire sentimental et d'enfants, jusqu'à la richesse et la célébrité, en passant par la jeunesse et la beauté permanentes. Il n'est pas rare que des personnes dans cet état de faim, fixent le regard autour d'eux, sur une chose et puis sur une autre, en croyant, à chaque fois, que *cela* va satisfaire leur désir et leur apportera le bonheur qui leur échappe. Une telle faim est la cause d'un malheur profond et durable.

Le bouddhisme soutient que, même si les désirs sont naturels et essentiels à la vie et qu'ils doivent y occuper une place, il est triste de croire que le bonheur durable puisse provenir de l'extérieur ; en d'autres termes, croire que l'on peut ainsi pratiquement *acheter le bonheur*.

L'existence dépourvue de problèmes

Le désir interne de la plupart des humains, d'avoir une existence sans problème, est en quelque sorte une catégorie particulière de cette illusion. On pourrait penser qu'il s'agit de deux aspects tout à fait à part. Cependant, ils contiennent de nombreuses caractéristiques communes.

Personne ne souhaite avoir des problèmes ; jamais. Mais, au fond de nous, nous savons que les problèmes et les crises, les difficultés et les défis font partie, inéluctablement, de notre existence. Or, pour une raison ou pour une autre, au plus profond de la psyché humaine, nous nous accrochons à la conviction, ou peut-être à l'espoir, que les problèmes et la souffrance qu'ils entraînent sont l'*exception* et non la règle. Le résultat est que l'on termine par définir le bonheur comme l'*absence de* problèmes. Et puisque la réalité est que les problèmes, les défis, et les difficultés continuent à se présenter de manière presque permanente, dans quelque domaine que ce soit, le bonheur que nous recherchons continue à nous échapper.

Face à cette vision de la vie, il arrive souvent que, mus par notre désir profond d'éviter les problèmes et les souffrances que nous y associons, nous adoptons toutes sortes de ruses pour nous y soustraire... Nous essayons de ne pas les voir, ou de les fuir, dans l'espoir qu'ils s'évaporent. Cependant la réalité, et nous le savons tous pour l'avoir vécu, est que, lorsque l'on fait semblant de ne pas voir un problème, très souvent il se retrouve intensifié. Ce qui, à un moment donné, aurait pu être résolu facilement, si on avait eu le courage d'y faire face, devient souvent si sérieux qu'il nous dépasse.

Face aux difficultés, nous avons l'habitude d'en rendre responsables les autres ou les circonstances environnantes. C'est là que nous croyons trouver la source de nos malheurs. Toujours les causes à l'extérieur, pas en nous. Par exemple, s'il y a des difficultés dans une relation, c'est parce que l'*autre* doit changer quelque chose en lui, ou qu'il a une habitude particulièrement gênante ou ennuyeuse. S'il y a des frictions avec le patron au travail, il est probable que ce soit à cause de son comportement totalement déraisonnable ou injuste. En effet, généralement, nous ignorons les problèmes, parce que nous estimons que c'est la faute de quelqu'un d'autre. Alors, soit nous prétendons qu'ils n'existent pas, soit nous refusons de les affronter, et préférons cacher la poussière sous le tapis.

Cela est particulièrement vrai dans les relations où il peut y avoir une différence de point de vue sous-jacente. Dans ces cas, une des parties ressent très fort la difficulté, tandis que l'autre la met de côté, en espérant qu'elle disparaîtra toute seule. Et ce qui était au début un petit problème au sein d'un couple d'amoureux, explose un jour à cause de la pression accumulée, et peut même entraîner une rupture.

Et puis, on trouve aussi le sentiment de désarroi que beaucoup de gens ressentent, non pas nécessairement à cause de la gravité ou de la quantité de problèmes, mais en raison du sentiment d'impuissance ou d'incapacité qu'ils provoquent.

Le principe de base du bouddhisme est que tout, absolument tout, commence par soi-même. S'il y a des frictions, des difficultés ou des frustrations dans notre existence, il faut chercher la cause *à l'intérieur de notre propre vie.* Aussi difficile que cela puisse être à accepter. C'est là que réside le véritable sens de la prise de responsabilité par rapport à sa propre vie. Qu'est-ce qui, dans nos pensées, nos paroles ou nos actes, est à l'origine de ces difficultés ? C'est, à vrai dire, une prémisse qui met mal à l'aise ; difficile à digérer. Mais l'énorme avantage de cette prémisse est que si la cause vient de l'intérieur, la solution peut aussi venir de l'intérieur. Elle est à notre portée. Il n'est plus question de se dire « *Si seulement il ou elle changeait...* » mais, plutôt, « *Qu'est-ce que je peux faire, quels aspects de moi-même puis-je changer pour résoudre le problème ?* »

Le bonheur n'est pas un cadeau qui nous serait offert par quelqu'un d'autre

La grandeur du bouddhisme de Nichiren en tant que philosophie réside dans son immense pragmatisme. Son but est d'expliquer comment la vie fonctionne, et comment elle peut être vécue de manière heureuse et créative, *telle qu'elle est réellement, et* non telle que nous pourrions la souhaiter. Le Bouddha Shakyamuni n'était pas un théoricien. Il a passé toute la période de sa vie consacrée à l'enseignement, avec les gens, parmi eux, en veillant à répondre à leurs questions, à leur offrir de nouvelles façons de considérer leur situation. Nichiren Daishonin a évolué de manière très semblable. Il n'est pas parti méditer en solitaire dans un monastère. Il passait tout son temps parmi la foule, aux prises avec les problèmes des gens ordinaires, à une époque où le pays était en constante agitation.

Le résultat, tel que des milliers de personnes ont pu le constater, est que les enseignements de Shakyamuni et de Nichiren sont à la fois immensément pratiques et libérateurs. Concrètement, on apprend qu'il n'y a absolument rien à gagner à s'exaspérer chaque fois que des problèmes apparaissent dans nos vies, ni à fonder nos espoirs de bonheur sur un avenir sans écueils. La clé, écrit Nichiren, consiste à faire face aux problèmes :

« Même si des troubles apparaissent dans votre vie courante, ne les laissez jamais vous perturber. Nul ne peut éviter les problèmes, pas même les sages ou les personnes vertueuses[12]*. »*

Notre bonheur n'est pas un cadeau qui nous serait offert par quelqu'un d'autre. Le véritable bonheur durable, à la base de la vie d'une personne, ne dépend pas d'événements extérieurs. Il ne peut provenir que d'un seul endroit : notre intérieur.

C'est ce changement de réaction, à l'intérieur de nous-mêmes, qui détermine dans quelle mesure nous pouvons

---

[12] Les écrits de Nichiren. 86 – Le bonheur en ce monde – p. 685 (Soka Gakkai – Bibliothèque du Bouddhisme de Nichiren) nichirenlibrary.org

réussir à créer une vie heureuse. Lorsque nous sommes faibles, nos problèmes deviennent insurmontables, un Everest à gravir. Lorsque notre esprit est fort, ils se réduisent et acquièrent la forme d'un défi que nous savons que nous pourrons relever.

De plus, cette perception transforme toute la nature de l'équation. Le défi n'est plus de savoir comment faire face au problème, mais comment nous rendre *plus forts*, comment construire cette détermination intérieure pour ne pas nous laisser abattre lorsque le problème se présente à nous. Ce changement est au cœur même du processus. Et justement, une des promesses centrales de la pratique du bouddhisme de Nichiren est qu'il renforce progressivement notre confiance intérieure et notre estime de soi.

Le seul gymnase spirituel de la ville

L'extraordinaire paradoxe, au cœur même de cette pratique, est qu'il ne suffit pas de considérer les problèmes et les difficultés comme un facteur *inévitable* dans notre vie. Il nous faut apprendre à les considérer comme *essentiels à* notre croissance et à notre bonheur. Nous avons plutôt l'habitude de nous dire : « Les problèmes, qui en a besoin ? » Mais on se rend vite compte du pouvoir transformateur de l'idée que les problèmes et les difficultés, la douleur et le chagrin, peuvent en fait être un stimulus pour grandir toujours davantage.

La pesanteur, omniprésente sur la Terre, a forcé notre corps à grandir et à développer un physique si fort et musclé que nous pouvons non seulement marcher debout, mais aussi courir, sauter et nous franchir des obstacles, sans même être conscients de notre poids.

Dans le même sens, Nichiren écrit :

« *C'est seulement lorsqu'il triomphe d'un puissant ennemi que se révèle la force d'un homme*[13]. »

Ainsi, la proposition bouddhiste essentielle est que les problèmes et les difficultés fournissent les moyens, l'occasion pour ainsi dire, de notre entraînement spirituel. Tout bien pensé, ils représentent le *seul* gymnase spirituel en ville. C'est là le défi essentiel sans lequel nous ne pouvons tout simplement pas développer le muscle spirituel dont nous avons besoin pour vivre une vie pleine et heureuse. Il n'y en a pas d'autre.

Personne ne dit que c'est une leçon facile à apprendre ou à appliquer. Mais le fait est que nous avons tous une certaine expérience sur son fonctionnement.

Lorsque nous surmontons un problème, nous éprouvons un immense sentiment de réussite personnelle. Si nous décrochons un emploi que nous ne croyions pas pouvoir obtenir, que nous vainquons une maladie sérieuse, ou que nous réussissons à aider un ami à traverser une période d'anxiété provoquée par une grosse difficulté, ces victoires nous procurent un sentiment puissant d'exaltation. Plus le malheur surmonté est important,

---
[13] Les écrits de Nichiren. 32 – Lettre de Sado - p. 305 (Soka Gakkai – Bibliothèque du Bouddhisme de Nichiren) nichirenlibrary.org

plus le sentiment d'exaltation sera grand. Et, pendant un certain temps, nous nous sentons assurés et euphoriques, et nous avons beaucoup plus confiance en notre capacité à gérer la vie, non seulement dans ces circonstances particulières, mais aussi plus largement, vis-à-vis de nos expériences et de nos activités en général. C'est là un point essentiel. Les effets sont aussi importants et aussi profonds que cela. Cette confiance accrue nous procure un sentiment de bien-être beaucoup plus grand.

Au fond, le bouddhisme nous encourage à nous accrocher à cette idée, à en être conscients, à la développer et à la renforcer avec l'énergie ou la confiance intérieure issue de la pratique quotidienne. Ainsi, au lieu d'être une expérience éphémère et occasionnelle, elle peut devenir quotidienne.

C'est précisément le changement d'attitude que nous recherchons. Les difficultés restent les mêmes, mais notre sentiment d'avoir la capacité à les surmonter aura profondément changé. En effet, quand nous avons la certitude de pouvoir surmonter un problème, celui-ci change de nature. Il résulte moins menaçant et produit moins d'anxiété. D'ailleurs, consciemment, nous commençons à l'appeler autrement. Il se transforme en *défi*. Et cela est significatif. Un problème est négatif et « démoralisant ». Un défi est stimulant et inspirant.

Il convient de préciser qu'il ne s'agit pas de stoïcisme, ou d'endurance, ou de s'entraîner à porter un lourd fardeau sur les épaules. Le but est plutôt que ces difficultés inévitables *se transforment* en source d'un sentiment de bien-être plus stable pour nous-mêmes et pour ceux qui nous entourent.

Ainsi, cet enseignement qui peut sembler étrange, voire irréaliste, est, en fait, extraordinairement libérateur. Les bouddhistes de Nichiren décrivent souvent cette approche des problèmes en utilisant l'expression « transformer le poison en remède ». En d'autres termes, face à une situation de crise, difficile, voire impossible à résoudre, il ne faut pas simplement la subir, mais l'inverser, pour créer de la valeur et de l'épanouissement.

Savoir où chercher

Je dois admettre qu'il était pour moi extrêmement difficile, au début, de parler du bouddhisme et du bonheur avec la même détermination et la même assurance de beaucoup d'autres bouddhistes autour de moi. J'avais aussi du mal à parler de l'idée d'atteindre la bouddhéité. Mais la notion se trouvant au cœur même de cette pratique bouddhiste me semblait immensément puissante et émouvante. Peu importe si nous nous en rendons compte ou pas, si nous le croyons ou pas, ou si nous le comprenons ou pas, nous avons en nous-mêmes le pouvoir de *choisir le* bonheur dans cette vie. Et nous pouvons réellement apprendre comment atteindre ce but. Nul doute qu'il s'agit là d'un concept qui change la vie. Le bonheur ne veut pas dire absence de problèmes ou de défis. Il implique un sentiment fort et durable de la *valeur de* notre vie à chaque moment, et de la valeur de la vie de chaque être humain.

Facile à dire ; extrêmement difficile à réaliser ! Je pense que peu d'entre nous savent vraiment comment apprécier, à chaque instant, la qualité de leur propre vie. Et cela, même si nous nous rendons compte à quel point cette qualité peut être précieuse. Il nous faut donc apprendre à l'acquérir. Un seul moyen pour cela : travailler au quotidien, y penser. Pourquoi ne pas le faire ? C'est si précieux ! C'est comme pratiquer le piano : petit à petit. Il va sans dire que pour jouer du Mozart il faut s'exercer tous les jours.

Un facteur clé dans cette quête tout à fait naturelle du bonheur consiste à apprendre vers où regarder. Le bouddhisme nous enseigne, ce qui est d'ailleurs paradoxal, que croire que notre bonheur dans cette vie dépend de l'absence de problèmes et de difficultés est une stratégie vouée à l'échec, car c'est impossible. Si en revanche nous recherchons un sentiment de bien-être solide et durable au cœur de notre vie, nous le trouverons justement au milieu des problèmes que la vie nous réserve, tout en cultivant le courage et la sagesse pour y faire face et pour les surmonter.

À première vue, cette manière de nous procurer le bonheur peut nous sembler inconfortable et même improbable. Mais à la réflexion, c'est à la fois lucide et pratique. Par-dessus tout, puisqu'il est élaboré à partir des circonstances réelles de notre vie, quand on l'aura construit il sera solide. De plus, il vient de l'intérieur. Aussi, ne dépend-il pas des circonstances toujours changeantes de notre vie. Nous aimons tous l'exaltation et l'élan de joie qui découlent d'un succès soudain ou d'un désir comblé. Sans cela, la vie serait bien plus pauvre. Nous aimons tous l'idée du brouhaha associé à la richesse ou à un certain statut social. Mais, avant tout, nous souhaitons un sentiment de bien-être durable et inébranlable. Le sentiment que Nichiren décrit comme ayant un caractère absolu, plutôt que relatif.

Nous avons donc au moins une partie de la réponse à cette question initiale. Pour le bouddhisme, le bonheur n'est certainement pas le ravissement temporaire provoqué par un événement extérieur excitant. Il ne s'agit pas d'acquérir des biens. Il ne dépend pas de quelqu'un d'autre. Il implique, en revanche, que nous nous rapprochions de notre propre nature de Bouddha.

Le récit de Sally

« Je pratiquais le bouddhisme de Nichiren depuis environ cinq ans. J'aimais cette pratique, et elle m'apportait une joie immense et un sentiment de stabilité. Mais il y avait un besoin profond et insatisfait au centre de ma vie.

Plus que tout dans ma vie, je voulais être maman. J'avais toujours voulu avoir des enfants, mais maintenant, le désir en était encore plus grand. C'était la première pensée qui me venait à l'esprit chaque matin. Et souvent, la dernière chose à laquelle je pensais le soir. Je m'étais mariée depuis peu et, avec mon mari, John, nous en avions beaucoup parlé avant notre mariage. Je savais donc que cela allait être extrêmement difficile, voire impossible. John avait subi une vasectomie quelques années auparavant. Avant de nous marier, il est allé à l'hôpital pour une inversion des effets de l'intervention, mais la procédure n'a que partiellement réussi. En effet, selon l'avis du médecin, les anticorps déclenchés par l'opération de vasectomie initiale tuaient ou affaiblissaient sérieusement les spermatozoïdes. Une difficulté que nous n'avions pas prévue.

Mon espoir de trouver un moyen de sortir de cette impasse s'est évanoui. Mais je voulais désespérément que nous ayons notre *propre* enfant, à nous deux. Je ne voyais absolument pas comment surmonter ce dilemme. J'ai décidé que le seul recours dont je disposais était de tester la pratique jusqu'au bout. Je me souviens d'avoir pensé : « À *quoi sert cette pratique, si elle ne peut pas m'aider à* surmonter l'obstacle le plus important de ma vie ? *Quel est l'intérêt ?* » J'ai décidé que quoi qu'il arrive, je réciterai deux heures par jour, jusqu'à ce que je tienne *notre* bébé dans mes bras. Quelle dose de courage il m'a fallu !

En fait, je ne sais pas comment j'en ai eu la force. Lorsque j'ai pris cet engagement, j'ai presque pris peur. J'avais l'impression d'avoir mis une montagne devant moi. Et maintenant, il fallait que je me batte pour la gravir. Je ne voyais pas comment j'allais y arriver. Le premier jour, j'ai mis le réveil à 6 heures du matin et j'ai commencé à réciter. Maintenant, lorsque j'y pense, je me rends compte que la lutte a été terrible. J'ai beaucoup pleuré devant le Gohonzon[14]. Mes yeux en étaient tout rouges. Lorsque je récitais, ma voix manquait de courage et de force. Souvent, c'était une toute petite voix qui sortait. Je savais aussi qu'il fallait passer à l'acte. Alors nous avons commencé à prendre rendez-vous dans plusieurs cliniques de fertilité.

---

[14] Parchemin que les bouddhistes de Nichiren reçoivent lorsqu'ils adoptent cette pratique. Voir l'explication détaillée au chapitre 16.

J'avais le moral au plus bas. La réponse était toujours la même. La probabilité que nous ayons notre propre enfant était de moins de 1 % ; c'est-à-dire, impossible. Je conserve encore cette lettre. Elle a eu un effet si puissant sur moi. On m'a conseillé de penser à l'adoption, ou de chercher un donneur de sperme.

J'ai tenu parole, sans défaillir un seul jour. Mais rien n'a changé. Absolument rien. Le défi était là. John était sérieusement préoccupé par mon attitude. Et il m'a fortement conseillé d'accepter le sperme d'un donneur. Il m'a promis d'aimer de toutes ses forces le bébé qui viendrait. Mais je savais que je ne pourrais pas m'engager dans cette voie avant d'avoir épuisé toutes les possibilités d'avoir notre bébé. Je ne pouvais tout simplement pas abandonner.

J'ai décidé que je continuerais à réciter pendant deux heures, aussi difficile que cela puisse être, et que je devais d'une manière ou d'une autre aller plus loin dans la quête. Un jour, de façon inattendue, j'ai appris qu'on était en train d'organiser une formation bouddhiste au Japon. Je n'avais pas vraiment les moyens d'y aller, mais j'ai décidé qu'il fallait que j'y assiste, d'une manière ou d'une autre.

Le cours a été inspirant et profondément émouvant. J'ai rencontré beaucoup de Japonais qui pratiquaient depuis de nombreuses années, et qui étaient accueillants, au-delà de toute mesure. Et je me souviens très bien de leurs conseils constants : « Quoi que vous fassiez, n'abandonnez pas la pratique. »

Quand je suis rentrée, la situation n'avait pas vraiment changé. Cependant, j'étais encore plus déterminée. Je savais maintenant, sans aucune réserve, que je n'abandonnerais pas mes deux heures de daimoku par jour, jusqu'à ce que j'aie mon bébé. Nous avons d'abord décidé de redemander l'avis médical pour nous assurer que nous avions exploré toutes les possibilités. Le conseil s'est avéré être le même. John m'implorait, désormais, d'accepter la voie la plus simple, et de chercher un don de sperme. Un jour, j'étais assise dans une salle d'attente de Harley Street lorsque, derrière des papiers, sur un panneau d'affichage, j'ai vu une petite carte de visite qui proposait une technique spéciale de FIV. J'ai saisi cette minuscule opportunité. Il y avait, quand même, un énorme inconvénient. C'était à Bruxelles. John a fait tout ce qu'il a pu pour me dissuader. Il craignait les effets sur moi d'une énième recherche inutile. Mais je me sentais alors très forte. C'est ainsi que nos visites à Bruxelles ont commencé.

Cela n'a pas été facile. Toutes sortes d'obstacles semblaient se dresser sur notre chemin. Nous avons perdu nos billets de façon inexplicable ; nous avons oublié le décalage horaire et sommes arrivés en retard à nos rendez-vous ; les vols étaient surchargés et nous n'avons pas pu monter dans l'avion. Mais je me rappelais parfaitement des conseils que j'avais reçus : quand on est en train de changer profondément de vie, il est certain que des problèmes surgiront, et c'est à ce moment-là que, pour continuer, on devra faire appel à toute la persévérance dont on est capable.

L'avis qu'on nous a donné à Bruxelles était légèrement différent. Les chances d'avoir *notre* bébé étaient toujours inférieures à 1%, tant que John continuerait de produire du sperme immobile. Mais s'il pouvait produire ne serait-ce qu'un minuscule échantillon de sperme mobile, il serait alors possible de créer des embryons à implanter. De plus, ils ne voyaient aucune raison médicale pour laquelle cela ne serait pas possible. Tout dépendait vraiment de notre volonté de persévérer. J'ai également conservé la lettre qui contenait le rapport médical avec ce diagnostic.

C'était à nous deux, maintenant, de mettre en commun notre courage. Mes deux heures par jour faisaient désormais partie de ma vie. Ce n'était pas facile, mais rien n'aurait pu me faire abandonner. John a accepté de commencer à réciter pour la possibilité de produire du sperme mobile.

En l'espace d'un an environ, j'avais changé de vie. Je m'étais mariée, et j'étais passée du désespoir de ne pouvoir enfanter, à une situation de véritable espoir. Après avoir été franchement opposé, John était devenu un grand appui dans cette pratique. Quelques semaines plus tard, nous nous sommes rendus à Bruxelles pour cet événement définitif. Cette fois-ci on saurait s'il y aurait enfin une possibilité de produire des embryons, ou si cette porte nous serait également fermée. Le jour où il devait produire un échantillon, John s'est rendu en voiture à la clinique, s'est assis dehors, et a récité pendant une heure avant d'entrer. Lorsqu'ils ont testé l'échantillon, les médecins ont eu du mal à croire ce qu'ils voyaient. Il y avait suffisamment de spermatozoïdes mobiles. Davantage qu'il n'en fallait, d'ailleurs. Tout était désormais possible.

Trente-six heures plus tard, nous avons reçu un appel téléphonique à l'hôtel. On nous a dit qu'ils avaient réussi à créer un lot d'embryons sains. Je n'ai pas pu dormir de la nuit. C'est à peine si j'ai pu réciter le lendemain matin, tellement j'étais nerveuse.

Mais les difficultés n'avaient pas tout à fait disparu. Le lendemain matin, alors que j'étais au bloc opératoire, et que John attendait à l'extérieur, on a volé dans le cabinet médical le sac qui contenait nos billets, nos passeports, ainsi que l'argent et les cartes bancaires. Nous nous sommes retrouvés à Bruxelles sans un sou. Mais ce n'était rien par rapport à l'immense victoire que nous avions remportée contre toute attente, et à l'euphorie que je ressentais. Je ne me souviens même pas comment nous avons surmonté cette difficulté ; elle me semblait insignifiante.

J'ai continué à réciter tous les jours, pendant deux heures, et j'ai attendu. Ma grossesse a peut-être été le moment le plus heureux de ma vie. Neuf mois plus tard, enfin huit, en fait, parce qu'il avait hâte de se montrer, mon beau bébé, *notre* fils, est né.

Je ne peux pas penser à un domaine de ma vie qui n'ait pas été modifié par le courage et la détermination déployés grâce à ma pratique. »

CHAPITRE SIX

Les états de vie

Le bouddhisme cherche à expliquer la réalité de la vie quotidienne. Il ne présente aucun idéal utopique ni une vision abstraite de ce à quoi on pourrait aspirer. Il est absolument réel. Si réel qu'on peut pratiquement le saisir. C'est une analyse riche et détaillée de la nature de la vie humaine, construite sur la base d'observations et de perceptions, ainsi que de l'inspiration d'un certain nombre d'individus, exceptionnellement doués et éclairés, que nous appelons bouddhas. Il n'a pas un caractère scientifique. Cependant, de nombreuses comparaisons peuvent être faites avec ce que l'on dénomme observation scientifique. Ce n'est pas un hasard si la psychologie moderne, par exemple, s'intéresse de près à nombre de conclusions auxquelles le bouddhisme est parvenu concernant la nature essentielle de la vie humaine. Comme l'a écrit le regretté philosophe et historien Arnold Toynbee :

« L'analyse bouddhiste de la dynamique de la vie est plus détaillée et plus subtile que toute analyse occidentale moderne que je connaisse[15]*. »*

---

[15] Professeur Arnold Toynbee. *Choose life : A dialogue (Choisis la vie* - avec Daisaku Ikeda).

Le concept des dix mondes ou des dix états de la vie est justement une analyse des dynamiques de la vie humaine. L'objectif est de décrire, de manière systématique, et donc concrète et utile, quelque chose que nous vivons tous, mais qui nous semble aller de soi, comme une partie normale de notre vie, à tel point que nous y réfléchissons rarement. Ce quelque chose, c'est notre extraordinaire capacité à changer, d'un moment à l'autre, notre état d'esprit, au fur et à mesure que nous avançons dans notre vie quotidienne.

Nous savons tous que notre état de vie, ou la façon dont nous nous sentons, change constamment tout au long de la journée. Il est déclenché par le flux constant de nos pensées, donc de l'intérieur, et par le flux d'événements que nous rencontrons, c'est-à-dire de l'extérieur. Notre esprit ressemble au mercure. Il réagit très vite à un stimulus. Et tout ce que nous ressentons ou que nous vivons appelle une réponse. Chaque heure, chaque minute, parfois même chaque seconde, sont différentes, tant la capacité de l'esprit à réagir à ce qui se passe en nous et autour de nous est rapide.

Puisque le bouddhisme est entièrement lié à la vie quotidienne des êtres humains ordinaires, il doit les aider à faire face à cette caractéristique de notre vie. Et le concept des dix mondes y correspond. Ce ne sont pas des lieux objectifs. Ces mondes sont des états purement subjectifs, des états d'esprit.

Au premier abord, l'idée de réduire la vaste gamme de nos réponses possibles, en constante évolution, à seulement dix états, peut nous sembler pour le moins peu vraisemblable. Mais gardons-nous d'avancer un jugement tant qu'on n'aura pas exploré l'idée davantage. Rappelons qu'il s'agit d'une structure qui a résisté à l'épreuve du temps. De plus, elle réussit le test très important de son caractère *pratique*. Et s'il y avait cinquante, ou cent états de vie, par exemple, on se trouverait devant une approche de la vie très lourde et peu pratique.

C'est un point capital. Les dix mondes, en tant que principe fondamental du bouddhisme, ne sont pas destinés aux bibliothèques, ni au divan des psychiatres. Ils n'ont de valeur que dans la mesure où ils sont *utiles dans* notre vie quotidienne. Ils nous fournissent une sorte de feuille de route, un index de notre état de vie intérieur. Ils nous disent : « En ce moment *vous êtes là. Où voulez-vous être ?* » Cette structure nous offre un guide réfléchi, détaillé, et surtout *objectif,* pour nous aider à interpréter où nous en sommes dans notre vie *subjective* ou émotionnelle, afin d'y voir plus clair et d'agir. Si, comme l'enseigne le bouddhisme, la souffrance et le bonheur ne proviennent pas de facteurs externes à nos vies, mais du plus profond de notre être, connaître plus clairement où nous nous trouvons, par rapport au lieu où nous voudrions être, est une information capitale. On pourrait d'ailleurs se demander en quel endroit, on pourrait aller chercher cette information. Et ce n'est pas une question superficielle. Les états de vie que nous traversons, d'instant en instant, ont des effets sur *tous les aspects* de notre vie. Sur ce que nous ressentons, pensons, faisons, et même sur notre apparence. Sans parler de la façon dont notre environnement nous répond.

Il suffit d'y réfléchir un tant soit peu pour reconnaître que cela est vrai. Lorsque nous sommes en colère par exemple, cela se traduit immédiatement par un visage qui rougit, les muscles qui se raidissent et le ton de la voix qui s'élève. Ces indicateurs déclencheront vraisemblablement une tension immédiate autour de nous. Chacun y répond par une tension accrue et semblera bien plus sensible à ce qui se passe. Mais si, tout à coup, quelqu'un dissipe la tension avec une blague ou un commentaire amusant, en un clin d'œil, tout aura disparu. Les muscles du visage se détendent, le ton de voix retourne à la normale, les yeux perdent leur feu, et la tension dans la pièce diminue. Ce principe contient donc tout. Ce que nous éprouvons pendant ces moments contrastés, comment nous pensons, agissons et regardons, et comment notre environnement réagit.

Précisons d'ailleurs que ces dix états ne constituent pas une sorte d'*échelle* subjective ou émotionnelle que nous pourrions monter ou descendre de manière à avancer ou reculer. Ces dix états de vie représentent plutôt l'*univers* entier de notre esprit. Aussi pouvons-nous passer en un tour de main de l'un à l'autre, en fonction de ce qui arrive à l'intérieur et en dehors de notre esprit.

Ce n'est pas une notion facile à communiquer. En effet, notre esprit est d'une célérité extraordinaire, et les mots par contre, sont lents et encombrants. Ainsi, toute tentative de décrire avec des *mots* ces changements kaléidoscopiques de notre vie subjective ou émotionnelle apparaît inévitablement pesante et irréelle. À l'entendre, et sans doute à le lire, on a l'impression de marcher comme dans du béton frais, au ralenti et comme dans une caricature.

Conscients de cet avertissement, examinons brièvement les dix états de vie.

L´Enfer

L'Enfer est un état profond de souffrance ou de dépression, souvent caractérisé par un sentiment d'impuissance. Nous sentons que nous ne pouvons pas échapper à la douleur qui nous accable, et que notre seul choix c´est de l'endurer. Il y a plusieurs degrés dans ce type de souffrance. C´est le cas, par exemple, de l'enfer qu´on pourrait qualifier de superficiel, quand on a eu une très mauvaise journée au bureau et que rien ne semble marcher. Mais c´est aussi le désarroi et la panique d'avoir été licencié et de ne pas savoir où trouver un autre emploi, ou le chagrin profond de la perte d'un enfant ou de son amoureux, lorsque l´on ressent que l´obscurité qui nous entoure ne va jamais nous quitter. Tout est gris en notre intérieur. À l´extérieur aussi tout semble fade et terne.

Nous reconnaissons tous que cet état est réel, et qu'il fait partie de notre vie à tous. Les exemples sont tout aussi nombreux et variés qu'il y a de personnes sur cette planète. Quand nous avons vécu cet état d'enfer, le souvenir nous accompagne longtemps. Parfois il ne disparaît jamais.

On nous dit que tous ces états de vie ont une dimension positive et une autre négative. Cependant, est-ce que l'enfer peut avoir une dimension positive ? Le bouddhisme l'affirme. La souffrance profonde peut être le meilleur stimulant pour nous faire agir. Nous nous sentons obligés de trouver quelque part en nous la force vitale qui nous permettra de sortir du gouffre dans lequel notre vie est tombée. C'est aussi un excellent maître car, l'ayant subi nous-mêmes, nous sommes bien plus capables de comprendre, d'éprouver de la compassion, et de trouver le bon moyen pour soutenir ceux qui se trouvent dans cet état d'Enfer, comme le montrera clairement plus loin le récit de Joanna.

L'Avidité

Nous avons déjà abordé brièvement la question de l'Avidité. Mais pour compléter le tableau, il faut dire que le monde de l'Avidité est essentiellement un état d'insatisfaction, plus ou moins permanent, par rapport à la situation actuelle de notre vie, parce que nos désirs ou nos envies sont devenus insatiables. C'est cette partie de perte de contrôle qui pose problème. Évidemment, les désirs font fondamentalement partie de notre nature humaine, et sont essentiels à la vie, à bien des égards. Ils nous motivent à satisfaire nos besoins essentiels de nourriture, de chaleur, d'amour et d'amitié, et nous poussent à satisfaire nos besoins de statut, de reconnaissance, de récompense et de plaisir. Une fois de plus, il existe de nombreux degrés dans cet état de vie, depuis la démangeaison constante, mais supportable, de nous procurer un nouvel objet ou une nouvelle expérience, jusqu'au stade où l'Avidité devient une fin en soi, de sorte qu'elle ne peut jamais être comblée. Nous ressentons un désir sans fin, sans éprouver un réel sentiment de satisfaction ou d'épanouissement. Dès que le désir a été satisfait, l'Avidité nous pousse à chercher un nouvel objet à posséder. Pour désigner ce phénomène on pourrait aussi parler de Faim. En réalité, ce que nous avons ne nous suffit pas. Nous sommes piégés dans un monde de désir frustré, une autre sorte d'enfer. Nous sommes en proie à une véritable addiction. Et comme dans la plupart des addictions, elle est associée à une grande souffrance, pour soi-même, mais aussi pour tous ceux qui nous entourent.

Qu'en est-il de la dimension positive de l'Avidité ? Elle réside dans le fait que cet état renferme une énorme quantité de volonté et d'énergie. Si cette énergie peut être redirigée ou réorientée, pour passer de la satisfaction de nos désirs égoïstes à la satisfaction des besoins d'autres personnes ayant de graves carences, alors cette Avidité peut déplacer des montagnes et produire le plus grand bien.

L'Animalité

Comme le mot l'indique, l'Animalité se rapporte à un état de vie poussé par l'instinct, sans que la raison ou d'éventuelles considérations morales y trouvent place. Indépendamment des droits ou de la moralité il s'agit donc d'un état dans lequel les plus forts ou les plus savants profiteraient des plus faibles ou des ignorants.

Cet état est souvent décrit comme étant régi par la loi de la jungle. Aujourd'hui, on pourrait parler de hooliganisme aveugle ou de comportement antisocial irresponsable. Ceux qui se comportent ainsi ne tiennent pas compte des souffrances ou de l'anxiété infligées aux personnes qui les entourent. D'aucuns pourraient nous reprocher d'être trop durs envers les animaux lorsque, pour définir ce type de comportement humain semi-psychopathe, nous utilisons une telle comparaison. En tout cas, ce que l'on veut mettre en évidence ici, c'est que l'absence d'humanité est extrême dans cet état de vie. Il se caractérise également par une absence de sagesse ou un manque de jugement. Dans cet état d'Animalité, nous ne nous soucions pas non plus de savoir si notre comportement est approprié ou non. Nous nous contentons de faire ce que nous voulons, quels que soient les sentiments ou les besoins d'autrui. De même, nous ne prêtons guère attention aux règles et aux normes de bonne cohabitation au sein de nos espaces urbains surpeuplés.

Ces trois états sont connus dans le bouddhisme comme les trois voies maléfiques, non pas tant pour être associés au mal, au sens classique du terme, mais parce qu'ils sont à l'origine de beaucoup de souffrances. Ils peuvent déchirer des vies ou les rendre insupportables. Les personnes qui se trouvent dans ces états de vie ont tendance à passer de l'un à l'autre, de manière effrénée, poussées par leur avidité, peu conscientes de l'effet sur les autres, provoquant beaucoup de douleur et de souffrance, et ne valorisant point leur propre vie ni celle de leurs proches. En ce sens, ce sont des états de vie désespérés. L'une des grandes vertus découlant de la connaissance des dix mondes est qu'elle peut agir comme une sonnette d'alarme. Elle peut vous rendre parfaitement conscient de la réalité de votre situation, et devenir un véritable déclencheur pour vous en sortir. Peu de gens, après avoir pris conscience qu'ils se trouvent dans ces états, souhaiteraient continuer à vivre en Enfer, ou à souffrir à cause de l'Avidité ou de l'Animalité.

La Colère

La Colère est un état dans lequel la vie est dominée par les manifestations extérieures de la colère, les cris, les menaces et les accès de rage, mais aussi par les exigences constantes de l'ego. Au cœur de cet état se trouve le sentiment de supériorité par rapport aux autres, avec toutes les distorsions de perspective que cela entraîne. Il y aura donc des poussées soudaines de colère brûlante, qui semblent jaillir sans raison, surprenant à la fois celui qui se met en colère et sa malheureuse victime. Mais il y aura aussi beaucoup d'autres comportements destructeurs, tels que l'intolérance rampante, le cynisme et le sarcasme, le manque de gratitude et la critique constante du travail d'autrui. Les personnes en état de colère ressentent qu'elles ont du mal à vivre avec elles-mêmes, tout comme il n'est pas aisé pour les autres de les supporter. C'est comme si elles n'avaient aucun contrôle réel sur la source de leur colère. La colère, le cynisme et les médisances apparaissent tout à coup, sans raison.

Il va sans dire qu'une telle colère peut être extrêmement destructrice pour les relations personnelles. À une échelle plus grande, au sein de la société, la colère entendue comme le sentiment de supériorité, est à l'origine de toutes sortes d'injustices généralisées, depuis le racisme et l'intolérance religieuse, jusqu'à l'oppression des femmes et des groupes minoritaires.

Mais il y a un côté positif à la Colère, car elle peut aider à atteindre d'importants objectifs. Elle peut être un moteur puissant et énergique de changement, quand il s'agit de lutter contre l'apathie par exemple, ou lorsqu'elle s'attaque à des intérêts qui mettent en cause la dignité de l'individu.

Une fois encore, la clé pour surmonter le côté destructeur de la colère doit venir de la conscience de soi. Elle ne peut pas être simplement effacée ou réorientée de l'*extérieur*. Chaque individu doit lutter pour changer sa vie de l'intérieur.

L'Humanité

L'Humanité est un état de vie dans lequel nous sommes calmes et maîtres de nous-mêmes, plus ou moins en paix avec notre sort, pourrait-on dire. Il s'agit donc fondamentalement d'un état neutre où l'on ne trouve aucune raison d'embrasement ou d'emportement, ou pouvant déclencher une réaction passionnée. On l'appelle parfois état de repos parce que, au moins en partie, c'est le moment de recharger les batteries. Il est donc marqué par de nombreux aspects positifs. On se montre raisonnable, on fait preuve de bon jugement et de considération envers les autres. On est aussi capable de discerner entre la vérité et le mensonge. Quand on se trouve dans cet état, on cherche activement le compromis plutôt que le conflit, et on tire le meilleur profit des circonstances au lieu de se montrer excessivement critique. C'est peut-être le moment de demander des excuses après s'être emporté, ou de faire des efforts pour ne pas perdre son sang-froid lorsque quelqu'un se montre totalement déraisonnable.

L'aspect négatif de cet état de vie peut être une certaine apathie, qui pourrait être perçue à travers l'acceptation, à long terme, d'un statu quo insatisfaisant, ou par la réticence à faire des efforts.

Le Bonheur Temporaire

Nous avons déjà abordé l'état de Bonheur Temporaire lorsque nous avons parlé du bonheur. Le Bonheur Temporaire représente ce que le bouddhisme décrit comme un bonheur *relatif*. Il s'agit de la merveilleuse poussée de joie et d'euphorie que nous éprouvons lorsque quelque chose que nous désirons fortement se réalise. C'est un sentiment d'accomplissement personnel et de joie de vivre, avec la bouffée d'énergie que provoque par exemple, l'obtention de quelque chose qui nous tient à cœur, partir en vacances, ou tomber amoureux. En effet, l'idéal moderne de l'amour romantique est peut-être la métaphore la plus exacte de ce que nous entendons par bonheur temporaire. On a dit que dans notre culture moderne, le désir d'amour romantique est devenu si fort qu'il a pratiquement remplacé la religion comme source principale d'épanouissement spirituel.

Mais aussi merveilleux et exaltant qu'il puisse être, aussi enrichissant qu'il soit pour notre vie, la réalité est que le bonheur temporaire est de courte durée, un pic de joie soudain dans la courbe normale de notre vie.

Actuellement, pour beaucoup, cet état, essentiellement instable et transitoire, serait l'état le plus élevé que l'on pourrait atteindre dans la vie. Et on cherche à le rendre permanent. Cependant, le bouddhisme enseigne que l'idée que cet état d'exaltation soit permanent est tout simplement irréelle. Il suffit que le temps passe ou qu'il y ait un léger changement de circonstances pour que ce pic d'exaltation ou de joie soit remplacé par un autre état de vie. Par définition, il est transitoire, ce n'est qu'une illusion que de vouloir qu'il reste toujours présent, comme une partie permanente de nos vies.

Ces six mondes, depuis l'Enfer jusqu'au Bonheur Temporaire, décrivent ce qu'est la réalité de la vie pour la plupart d'entre nous. Une des idées clés du bouddhisme de Nichiren est que ces états constituent des réponses aux changements de nos circonstances *extérieures*. Ils sont très étroitement liés entre eux et nous pouvons très facilement passer de l'un à l'autre. Cette alternance d'états montre que nous sommes pratiquement à la merci des aléas extérieurs. Un jour en haut, ensuite en bas, à gauche, à droite. C'est donc bien une situation extrêmement précaire. Notre état de vie, notre *identité*, c'est-à-dire notre façon de penser, de sentir, de nous comporter, et même notre apparence, dépendent alors en grande partie de ce qui survient de l'extérieur. Ainsi, nous sommes heureux quand les choses semblent aller bien ; malheureux quand ce n'est pas le cas. Nous sommes comme un bateau sans gouvernail, ballotés au gré des vents, et rebondissant de haut en bas avec les vagues qui nous frappent. Nous sommes bien loin de pouvoir construire quelque chose qui ressemblerait à un bonheur durable. Ce n'est donc pas la meilleure façon de vivre.

Les quatre autres états de vie sont très différents. Ils sont appelés les Quatre Nobles Voies : l'Étude, l'Absorption, le Bodhisattva et la Bouddhéité. Ils représentent, en quelque sorte, le grand potentiel de la vie humaine. En effet, ils nous aident à ne pas nous contenter de répondre aux mouvements de notre environnement de manière réactive ou opportuniste, et à assumer le contrôle de nos vies pour en tirer le meilleur parti. Ils sont tous marqués par l'*effort* très considérable qui nous est demandé pour les réaliser.

Les états de vie connus comme **ÉTUDE** et **ABSORPTION** (**Éveil personnel**), c'est-à-dire le sixième et le septième état, sont souvent considérés ensemble, car ils sont étroitement liés. Ils comportent tous deux un profond désir de développement personnel. Sauf que pour y parvenir, chacun emprunte un chemin différent. L'**Étude** est un processus de compréhension et d'acquisition de connaissances, dans lequel nous rassemblons le savoir et les idées d'autres personnes, pour les appliquer à notre propre vie. On pourrait l'assimiler à une attitude d'apprentissage, au désir d'approfondir, ou encore à la capacité d'absorber des connaissances.

Quant à l'**Absorption,** c'est le processus de réflexion intérieure ou de prise en considération des connaissances acquises et des expériences vécues, afin d'atteindre un niveau différent de compréhension de la vie. En ce sens, cet état pourrait être assimilé à notre sagesse ou à notre intuition.

Ceux qui travaillent professionnellement dans les domaines de l'apprentissage et de l'absorption de connaissances, tels que les enseignants et les médecins, les scientifiques et les écrivains, sont manifestement susceptibles de passer un peu plus de temps dans ces états de vie que la plupart d'entre nous. Mais c'est aussi valable pour toute sorte d'apprentissage ou de réflexion que nous sommes amenés à réaliser. Par exemple apprendre un nouveau métier, acquérir une nouvelle compétence pour un meilleur emploi, réaliser un passe-temps ou un loisir, apprécier une exposition d'art, ou participer à un groupe de discussion pour partager des expériences.

Ces états de vie ont, eux aussi, des aspects négatifs et des aspects positifs. La connaissance peut entraîner un sentiment de supériorité. Par exemple, les médecins envers les patients, les professeurs envers les étudiants, les scientifiques envers l'ignorance du grand public.

Tous les états de vie décrits jusqu'à présent portent des noms ordinaires, reconnaissables dans le lexique commun : Enfer, Avidité, Colère, mais les deux états suivants portent des noms que nous n'utiliserions jamais dans un autre contexte. En effet, Bodhisattva et Bouddhéité sont essentiellement des termes *techniques* issus de la littérature bouddhiste. L'important ici est de passer outre aux dénominations, pour les relier plutôt à notre comportement quotidien.

Le Bodhisattva

La caractéristique de cet état de vie est le sentiment humanitaire : s'occuper d'un bien-être général et de la sécurité d'autrui. Passer du temps avec une personne âgée, donner de son temps à une œuvre de charité, trouver en somme le moyen de soutenir ou d'améliorer la vie des autres. C'est là, rappelons-le, l'une des principales qualités qui, selon la recherche psychologique moderne, est fondamentale pour notre bonheur en cette vie.

Au cœur de cet état se trouve le désir, non seulement d'aider les autres, mais d'atténuer la cause de leur douleur ou de leur souffrance, et de les remplacer par un plus grand sentiment de bien-être. Un des chemins les plus courts, pour sortir des états de vie tels que l'Enfer, la Faim et la Colère est, en effet, de trouver un moyen, aussi petit soit-il, de contribuer à la vie des autres.

Le meilleur exemple de ce degré de compassion pour autrui est celui d'une mère, ou d'un parent, dont le dévouement envers son enfant est inconditionnel. Rien n'est trop. Les mères, comme nous le savons, peuvent être totalement dévouées pour la santé, la croissance et le bonheur de leurs enfants. D'autres exemples évidents seraient l'infirmière, le médecin et l'assistante sociale. Ou encore les travailleurs humanitaires, prêts à affronter des circonstances difficiles, voire dangereuses, notamment dans les pays en développement, où ils se mettent constamment en danger et font face à des environnements difficiles, pour soulager le sort et améliorer la qualité de vie de personnes auxquelles rien ne les lie, si ce n'est leur humanité commune. Il est à noter que les personnes pour lesquelles l'état de vie de Bodhisattva est dominant, reçoivent généralement très peu de récompenses ou de reconnaissance publique pour leur travail, et peuvent passer une grande partie de leur vie dans des circonstances matérielles plutôt difficiles. La reconnaissance ou la récompense sont loin d'être leur motivation. Elles sont poussées par une puissante compassion pour soulager la détresse et améliorer l'état de vie des autres. C'est la source de leur joie et de leur épanouissement, et qui apporte clairement sa propre récompense : en donnant davantage de soi, ils deviennent davantage eux-mêmes.

Cependant, le bouddhisme enseigne que l'état de Bodhisattva ne doit pas être auto-sacrificiel au point de négliger son propre bien-être. Le soin des autres est mieux assuré par quelqu'un qui reste fortement conscient de ses propres besoins fondamentaux et qui s'occupe de son propre bien-être. Donner de manière efficace implique que nous devons développer, vis-à-vis de nous-mêmes, notre état de vie le plus fort et le plus résilient.

La Bouddhéité

L'État de Bouddha est décrit comme l'état de vie le plus élevé qu'un être humain puisse atteindre. Un état de plénitude. Il faut reconnaître, bien sûr, que cette désignation a fait l'objet de beaucoup de généralisations et d'interprétations erronées. Il peut paraître, de ce fait, très difficile de croire qu'il s'agirait d'un état de vie pouvant être atteint par des gens ordinaires, occupés par leurs vies quotidiennes. Par exemple, les gens que nous rencontrons tous les jours dans les transports en commun. Eh bien, il ne faut pas s'abandonner à ces idées reçues. De son temps, Nichiren Daishonin a été confronté au même problème. La Bouddhéité faisait référence alors essentiellement à l'état de vie atteint par le Bouddha Shakyamuni dans un passé lointain. Et il était considéré pratiquement comme une figure quasi divine.

Nichiren a, pour ainsi dire, ramené la bouddhéité sur terre. Par une étude approfondie des écrits bouddhistes à travers les siècles, par l'étude des paroles mêmes de Shakyamuni, il a clairement montré que ce dernier avait été, sa vie durant, un homme ordinaire, mais d'une sagesse extraordinaire. Un homme, en quelque sorte, qui était éveillé à la vraie nature de la vie. En effet, sa grandeur, a écrit Nichiren, résidait précisément dans son « *comportement d'être humain* ».

Nichiren a précisé que l'éveil de Shakyamuni n'avait aucunement été un phénomène surhumain, au-dessus de ce que peut vivre un être humain ordinaire. Il a aussi souligné qu'il ne s'agissait pas non plus d'un état transcendantal, un lieu de paix et de tranquillité céleste, coupé de la réalité prosaïque de la vie quotidienne.

C'est justement cet aspect clé que Nichiren essaie de nous expliquer, de manière réitérée, tout au long de sa vie de maître. La Bouddhéité n'est pas une sublimité, un plan ou un niveau de vie supérieur auquel on parviendrait comme si on se dégageait de sa vie ordinaire. Il s'agit plutôt d'une compréhension plus profonde et plus riche du cours de notre vie, telle qu'elle se présente, afin que tout ce que nous avons à vivre, les choses ordinaires, les situations ennuyeuses ou banales, et même la souffrance et les difficultés, soit pour nous une expérience de bonheur.

Vivre les dix mondes

Y a-t-il un rapport entre ces dix états de vie et notre réalité ? Il est aisé, me semble-t-il, de reconnaître dans notre expérience quotidienne les dix états de vie, depuis l'Enfer et l'Avidité jusqu'à l'état de Bodhisattva, en passant par l'Étude et l'Éveil personnel.

Il n'y a pas de frontière entre les états de vie. Nous passons de l'un à l'autre avec une grande rapidité et une liberté totale, en fonction des circonstances et de notre environnement. Le bouddhisme de Nichiren décrit ce va-et-vient entre les états de vie, expliquant que chaque état contient tous les autres. Nous pouvons donc nous trouver, à un moment précis, en état de vie d'Humanité, en paix avec le monde, mais tous les autres états restent latents en nous. En un clin d'œil nous pouvons glisser vers la Colère, ou le Bodhisattva, ou même vivre les deux états en succession rapide. Par exemple, vous pouvez ressentir de la Colère en voyant qu'aucun conducteur ne s'arrête pas pour permettre à un vieillard de traverser tranquillement la rue. Et tout de suite après vous passez au Bodhisattva, lorsque vous descendez vous-même de voiture et prenez le vieil homme par le bras pour l'aider à traverser en toute sécurité.

Si le concept des dix mondes faisait défaut pour décrire cette coexistence de comportements contradictoires dont nous faisons tous l'expérience au quotidien, il aurait fallu l'inventer.

Nous n'avons peut-être pas l'habitude d'appeler ces états d'esprit variables et mouvants « états de vie », ou

« mondes », comme les décrit le bouddhisme. En effet, nous les tenons tellement pour acquis que nous ne les nommons pas. En tout cas, nous les reconnaissons assez rapidement lorsque nous en faisons l'expérience, ou lorsque l'on y fait référence.

Si nous sommes prêts à accepter cet argument, ce qui vient maintenant est très important dans l'enseignement bouddhique de Nichiren. C'est sa promesse centrale : nous pouvons faire l'expérience de la Bouddhéité dans *cette vie,* indépendamment de la situation dans laquelle nous pouvons nous trouver. Nous avons en nous la capacité de passer, par exemple, du désespoir de l'Enfer à la compassion du Bodhisattva, ou à l'espoir et à l'optimisme profonds de la Bouddhéité.

La normalité de la bouddhéité

Cette notion est à la base de l'argument déjà évoqué, que la Bouddhéité n'est pas *un* état de vie *surhumain,* mais un état de vie extrêmement *humain*. Il contient en lui tous les états de vie ordinaires. Shakyamuni et Nichiren Daishonin étaient des hommes ordinaires qui ont, néanmoins, atteint l'état de vie le plus élevé au cours de leur existence terrestre. Ainsi, la grande promesse au cœur du bouddhisme de Nichiren est que la Bouddhéité n'est pas un but lointain et inaccessible qui ne pourrait être atteint qu'après plusieurs vies remplies d'efforts. C'est au contraire, ici-bas, le but de notre pratique quotidienne.

On peut donc en conclure que la Bouddhéité *ne peut* exister *qu'en* présence des neuf autres mondes. En d'autres termes, elle *ne* peut s'exprimer que chez les personnes ordinaires, par leur comportement. Cela signifie que les dix mondes, y compris les mondes inférieurs, à savoir, l'Enfer, l'Avidité, la Colère et l'Animalité, font tous partie, en *permanence,* de notre vie. Nous ne pouvons ni les éliminer ni les chasser. Ils sont inhérents à la vie de chacun. En revanche, ce que nous devons faire, si nous voulons construire une vie plus heureuse pour nous-mêmes et pour ceux qui nous entourent, c'est accepter qu'ils sont réels, et nous atteler à transformer, par notre pratique, les aspects négatifs de notre vie en aspects positifs. C'est là, sans aucun doute, un des aspects les plus étonnants du bouddhisme de Nichiren, qui nous aide à transformer notre vie. Concrètement, c'est l'enseignement selon lequel nous pouvons choisir n'importe quelle partie de notre vie, qui nous mène à nous sentir vaguement mal à l'aise ou carrément malheureux, voire même coupables ou honteux, et la transformer, par la pratique, en source de valeur dans nos vies. Ainsi, il ne nous faut ni abandonner ni renoncer à quoi que ce soit. Car *rien de* ce qui pourrait exister dans le contexte de notre vie n'est trop difficile à changer.

Le message est émouvant ; un message empreint d'un immense espoir et d'optimisme. Lorsque nous nous sentons au bout du rouleau et que nous ne savons pas vers qui nous tourner ou quel chemin emprunter, nous pouvons faire surgir, de nulle part, l'espoir, la force et la vitalité de notre nature de bouddha, pour défier la situation et commencer immédiatement à la redresser.

Cela fait partie intégrante de ce que nous voulons dire lorsque nous parlons d'assumer la responsabilité de notre vie. Si l'on reconnaît dans ce mot les termes *réponse* et *habileté*, il en ressort que nous avons toujours le choix de la *manière dont* nous réagissons.

C'est aussi pourquoi tant de personnes affirment que leur pratique a un effet dynamique. Ils en viennent à penser qu'elle les aide à mieux gérer leur vie, au lieu de se sentir emportés par le courant. On pourrait ici établir une analogie avec l'haltérophile. Le seul moyen de rendre nos muscles plus forts, c'est de soulever des poids plus lourds. Du point de vue du bouddhisme, il est tout aussi clair que nous ne pouvons développer notre force intérieure qu'en surmontant des obstacles. Comme l'a exprimé Daisaku Ikeda :

« *Le véritable bonheur n'est pas l'absence de souffrance. On ne peut pas avoir, jour après jour, un ciel sans nuages. Le véritable bonheur consiste à se construire un moi digne et irréductible. On n'atteint pas le bonheur à travers une vie sans difficultés. On y parvient plutôt à travers l'habileté pour rassembler le courage et la conviction nécessaires pour vaincre les difficultés qui surgissent sans être le moins du monde ébranlé*[16]. »

LE RÉCIT DE JOANNA

« Je vivais à la campagne, avec mes deux enfants, Joseph, qui avait 4 ans et Gupi, mon petit bébé de six semaines. Leur père et moi, nous étions séparés alors que j'étais déjà enceinte de plusieurs mois, et nous

---
[16] Daisaku Ikeda. *Faith into Action* . Traduit par nous.

avions déménagé à la campagne. Je me sentais très seule et abandonnée, et je suppose que je m'apitoyais sur moi-même.

Un jour, une amie que je n'avais pas vue depuis longtemps est venue me voir. Elle m'a parlé du bouddhisme de Nichiren et de la façon dont il pourrait m'aider dans ma situation. Je n'étais pas du tout enthousiaste, mais en même temps je n'avais aucun argument contre. J'ai donc accepté d'essayer. Je lui ai promis que je réciterais dix minutes par jour, pendant cent jours.

Tout juste après, je me suis demandé ce qui m'avait pris d'accepter. Comment avais-je pu dire oui ? Mais je l'avais fait, et comme je suis quelqu'un de déterminé, j'ai tenu parole. J'ai donc ajouté la récitation à ma routine quotidienne de courir tous les matins, à 6h30, avec Joseph et Gupi dans la poussette, qu'il fasse beau ou mauvais temps. Quelque part, j'envisageais les deux activités de la même façon. J'avais maintenant deux routines : ma course du matin et mes dix minutes de récitation. Dès le début, réciter m'a semblé plutôt naturel, bien qu'un peu étrange. À vrai dire, je me suis sentie bizarre de faire quelque chose qui ne me ressemblait pas. Mais j'ai continué à le faire, surtout parce que j'avais dit que je le ferais. Peu à peu, je me suis sentie différente. C'est assez difficile à expliquer, mais c'était comme si la brume se dissipait, comme si je voyais les choses plus clairement. Ma vie me semblait moins inquiétante, et d'une certaine façon plus claire et plus lumineuse. J'ai commencé à sentir que réciter pouvait m'aider à réaliser ce que je voulais dans ma vie.

Les dix minutes par jour en sont devenues quarante. J'ai commencé à assister aux réunions bien que pour être honnête, j'avais l'impression de n'avoir pas grand-chose en commun avec les gens que j'y rencontrais. Je dois reconnaître que quelque temps plus tard je me suis sentie très reconnaissante envers ces mêmes personnes dont je m'étais d'abord sentie si éloignée. Elles sont devenues très proches, et m'ont soutenue comme personne ne l'avait jamais fait auparavant.

J'ai commencé à percevoir autrement ma situation personnelle. Je me suis rendue compte que j'avais toujours été un peu gâtée et privilégiée. Et quand je me suis retrouvée pauvre et abandonnée, sans personne pour m'aider ou me soutenir, je m'étais sentie extrêmement malmenée et maltraitée par la vie. Telle fut ma réaction, essentiellement. J'étais profondément malheureuse, mais trop fière et réservée pour m'ouvrir aux gens et leur demander de l'aide. J'ai simplement accepté mon malheur pour ce qu'il était et j'ai continué ma vie. Cependant, à mesure que je récitais, j'en suis venue à voir les choses très différemment. J'ai pris conscience que personne ne me devait rien et que c'était à moi de prendre la responsabilité de ma vie telle qu'elle était maintenant.

J'ai poursuivi ma pratique, pour la stabilité qu'elle apportait dans ma vie. Un jour, Gupi, mon petit garçon, qui avait maintenant 4 ans, est tombé soudain très malade. Il avait très mal au ventre, et la douleur persistait. Un médecin m'a dit que c'était simplement une infection intestinale, et qu'il guérirait bientôt. Mais la douleur était si intense que j'ai demandé un deuxième avis. Gupi a été transféré immédiatement à l'hôpital local. Nous y avons passé une nuit que je n'oublierai jamais. Gupi a passé toute la nuit à souffrir, tandis que je récitais continuellement à son côté.

Un scanner a révélé qu'il avait plusieurs tumeurs dans un de ses reins. Nous avons été immédiatement transférés en ambulance à l'hôpital régional principal où, complètement épuisé et affamé, il a dû à nouveau supporter d'être piqué, examiné, scanné et radiographié. Le diagnostic était à la fois bon et mauvais. Gupi, selon le spécialiste, avait bien un cancer. Mais c'était un type de cancer dont les chances de guérison, grâce à la chimiothérapie, étaient de 98%. J'étais en état de choc. J'ai ouvert la fenêtre pour prendre un peu d'air, et j'ai pensé à la longue liste de maladies et de morts tragiques dans notre famille. Je n'allais pas permettre que cela arrive à Gupi. Il allait *vaincre* ce karma familial.

Le traitement a commencé immédiatement. Il a reçu toute une série de produits chimiques par perfusion. Il a insisté pour regarder. Il a dit qu'il devait voir ce qui se passait, sinon il aurait trop peur. Pendant toute la semaine, les bouddhistes Nichiren du quartier sont venus me soutenir et ont récité avec moi pendant des heures dans la chambre de l'hôpital. Je me suis sentie énormément soutenue, et les chants étaient devenus ma bouée de sauvetage. Au bout d'une semaine, il a été autorisé à rentrer à la maison, et devait retourner à l'hôpital une fois par semaine pour une chimiothérapie. Mais il n'a pas fallu longtemps pour comprendre que les choses s'aggravaient et qu'il devrait subir une opération pour enlever la tumeur. On m'a annoncé qu'il pouvait mourir pendant l'intervention.

Un groupe d'entre nous avons récité pendant toute l'opération, en rassemblant tout notre courage. J'étais si effrayée que lorsqu'on est venu me parler, mes oreilles n'arrivaient tout simplement pas à entendre. Finalement, j'ai compris qu'ils essayaient de me dire que tout s'était bien passé. Quand je repasse dans ma mémoire ces moments, je me rappelle surtout de toute la force et de l'esprit positif dont avons fait preuve, malgré tout ce qui se passait. Des gens qui passaient en face de la chambre, regardaient à l'intérieur et disaient : « Est-ce que nous pouvons entrer ? C'est tellement beau ici ». Il y avait une énergie tellement spéciale et lumineuse dans cette petite pièce. J'en garde un beau souvenir, même si Gupi subissait un traitement vraiment fort. Et comme s'il absorbait nos pensées positives, lui-même n'a jamais perdu sa vivacité. Je garde encore cette image de lui sautillant dans le couloir.

Nous avons ensuite eu un répit de trois mois à la maison. Gupi semblait un peu plus fort. Puis, un scanner de contrôle a révélé une masse dans la cavité où se trouvait le rein. Je craignais ce que les tests allaient révéler. En effet, le cancer était revenu en force. On m'a annoncé qu'il n'y avait plus rien à faire.

Je me suis sentie complètement piégée. Mais pas battue. J'avais une colère féroce contre cette négativité qui s'était attaquée à nos vies. Je me sentais comme une guerrière. Je n'allais pas céder. J'ai décidé que je réciterai sept heures par jour pour défier le cancer. C'était extrêmement difficile. Quand j'ai pris cette décision, je ne voyais pas comment je pourrais y arriver. Je me levais à 3 heures du matin dans le noir, et j'allais au Gohonzon pour rassembler mes forces. Cela a duré plus de trois mois. Beaucoup de gens sont venus réciter avec nous, et les membres locaux de la SGI nous ont constamment soutenus. Gupi a commencé à montrer des signes de rétablissement. Il a même eu des forces pour retourner à l'école. Les après-midis, quand je passais le chercher à l'école, parfois il courait le long du trottoir pour essayer de dépasser la voiture.

Je me demandais « *Comment se fait-il qu'il puisse mourir ?* » Un jour il m'a demandé « *Est-ce que cette tumeur pourrait me tuer ?* » « *Elle pourrait* », lui ai-je répondu, « *mais nous n'allons pas la laisser faire.* »

Il a passé un autre scanner et le médecin a dit qu'il ne savait pas ce qui le maintenait en vie. Gupi est mort rapidement, un matin, assis sur son lit. Il me regardait et il mourut.

Le jour des funérailles a été, de toute ma vie, le jour où je me suis sentie la plus fière. Je sentais que je l'avais encore entre mes bras, mon bel enfant parfait ; qu'il était comme un ballon d'hélium, haut dans le ciel, mais toujours attaché à moi.

Pendant ses funérailles les chants ont été extraordinaires. Ils avaient un rythme d'un dynamisme prodigieux. Quand son cercueil a été enseveli, je n'étais pas hystérique. J'ai juste ressenti une immense gratitude d'avoir été sa maman, et d'avoir été si proche de cette personne extraordinaire, avec un cœur de lion. Il m'a emmenée dans des endroits où je n'aurais jamais osé aller seule. Grâce à ce que j'ai vécu avec lui, je sais qu'il n'y a rien que je ne puisse affronter. Je comprends la souffrance humaine. Je sais maintenant que l'expérience que Gupi et moi avons vécue ensemble a été ma bonne fortune. J'ai commencé à pratiquer le bouddhisme quand il n'avait que six semaines, et je sais que je dois le remercier. Je suis encore émue, et les problèmes n'ont nullement disparu de ma vie. Mais je ne suis pas à la merci de mes émotions. La personne que j'étais, existe toujours en moi, mais je suis consciente d'un Moi plus grand et plus sage. »

CHAPITRE SEPT

Qu'est-ce que le karma ?

Il existe une étroite relation entre les états de vie fondamentaux dont nous avons parlé dans le chapitre précédent et le concept, quelque peu insaisissable, de karma. Ainsi, même si nous connaissons tous en nous ces dix états de vie, il est naturel que chacun les exprime à sa manière. En fait, nous vivons tous ces états, mais, combinés dans chaque cas d'une certaine manière, et avec des degrés d'intensité différents. Cependant, un point essentiel mis en avant par le bouddhisme est que nos vies ont tendance à être dominées par *un* seul de ces états. Nous faisons l'expérience de tous les états, et nous glissons rapidement de l'un à l'autre au cours de la journée, mais le bouddhisme enseigne que nous tendons à en privilégier un ou peut-être deux de manière plus fréquente. Tout ce que cela veut dire, en fait, c'est que chacun d'entre nous possède des caractéristiques dominantes, ou comme le décrit le bouddhisme, chacun a une tendance de vie dominante.

Est-ce que cela nous semble vrai compte tenu de notre expérience personnelle de la vie ? En fait, si nous réfléchissons un tant soit peu, nous pouvons l'admettre. Nous avons souvent tendance à reconnaître les autres à partir de la caractéristique de leur personnalité dominante à nos yeux. Nous connaissons tous des gens qui ont, pourrait-on dire, le sang chaud, et qui se mettent en colère ou ont tendance à se disputer très facilement. Tandis que d'autres semblent toujours trouver dans leurs vies le moyen d'aider les autres. Enfin, il y a aussi ceux qui sont plus introvertis et renfermés et n'expriment pas leurs émotions.

Le bouddhisme explique que cette tendance fondamentale ou dominante dans nos vies, et qui joue un rôle essentiel par rapport à tout ce qui a trait à notre vie, c'est-à-dire, à notre façon de penser, de réagir, à l'expression de notre visage, est donc, dans une certaine mesure, une manifestation de notre karma.

Qu'est-ce que le karma ?

Pour au moins la moitié de la population mondiale, notamment en Asie, le concept de karma est naturel et compréhensible. En revanche, en Occident, bien que ce soit probablement le terme bouddhiste le plus utilisé, c'est peut-être le terme le plus mal employé. Et c'est d'ailleurs explicable car c'est un concept assez difficile à cerner. En Occident, il est souvent associé au destin ou à la fatalité. Quelque chose d'inévitable et que nous ne pouvons pas prévoir. Si cela était vrai, il serait difficile de comprendre l'objectif du bouddhisme qui consiste à nous aider à changer et à apprendre à vivre de la manière la plus créative et la plus épanouie dont nous soyons capables.

Le concept de karma remonte aux débuts même de la civilisation en Orient, bien avant l'époque de

Shakyamuni. On le constate par le fait que le mot lui-même procède de l'ancien sanskrit. Il s'agit d'un mot qui, à l'origine, ne signifiait pas fatalité ou destin, mais *action*. Ainsi, dans le bouddhisme, c'est le terme utilisé pour décrire la chaîne de causes et d'effets qui traverse toute notre vie. Il représente le lien constant entre le passé, le présent et l'avenir. Il relie toutes les actions ou causes de notre passé, avec leurs effets, lesquels exercent une puissante influence sur notre vie présente, et qui continueront de l'avoir, dans le futur.

Il va sans dire que tout le monde, sans exception, a un karma. Nous le créons, en permanence, à travers tout ce que nous faisons. Cela englobe non seulement nos actions réelles, mais aussi nos pensées et nos paroles. Nous pouvons penser généralement en termes de *bon* karma, créé par exemple par des actes de compassion envers autrui, ou de courage face à la difficulté, et de *mauvais* karma ou karma *négatif* engendré, par exemple, par la médisance, ou simplement par le manque de considération et l'insouciance des effets de nos actions envers les autres. Les actes dommageables produisent un karma beaucoup plus lourd que les paroles hostiles. Et à leur tour, ces dernières créent un karma plus lourd que les pensées hostiles ou agressives qui ne se traduisent jamais en mots ou en actions.

Selon la vision bouddhiste des causes et des effets, au fur et à mesure que nous créons ce flux continu de causes, nous sommes en train de déposer ou de planter simultanément, dans notre vie, des graines qui donneront naissance à des effets qui se manifesteront à un moment donné dans l'avenir, lorsque les conditions extérieures seront favorables. Ainsi, *chacune* de nos actions du présent est à l'origine d'une action future, dans une chaîne ininterrompue. Voilà, en quelques mots, ce qu'est que le karma. C'est la somme totale de toutes les causes et de tous les effets que nous avons générés dans notre vie. Ce n'est pas le destin, ni la fatalité. Rien qui ait été déterminé à l'avance. Rappelons que dans le bouddhisme il n'y a pas de pouvoir extérieur qui pourrait, en quelque sorte, prédéterminer notre destin. *Nous* créons notre propre karma à travers la façon dont *nous* choisissons de vivre notre vie.

C'est pourquoi nous parlons souvent de karma en termes d'*habitude,* ou de schémas de pensée et de comportement habituels. Confrontés à des circonstances similaires, nous avons tendance à réagir de la même façon, en raison de notre tendance karmique ou dominante *dans la* vie. Ceux qui nous connaissent bien peuvent souvent prédire assez facilement comment nous allons nous comporter ou réagir, au point même de plaisanter sur notre prévisibilité. D'ailleurs, il nous arrive souvent, lorsque nous pensons à ce que nous venons de faire, de nous en vouloir, et de nous demander comment nous avons pu répéter exactement, et de la même manière, la même erreur de jugement. Combien de fois n'avons-nous pas ressenti de la honte en songeant à une réponse que nous avons donnée ou à quelque chose que nous avons fait ? Nous pouvons trouver des excuses, et nous dire que nous avons agi sur un coup de tête, et que nous n'avons pas eu le temps de bien y penser. Mais c'est précisément là la question. En réagissant de cette manière, nous avons révélé quelque chose d'inhérent à notre nature. De même, les gens décrivent fréquemment comment des relations successives dans leur vie, souvent avec des types de personnes très semblables, ont pris fin, après avoir suivi, à chaque fois, une trajectoire presque identique.

Le karma c′est nous

Ainsi, le concept de karma cherche à nous apprendre, avant tout, que c′est nous-mêmes, et personne d′autre, qui sommes responsables de notre karma. Inutile de blâmer les autres. De plus, cela n′aurait pour conséquence que de conduire à ce que des séquences d'événements similaires se reproduisent, car cela signifie que nous refusons de reconnaître notre responsabilité face à ce qui est arrivé et donc, que nous nous préparons à répéter le même genre d'actions. C'est, pour ainsi dire, partie intégrante de nos vies ; un aspect essentiel de ce que nous sommes maintenant, aujourd'hui. Nous ne pouvons ni le voir ni le sentir, bien sûr, ce karma. Et nous avons donc tendance à l'ignorer. Mais il nous appartient, tout comme notre visage et notre corps sont à nous, et que les deux peuvent révéler l'histoire accumulée de nos vies.

Il nous accompagne, où que nous allions. Un peu comme un sac à dos sur nos épaules. Nous ne pouvons pas, pour ainsi dire, tout vendre et déménager à l'autre bout du monde en laissant tout cela derrière, avec le reste des meubles de notre maison, en espérant repartir à zéro. En termes matériels ce serait éventuellement possible, mais on ne peut pas laisser les causes et les effets derrière nous, avec les canapés et les armoires. Nous portons en nous notre tendance dominante de vie, ainsi que les effets latents de toutes les causes que nous avons engendrées jusqu'à présent, et qui se manifesteront lorsque l'ensemble approprié de circonstances extérieures se présentera. En ce sens, il est tout à fait exact de parler de chaînes, ou de menottes, pour décrire notre karma. Tout ce que cela veut dire c'est que nous ne pouvons pas échapper à *nous-mêmes*. Nous savons tous, pour l'avoir constaté par notre expérience, à quel point les actions passées, bonnes, mauvaises ou indifférentes, sont profondément inscrites dans le tissu de notre vie et continuent d'avoir une profonde résonance aujourd'hui. En fin de compte, *Karma*, c'est le nom que le bouddhisme donne à un concept que nous ne connaissons que trop bien.

Il incarne la vérité qui se trouve à l'origine des causes, et c'est en son sein que surgissent les effets. Ainsi, s'il y a dans notre vie des choses qui nous causent, de manière récurrente, de la douleur et du chagrin, le fait de modifier les circonstances, d'une manière cosmétique, ne saurait avoir aucun effet durable. C'est comme si nous changions de vêtements. Cela ne modifiera que légèrement notre apparence mais n'aura aucun effet durable sur notre comportement. Pour obtenir un véritable changement, nous devons nous efforcer de modifier, avec l'aide de notre pratique bouddhiste, la tendance dominante de notre vie qui est à l'origine de nos problèmes. Nous devons changer de l'intérieur.

Lorsque nous parlons de nous déplacer à travers le monde, il convient de se souvenir que, en termes bouddhistes, nous portons notre environnement avec nous. Cela veut dire que notre tendance de vie dominante attirera cette même tendance, où que nous soyons. La compassion, issue de notre intérieur, continuera d'attirer la compassion venue de l'extérieur, tout comme la colère venue du dedans attirera la colère du dehors.

Le point essentiel sur lequel on ne saurait trop insister, est que le karma n'est pas une force extérieure qui pèserait sur nos vies, et que nous ne pourrions pas éviter. Cela reviendrait plutôt à ce que l'on connaît comme fatalisme. Le message du bouddhisme, quant à lui, est infiniment plus positif et plus constructif, puisqu'il s'agit de responsabilité personnelle. Nous créons le karma à la suite de nos propres actions. Nous sommes donc tous entièrement responsables autant des causes que des effets. Et selon le bouddhisme, nous avons en nous le pouvoir de le changer.

Le point de départ de tout changement est la conscience de soi. C'est comme se procurer des lunettes toutes neuves. On voit nettement mieux. Nous prenons conscience que nos actions et nos décisions ne sont pas *déterminées* par nos tendances karmiques, mais qu'elles sont profondément *influencées* par ces dernières. Si, par exemple, Pierre se montre agressif envers Paul, il se peut que la tendance dominante de Paul, la Colère, le pousse normalement vers des représailles directes. Mais si Paul a pleinement *conscience de* ce qui se passe réellement, cette conscience pourra l'aider à faire appel au bon jugement, et il pourra briser le cycle. Au lieu de réagir à l'agression en termes karmiques, pourrait-on dire, avec un échange d'insultes, il peut détourner l'agressivité de Pierre par une remarque amusante, et rétablir la discussion, mais cette fois-ci dans une meilleure ambiance.

Si cela devait arriver, et que des amis de Paul et de Pierre soient présents, ils pourraient bien se dire que c'est là un côté nouveau et inattendu de Paul. Il a réussi à modifier son comportement habituel.

Cependant, la prise de conscience ne suffit pas à elle seule à modifier des tendances karmiques profondément enracinées. Le Bouddhisme enseigne que ce n'est que par la discipline constante et régulière de la pratique quotidienne que nous pouvons faire avancer notre vie, pour passer des états essentiellement réactifs comme la Colère et l'Avidité vers les états de vie proactifs comme l'Étude, le Bodhisattva et la Bouddhéité. L'une des significations attachées au processus de récitation est celui « d'invocation ». Changer le karma implique sans aucun doute invoquer, de toutes nos forces, la puissance de notre nature de Bouddha.

Le dilemme du karma hérité

Le bouddhisme enseigne que notre entité de vie traverse, sur cette terre, des périodes successives de vie active et de latence. La comparaison la plus claire serait, peut-être, de penser aux périodes quotidiennes d'éveil et de sommeil. Chaque jour l'éveil porte en lui le potentiel du sommeil à venir. À son tour, chaque période de sommeil contient en elle le potentiel de réveil qui est à venir. L'idée de périodes successives de vie active soulève la question fondamentale de savoir précisément quelle « partie » de nous-mêmes est celle qui passe d'une vie active à la suivante. C'est la question que nous aborderons plus longuement au chapitre 14.

La question clé qui nous intéresse ici est que le bouddhisme enseigne que le karma se transmet d'une période de vie active à l'autre. En fait, le bouddhisme enseigne que *tous* les effets accumulés de *toutes* les périodes précédentes de vie active, sans exception, sont reportés à la vie suivante.

Le dilemme essentiel, le dilemme moral de cet enseignement concernant le karma hérité est que, si nous n'avons pas le moindre souvenir d'actions dans des vies antérieures, comment alors pouvons-nous en être tenus responsables dans notre vie présente ? C'est le cœur du problème auquel nous devons faire face.

Il est certainement difficile, pour la plupart des personnes qui ne sont pas nées dans une culture bouddhiste ou hindoue, d'accepter l'idée que non seulement nous sommes nés avec le karma, mais que le karma lié à des actions de vies antérieures, dont nous n'avons pas le souvenir, a joué un rôle dans la détermination des circonstances physiques de notre vie. Et plus encore, que c'est le karma qui expliquerait les différences concernant les talents et les faiblesses, la santé, la richesse, voire le choix des parents. Voilà qui pourrait bien heurter notre sens de la justice et de l'équité. Comment pouvons-nous être liés, dès notre naissance, aux effets créés par quelqu'un que nous ne connaissons pas et dont nous ne nous souvenons pas ?

La réponse la plus concise, d'un point de vue bouddhiste, pourrait être que ce n'est pas le bouddhisme qui a *créé* ce concept de karma, ni la véracité de son existence. Ce n'est pas simplement une théorie intellectuelle, une sorte de construction virtuelle. Il s'agit, selon le bouddhisme, d'une constatation. *C'est ainsi que* les *choses sont.* De même que les lois physiques de l'Univers, qui ne sont pas *créées* par les scientifiques, mais simplement observées et décrites par eux à mesure qu'ils avancent dans la connaissance du fonctionnement du monde.

Assis dans son petit bureau à Berne, Einstein n'a pas *inventé* sa célèbre équation, $e=mc^2$, qui décrit la relation extraordinaire et prodigieuse entre énergie et matière, qui s'applique à l'ensemble de l'univers. Il l'a observée avec son esprit. De même, le bouddhisme pourrait avancer que Shakyamuni, cherchant à comprendre la vie des gens autour de lui, n'a pas inventé la loi du karma hérité ; il l'a observée comme une vérité fondamentale. Il n'aurait pas pu la modifier pour la rendre plus facile à digérer, tout comme il n'aurait pas pu défier la loi de la pesanteur et voler tout simplement en battant des bras !

Quelles sont donc les options ?

Nous pouvons, bien sûr, accepter ou non la vision bouddhiste comme une représentation significative de nos vies. Mais même si nous nous y opposons, une question demeure ouverte. Quelles autres options y-a-t-il pour nous aider à justifier les grandes différences concernant les circonstances de vie des gens ? Quelles sont les alternatives pour nous expliquer le mystère profond de la douleur et de la souffrance humaines, qui semble très souvent être totalement aléatoire et injuste, et qui peut être pratiquement permanent de la naissance à la mort dans la vie de nombreuses personnes ?

Il s'agit bien sûr de questions qui, à bien des égards, n'ont pas de réponse. Elles dépassent notre compréhension. Ce livre ne prétend pas entrer dans un débat philosophique élargi. Cependant, s'il nous fallait quand même donner une réponse ici, si nous devions chercher une sorte de réponse, il me semble que les options seraient limitées. Au cours de mes lectures et de mes recherches, je n'en vois que trois.

La première est que la douleur et la souffrance ont été créées, de même que tout ce qui compose l'univers, par un ou plusieurs dieux créateurs tout-puissants. C'est un argument qui pose problème : expliquer comment ou pourquoi Dieu aurait créé, parallèlement à la bonté de sa miséricorde, le mal de la souffrance, dont les gens peuvent faire l'expérience dès leurs premiers jours sur terre. Ce serait là une extension parfaitement logique de ce qui est considéré comme étant la vérité dans les religions abrahamiques.

Cependant, si l'on ne croit pas en l'existence d'un Dieu créateur tout-puissant, il est clair que cette explication n'est pas satisfaisante.

La deuxième option pourrait être que cette souffrance est simplement une question de hasard, de pure malchance. La raison ne saurait apporter aucune explication. Les dés auraient été mal lancés. Certains ont de la chance, tandis que d'autres n'en ont pas. C'est comme ça, sans plus. Il est probable que la majorité des gens, après examen de leurs situations, choisiraient cette théorie. Il n'y a aucune explication rationnelle aux grandes différences dans les circonstances de la vie des gens. C'est purement une question de chance. On peut le comprendre. Mais en termes humains, on ne laisse ici aucun espace à l'espérance ou à la consolation. Et les êtres humains sans espoir se retrouvent dans une situation désespérée et désolante.

La troisième option est le point de vue bouddhiste que nous avons présenté, ou une vision qui s'en rapprocherait. Elle cherche à établir un lien *direct* de responsabilité individuelle entre la souffrance vécue au cours des différentes étapes de la vie et les causes ou actions provenant d'un stade antérieur.

À première vue, comme nous l'avons dit, cela peut sembler extrêmement injuste. Le bouddhisme enseigne que cette responsabilité peut être portée d'une vie active à une autre, sans qu'il reste aucune trace dans la mémoire. Mais un regard légèrement différent met en lumière qu'il y a là un message d'espoir, et ce, de deux manières. Tout d'abord, on élimine l'idée, troublante et dérangeante pour l'esprit humain, et qui en plus est déjà une cause majeure de souffrance, que le hasard et le chaos seraient à la base de l'apparition de la souffrance. Il ne faut pas oublier que l'humanité a durement travaillé, au fil des siècles, pour faire évoluer les sociétés vers les principes de responsabilité individuelle, d'équité et de justice, facteurs fondamentaux pour notre sens de l'équilibre et du bien-être. Nous détestons l'idée que nos vies soient régies par le hasard et le chaos.

Le deuxième point, et peut-être le plus important, est que la proposition bouddhiste offre la possibilité de restaurer, d'agir pour créer un changement de situation, c'est-à-dire de surmonter la souffrance et de créer une nouvelle direction dans la vie.

Il ne m'appartient pas, bien entendu, de plaider ici en faveur des deux premières options : un Dieu tout puissant, source de souffrance et de bien, ou une vie régie par le hasard. Évidemment, ce sont là des choix personnels. Mais comme bouddhistes Nichiren, quelle l'action pouvons-nous entreprendre ?

Pouvons-nous changer le karma ?

À bien des égards, c'est là la question capitale. Il s'agit de savoir si nous pouvons ou non transformer fondamentalement les aspects de notre vie qui nous font souffrir. Et si on fait le bilan, *la totalité* des enseignements bouddhistes visent à répondre à cette question, en ce sens qu'ils cherchent à rendre possible un changement fondamental dans notre vie, à de nombreux niveaux. Changer le karma malheureux ; changer les circonstances pour accroître la somme totale de bien-être dans notre vie ; changer ce qui nous empêche de réaliser notre potentiel.

Ainsi, au cœur même du bouddhisme de Nichiren se trouve l'assurance que le karma concerne l'*avenir* de nos vies, tout comme le passé. L'avenir, selon lui, est créé à partir de ce moment même, à travers les causes que nous commençons à mettre en place, maintenant. Cela est porteur d'un message de grand espoir et d'optimisme. En effet, il nous assure que, bien que la loi de cause à effet soit immuable, car nous ressentirons inévitablement, à un moment donné, les effets des causes nocives ou dommageables que nous avons créées dans le passé, les actions que nous entreprenons à partir de maintenant sont susceptibles de modifier et d'atténuer la façon dont ces effets apparaitront dans notre vie. C'est vrai ; nous en avons la certitude. Même par rapport à un karma de base, enraciné, qui pourrait être source d'une douleur longue et accablante durant notre vie.

Le bouddhisme de Nichiren enseigne que la meilleure bonne cause que nous pouvons engendrer provient, sans aucun doute, de réciter et d'agir, à partir de la sagesse, du courage et de la compassion qui jaillissent en nous. Le bouddhisme nous promet que, de cette manière, nous pouvons commencer à nous débarrasser des habitudes et des modèles de comportement qui se sont installés dans notre vie et qui continuent à nous causer de la peine. Le bouddhisme parle de passer de notre moi inférieur à notre moi supérieur ou essentiel. Nous n'avons pas forcément besoin d'utiliser ce genre de langage. En tout cas nous savons, ou la plupart d'entre nous savent, qu'il y a dans notre caractère un côté plus méchant et plus mesquin qui nous pousse à nous engager dans des actions dont nous ne sommes absolument pas fiers. Cependant, nous avons aussi une dimension plus ouverte, plus généreuse et plus extravertie, qui nous mène à nous engager dans des actions qui génèrent en nous du bienêtre. La promesse est que réciter nous éloigne progressivement du moi le plus méchant pour nous rapprocher du moi le plus fort et le plus résiliant, en éveillant ainsi notre nature de bouddha.

C'est donc en nous engageant de manière enthousiaste et énergique dans une pratique quotidienne, que nous trouverons la clé pour changer le karma malheureux.

Nous mettons en marche dans nos vies une roue, un cercle vertueux. Et à mesure qu'il prend de l'élan, il peut conduire à une transformation au sens le plus large, dans nos relations, dans nos rapports avec notre environnement, et dans la manière dont notre environnement nous répond.

Du négatif au positif

Ainsi, ce qui au départ était apparemment une proposition négative, contient en son sein le potentiel pour un résultat très positif. Mieux encore, plus nous mettons au défi notre propre karma négatif et en ressentons les effets, plus nous aurons de l'énergie vitale pour aider les moins fortunés à remettre en question leur karma ; en d'autres termes, pratiquer pour nous-mêmes et pratiquer pour les autres. On ne saurait trop insister sur les effets bénéfiques de cette pratique, car c'est là que réside le cœur même du bouddhisme.

À l'instar du vieil adage selon lequel, si l'on donne un poisson à un homme affamé on le nourrira ce jour-là, mais si on lui donne une canne à pêche on le nourrira toute sa vie, la pratique du bouddhisme de Nichiren, peut être considérée comme la canne à pêche spirituelle.

Le bouddhisme affirme que la simple recherche de notre propre bonheur ne suffira jamais. « Nul n'est une île ». Nous ne pouvons séparer nos vies de ce qui se passe dans la vie des autres, même si nous l'essayons de toute nos forces. Le bonheur durable et inébranlable, comme celui que nous recherchons tous, ne peut procéder que de notre pratique. Nous exercer, à chaque fois que nous en aurons l'occasion, en vue de créer de la valeur, du succès et de l'harmonie, non seulement dans notre propre vie, mais aussi dans celle de tous ceux avec qui nous sommes en contact.

C'est incontestablement un long voyage, que de passer de la gestion de notre propre karma négatif à la réflexion sur la paix dans le monde. Mais c'est le voyage que le bouddhisme nous demande de faire. Le cercle de nos semblables ne s'arrête pas, bien sûr, à notre famille, à nos amis, notre village, notre ville. Il arrive jusqu'aux confins de l'humanité, jusqu'au but ultime de la SGI, l'organisation bouddhiste laïque entièrement fondée sur le bouddhisme de Nichiren Daishonin. Il vise la paix dans le monde.

À première vue, cela peut sembler une tâche illusoire et impossible, bien au-delà des capacités de quiconque. Cependant, le bouddhisme nous demande de ne pas nous laisser limiter et assaillir par nos peurs innommées et par l'étroitesse de notre vision. C'est d'ailleurs une idée qui a été partagée, au fil des siècles, par de nombreux dirigeants exemplaires.

John F. Kennedy, par exemple, dans son discours d'investiture, prononcé en juin 1963, a donné une vision claire de ce que cette approche plus large, infiniment plus audacieuse et plus positive pourrait apporter :

« *Examinons d'abord notre attitude envers la paix elle-même. Beaucoup d'entre nous pensent que c'est impossible, que ce n'est pas réaliste. Voilà une croyance dangereuse et défaitiste. Elle mène à la conclusion que la guerre est inévitable, que l'humanité est condamnée, que nous sommes dominés par des forces que nous ne pouvons pas contrôler.*

Nous ne devons pas accepter une telle vision. Nos problèmes ont été créés par l'homme. Ils peuvent donc être résolus par l'homme. Et l'homme peut être aussi grand qu'il le souhaite. Aucun problème lié au destin de l'homme ne dépasse les êtres humains. La raison et l'esprit de l'homme ont souvent résolu des problèmes apparemment insolubles. Nous croyons que nous pouvons le faire à nouveau. »

La paix mondiale peut sembler un objectif irréalisable. Mais elle commence, nous le savons déjà, à l'intérieur de chacune de nos propres vies et dans notre entourage immédiat. Il s'agit essentiellement de la manière dont nous entretenons nos rapports avec ceux qui se trouvent autour de nous. C'est ce que nous allons aborder au chapitre suivant.

CHAPITRE HUIT

Une question de relations

Comme nous l'avons déjà évoqué, de nombreuses recherches ont été menées au cours de la dernière décennie pour définir pourquoi les gens se sentent bien dans leur peau. Qu´ont-ils en tête lorsqu'ils pensent à un sentiment de plénitude ou de bien-être ?

Cela peut surprendre, à une époque aussi matérialiste, mais la richesse ne semble pas être un facteur trop important. Bien que l'argent soit évidemment un élément très nécessaire dans nos vies, au-delà d'un certain point, assez bas en fait, il semble qu´il ne contribue pas beaucoup au bonheur. Ce qui est encourageant c'est que bon nombre des thèmes dont il a été question dans cet ouvrage, sont très présents dans les résultats de la recherche. Le sentiment de mieux maîtriser sa propre vie par exemple, est sans aucun doute un ingrédient extrêmement important. En effet, peu de choses aussi démoralisantes que le sentiment que la plupart des éléments clés de la vie sont hors de son contrôle. Un autre facteur important c´est d´avoir suffisamment confiance en soi pour faire face aux événements chaotiques et imprévisibles de la vie, facteur qui s´avère être très libérateur.

Mais un aspect crucial et qui en sous-tend bien d'autres semble être le sentiment de connexion, c'est-à-dire ne pas se sentir enfermé dans les préoccupations étroites de notre propre vie, mais avoir le sentiment d'appartenance à un groupe ou à une communauté plus large.

À ce sujet, Daisaku Ikeda a affirmé :

« *Se sentir chaque jour rempli d'un sentiment gratifiant d'euphorie et de détermination, d'un sentiment de tâches accomplies, et d'un profond épanouissement ; les gens qui se sentent ainsi sont heureux. Bien entendu, la mission ou l'objectif que vous vous serez fixé doit être en accord avec votre bonheur et celui des autres. C'est ce qui rend possible le bonheur absolu*[17]. »

« *Soi-même et les autres* ». C'est l'expression essentielle, qui revient sans cesse dans les écrits bouddhistes. Cette croyance, qui sous-tend la pratique bouddhiste, selon laquelle le bonheur durable pour soi-même ne saurait être atteint que dans le cadre d'une préoccupation compatissante pour le bonheur et l'épanouissement dans la vie d'autrui.

La recherche confirme un facteur qui rejoint notre expérience quotidienne, à savoir que nous sommes, au plus profond de notre nature, un animal grégaire. À tous les niveaux de notre vie, nous recherchons vraiment des relations durables, épanouissantes et harmonieuses. Lorsque nous y parvenons, à la maison et au travail, par exemple, deux espaces parmi les plus importants, elles

---

[17] Daisaku Iked., *Faith into Action*. Traduit par nous.

renforcent et soutiennent nos énergies créatives. Alors nous nous sentons libres, pour ainsi dire, de poursuivre de nombreux autres objectifs extérieurs. Lorsque ces relations s'effondrent pour une raison quelconque, les effets peuvent être dévastateurs dans tous les domaines de notre vie, non seulement dans ceux qui sont associés à la relation qui a mal tourné, mais à tous les niveaux. Nous fonctionnons comme des individus stressés, et notre environnement se charge de nous renvoyer toute cette tension.

Lorsque les relations au travail, par exemple, sont difficiles et stressantes, elles peuvent conduire rapidement à des disputes, engendrer la discorde à la maison, et même déclencher la rupture d'une relation. De même, mettre fin à une relation sentimentale, même si c'est d'un commun accord, secoue tous les recoins de notre vie sociale et professionnelle.

Les relations étant essentielles à la croissance et au développement de toute vie humaine, il n'est pas surprenant qu'elles soient également au cœur de l'enseignement bouddhiste. Même si la pratique bouddhiste vise la construction d'un moi intérieur fort et résistant, il s'agit fondamentalement d'une activité sociale. Elle ne s'exprime donc pas de manière isolée, dans notre tête. Elle n'a de sens que dans la mesure où elle est vécue en société. La véritable signification de l'enseignement de Shakyamuni, s'est exprimée par son *comportement en tant qu'être humain*. Le bouddhisme décrit notre vie comme étant vécue dans trois domaines ou zones qui se chevauchent. Au centre le moi, c'est-à-dire nous-mêmes ; ensuite, la société ou les autres ; et enfin, l'environnement plus large qui englobe tout. Pour mener une vie pleine et satisfaisante, nous devons établir des relations saines et solides dans ces trois domaines.

Ainsi, pour *vivre* comme bouddhiste, la bataille quotidienne, soyons clairs, nécessite une réelle détermination, au-delà de ce que serait la simple connaissance et la compréhension des principes bouddhistes. Elle se manifeste avant tout à travers la manière dont nous gérons les nombreuses relations que nous entretenons, à tous les niveaux de notre vie, tout au long de chaque journée. Des relations au sens très large, qui englobent toutes les rencontres, toutes les personnes que l'on croise au fil de la journée : notre compagnon, le matin au réveil ; nos enfants, quand on les conduit à l'école ; le vendeur de tickets, les compagnons de voyage, les collègues au travail, les clients ou les étrangers, et ainsi de suite.

Le bouddhisme enseigne que la manière dont nous gérons chacune de ces relations a des implications plus larges et profondes, au-delà des répercussions que nous connaissons sur notre propre vie. Comment devons-nous donc les gérer ? Qu'est-ce que le bouddhisme a à nous dire sur la façon de créer la valeur la plus significative, à partir de toutes ces rencontres ?

Qu'entendons-nous par respect ?

Tout en haut de la liste apparaît l'idée de respect. C'est en somme un terme un peu démodé qui était plus facilement apprécié et vécu par les générations précédentes. Les dirigeants de toutes tendances et dans de nombreux pays affirment souvent que bon nombre des problèmes les plus éprouvants auxquels sont confrontées les sociétés modernes procèdent de l'absence relative, du manque généralisé de respect pour la dignité et l'humanité d'autrui.

C'est un pilier de la pensée bouddhiste. Ce qui revient à dire que si nous voulons vivre dans une société fondée sur le respect de l'individu, nous devons démontrer que ce respect est une caractéristique essentielle de toutes nos relations et rencontres. Nous ne sommes pas tenus d'aimer les gens ni de les admirer. Nous devons creuser profondément, quelles que soient les circonstances, et reconnaître leur humanité commune.

Shakyamuni et Nichiren Daishonin avaient, tous deux, des visions profondément révolutionnaires de la manière dont les sociétés devraient fonctionner. A la base, la notion d'apprentissage, par chacun, du respect de *tout autre* être humain que l'on rencontre, quelles que soient les circonstances. C'était révolutionnaire à l'époque. Il est clair que c'est encore révolutionnaire aujourd'hui.

Mais c'est là le cœur de la question. Le bouddhisme est fondé sur la liberté de choix. Il affirme donc que la façon de vivre une relation est également une question de choix. Nous avons le pouvoir de décider si nous vivons une relation de manière négative ou positive. Il est d'habitude très facile pour nous de nous concentrer sur ce que qui nous semble être des erreurs, des incohérences et des irrationalités dans le comportement des autres, qui rendent les relations difficiles ou gênantes pour nous ; tout ce qui rend ces gens déplaisants et condamnables pour *nous* ; différents ; autres. Bref, ne faisant pas partie du monde que nous souhaitons pour nous.

Si nous laissons de côté pour l'instant le monde extérieur, nous devenons plus conscients de notre propre comportement. Et l'on observe, par exemple, qu'il est très facile de tomber dans des modèles de comportement qui sont fondamentalement irrespectueux, même avec ceux qui nous sont très proches, ceux que nous aimons et que nous cherchons à protéger. Il nous arrive de nous montrer irrespectueux envers eux, lorsque nous nous en servons pour atteindre nos propres objectifs, ou que nous ne tenons pas compte de leurs besoins. Cette tendance à utiliser l'autre pour atteindre ce que nous considérons comme nos propres objectifs vitaux semble être fortement ancrée dans la nature humaine. C'est pourquoi le bouddhisme nous enseigne que le combat commence à l'intérieur de notre propre vie, avec notre entourage. Le bouddhisme le dit clairement : il s'agit d'une bataille, d'une lutte entre la tendance à abaisser et à utiliser les autres êtres humains, et la compréhension intellectuelle que nous devons les respecter.

Il n'y a pas de chemin facile. Le pratiquant du bouddhisme s'engage dans ce processus de révolution humaine. Il ne sert à rien de participer à une manifestation pour protester contre les violations des droits de l'homme dans un État africain lointain, ou de marcher à côté de milliers d'autres personnes pour protester contre la guerre en Irak, si nous ne faisons pas preuve de ce respect envers les autres, dans notre propre vie. La pratique quotidienne du bouddhisme est la voie, d'abord vers la prise de conscience, puis vers le renforcement et la confirmation de notre détermination à être meilleurs.

La réalité de la responsabilité

Nous avons déjà abordé cette idée à plusieurs reprises. Elle se trouve au centre de la vision bouddhiste de la construction de relations : savoir accepter la responsabilité de sa propre vie.

« Accepter la responsabilité de sa propre vie ». Voilà une phrase pleine de sens et facile à prononcer. En revanche, difficile à mettre en œuvre. Lorsque les relations ne marchent pas, pour quelque raison que ce soit, nous cherchons souvent, et assez instinctivement, à trouver la cause à l'extérieur de nous. Nous pouvons, par exemple, nous tenir sur la défensive : cela ne fonctionne pas, disons-nous, parce que l'autre a fait ceci ou cela ; ou parce qu'il y a, dans sa nature, quelque chose d'inacceptable ou d'illogique. Nous pensons d'habitude que c'est là que doit se trouver la cause première. D'après mon expérience, il est très difficile d'accepter la maxime bouddhiste selon laquelle le problème ne peut pas être résolu en cherchant à ce que l'autre change, jusqu'à satisfaire nos conditions, pour ainsi dire. Bien qu'il soit pour nous évident que, pour avancer, il faut amener les autres à changer pour qu'ils soient meilleurs, le bouddhisme nous enseigne, pour étrange que cela paraisse, que c'est l'inverse qui est vrai.

Comprendre que nous devons travailler dur pour y parvenir, et que nous ne sommes pas et ne pouvons pas être responsables du comportement des autres, même si nous en sommes très proches, que nous les connaissons très bien ou que nous les aimons beaucoup. Nous ne pouvons être responsables que de notre propre comportement. Aussi, si *nous* souffrons, c'est *à nous* de résoudre le problème. La solution ne peut venir que de nous. Si c'était le cas, alors nous pourrions confier à quelqu'un d'autre la responsabilité de notre propre vie. Cela est vrai dans l'enfance, mais pas à l'âge adulte : davantage un signe de faiblesse plutôt que de force.

Nous avons tous vécu ce genre de circonstances à maintes reprises, notamment lorsque nous nous sentons blessés ou offensés, ou mis à l'écart par quelqu'un, à la maison ou au travail par exemple. Il est tout à fait naturel de nous replier sur nos défenses pour nous protéger. C'est pour cela que les défenses existent. Pour nous y réfugier ! Alors, nous faisons la liste de toutes les fautes de l'autre, qui ont clairement conduit à ce que nous nous sentions blessés ou offensés. La solution semble alors facile. Il suffit de réussir à ce que l'autre change. Alors nous serons heureux. Cela semble simple. Parfois nous arrivons même jusqu'à concevoir des stratégies pour nous assurer que l'autre va changer. Nous savons tous que les gens réalisent des efforts extraordinaires pour changer le comportement des autres, en espérant que les relations marcheront. Nous pouvons même nous persuader que les changements ont eu lieu et que, pour *notre* satisfaction, les choses se sont arrangées. Ensuite, lorsque le comportement initial revient sur scène, notre frustration est encore plus grande. Qu'est-ce qui a mal tourné ? Pourquoi l'autre nous a-t-il encore une fois laissé tomber, de façon aussi inconsidérée ?

Moi-même, je l'ai vécu plusieurs fois.

En effet, je l'ai ressenti à plusieurs reprises. Et je suis sûr que chacun l'aura constaté à ses dépens. Cette situation ne se limite pas à une seule relation. L'expérience prouve que cela se produit de façon récurrente. C'est ainsi que nous revenons à la question du karma et à la tendance dominante de la vie. Il arrive très souvent que les gens déménagent, ou changent d'emploi ou de relation. Cependant, des séquences d'événements très similaires se produisent. Pourquoi ? Dans les relations, comme dans tous les autres domaines, nous aimons penser qu'en changeant de personnes ou d'espace nous pouvons simplement passer à autre chose, et tout recommencer comme si de rien n'était. C'est sans aucun doute l'une des leçons les plus difficiles à assimiler. Il nous faut gérer les causes que nous avons créées. Nous ne pouvons pas nous y dérober, pas plus que nous ne pouvons fuir notre apparence physique. Elles font, l'une comme l'autre, partie de notre vie.

Nous sommes les seuls à pouvoir contrôler nos schémas de pensée et d'action. Même si nous ne voulons pas le croire. Si nous cherchons à changer les autres, il se peut qu'on ait à attendre longtemps. Dans le bouddhisme, l'un des principaux concepts pour construire et maintenir des relations solides est que l'effort pour que les choses fonctionnent doit venir de l'intérieur de nous-mêmes ; c'est nous qui devons agir pour modifier ce qui, dans nos relations, cause douleur, souffrance ou difficultés récurrentes.

L'indépendance fonctionne

Il y a une autre question connexe, fort importante dans les relations proches et les relations amoureuses. C'est l'idée de dépendance. Le bouddhisme enseigne que notre capacité à être heureux dans la vie est une question de choix ; c'est à nous de décider. Cela n'a ou ne devrait rien avoir à voir, avec quiconque ou quoi que ce soit d'extérieur à nous, même pas avec nos plus proches, comme l'exprime Daisaku Ikeda :

« *Le bonheur n'est pas quelque chose que quelqu'un d'autre, par exemple un amoureux, pourrait nous donner. Nous devons le réaliser par nous-mêmes[18].* »

C'est donc à nous de choisir ; à nous de voir comment nous allons percevoir et répondre aux circonstances et aux vicissitudes quotidiennes, aux aléas, aux tracas que nous connaissons tous.

Lorsque tout va bien, il n'y a généralement pas de problème. Lorsque les choses deviennent difficiles, nous avons le choix soit d'utiliser ces circonstances problématiques comme justification de notre échec ou de notre tristesse, soit les mettre à profit comme catalyseur de notre croissance. La nature de nos choix se répercutera aussi bien sur nos sentiments que sur notre qualité de vie au cours de la crise elle-même, et sur ses conséquences. Positif ou négatif ? Gai ou triste ? Personne d'autre que nous-mêmes ne choisit ; à nous de décider. Nous avons cette liberté.

Si nous transposons ces idées dans le domaine de nos relations sentimentales et affectives, elles auront un effet

---

[18] Daisaku Ikeda, *Faith into Action* . Traduit par nous.

profond sur la façon dont nous percevons ces personnes, ainsi que sur la manière dont nous pourrions travailler pour améliorer au mieux ces rapports. Si, par exemple, nous considérons que notre bonheur ou notre épanouissement, en tant qu'individus, *dépend* de notre partenaire, cela pourrait faire penser, au premier abord, à un lien très intime et très proche. Mais en fait, cela ne saurait être qu'une recette menant à l'instabilité et, potentiellement, à un grand malheur ; même si cette personne nous aime tendrement. Cela voudrait dire que notre état de vie, à tout moment ou, encore plus, notre estime de soi, sont essentiellement dépendants des fluctuations de la vie d'un autre. Nous finissons par croire que notre bonheur dépend largement de l'existence ou du comportement de notre partenaire. Nous nous persuadons que nous ne pouvons pas être heureux sans lui. Cela peut sembler, à première vue, profondément romantique. Mais pensez-y bien. C'est un peu comme si nous étions aux commandes d'une voiture et que nous cédions le volant à quelqu'un d'autre pour qu'il en prenne le contrôle. Ce n'est guère une bonne stratégie.

Naturellement, l'inverse est tout aussi vrai. Si le bonheur de quelqu'un d'autre et son estime de soi dépendent largement de nous, cela peut nous donner le sentiment d'avoir le *contrôle,* pour ainsi dire. Mais, pour une relation à long terme, cela ne peut être que source d'instabilité et de malaise. Le fait d'être responsable du bonheur de quelqu'un d'autre peut devenir un tel fardeau que même les relations amoureuses les plus solides peuvent s'en trouver minées. C'est peut-être l'une des raisons pour lesquelles une proportion aussi élevée de mariages modernes se terminent par un divorce. Ils éclatent justement à cause de la pression exercée par des attentes totalement irréalistes.

Éprouver de l'amour pour quelqu'un et en recevoir est bien sûr une expérience profondément enrichissante. C'est sans doute ce que la plupart d'entre nous recherchons. Une vie sans amour est bien pauvre. Mais l'image moderne de l'amour romantique, créée en grande partie par l'Usine à Rêves d'Hollywood, avec les films romantiques des années 20 et 30, et qui est aujourd'hui monnaie courante, est par définition irréelle. Tout cela n'est pas et n'a jamais été destiné à être le reflet de notre vie quotidienne. Il s'agit, bien sûr, d'inventions romantiques, une sorte d'évasion pour nous libérer, pendant une heure ou deux, de la dure réalité de la vie. Si, à la sortie du cinéma, nous gardons ces images pour tenter de les vivre, nos attentes seront forcément déçues. Comment peut-on imaginer, par exemple qu'il y ait dans ce monde quelqu'un qui, à *lui seul*, aurait le pouvoir de nous rendre heureux ? À moins de croire que c'est la responsabilité de notre partenaire que de nous donner le bonheur. *Enfin, nous l'avons trouvé ! À lui maintenant de nous rendre heureux !*

Le pouvoir de la gratitude

Une autre qualité est très présente dans les enseignements bouddhistes, qui fait progresser les relations et les enrichit de manière surprenante et merveilleuse. Il s'agit de la gratitude. Nous avons tous constaté à quel point quelques mots de reconnaissance, aussi simples et directs soient-ils, peuvent apporter une chaleur extraordinaire et un sentiment d'humanité partagée dans n'importe quelle situation, même la plus anodine et superficielle. Au comptoir d'un magasin, dans un bus, ou au téléphone. Multiplions cela par des dizaines, des centaines de fois par jour, pour chaque rencontre, à tous les niveaux de proximité. Presque sans que nous en ayons conscience, cela peut transformer notre journée et, avec le temps, toute notre vie ; l'effet transformateur est puissant. Tout le monde en bénéficie. Celui qui exprime la gratitude, celui qui en est l'objet, et tous ceux qui en sont les témoins. La valeur même de la vies s'en trouve renforcée.

Ainsi, la vision bouddhiste des relations positives relève du simple bon sens. Elle remonte au principe sous-jacent selon lequel nous sommes les seuls responsables de notre vie et de nos choix. Elle affirme essentiellement que dans tous les domaines de la vie, dans les relations amoureuses ou familiales, avec les amis et les collègues de travail, les relations les plus durables, les plus satisfaisantes et les plus valorisantes ne peuvent être maintenues sur la base de la dépendance mutuelle, même si elles ont commencé ainsi. Elles nécessitent un sens clair de l'indépendance, et la conscience de la responsabilité individuelle, associées à un profond respect de l'intégralité de la vie de l'autre.

Reconnaître la négativité

L'approche bouddhiste englobant toute l'expérience humaine se fonde donc sur la perception centrale et révolutionnaire de Shakyamuni, partagée il y a bien longtemps, et selon laquelle chaque être humain, sans exception, possède en lui un énorme potentiel de bouddhéité. Et le but de la pratique quotidienne établie par Nichiren est d'aiguiser la reconnaissance de ce potentiel en nous-mêmes et chez les autres. Pourquoi au quotidien ? Parce que la négativité dans nos vies ne baisse jamais les bras. Elle se lève avec nous chaque matin, et tout comme le diable, trouve toujours le moyen de s'y immiscer insidieusement.

C'est comme une petite voix qui, au cœur du doute, chuchote à notre oreille que nous ne pourrons pas le faire, que nous n'y arriverons pas, ou que pour éviter l'échec ou l'embarras, nous devrions plutôt abandonner et laisser tomber. Ce petit diable, notre jumeau maléfique ou négatif comme on l'a parfois appelé, est un avocat puissant et persuasif. Il n'est jamais au repos, et se montre toujours extrêmement habile pour jouer précisément avec nos plus grandes faiblesses ou nos doutes. De plus, il se manifeste toujours activement lorsque nous contestons ou essayons de changer quelque chose de vraiment important dans notre vie ; que ce soit construire une relation, chercher un meilleur emploi, ou surmonter une situation particulièrement frustrante.

Le bouddhisme enseigne que nous souffrons, non pas parce qu'il y *a* déjà *en nous* cette négativité, mais parce que nous restons persuadés qu'il faut l'*écouter* et l'accepter comme s'il s'agissait de la réalité de notre vie. Chaque fois que nous cédons à ces idées, il sera encore plus difficile de nous y opposer, lorsque la situation se présentera à nouveau. Jusqu'au jour où nos vies seront tellement dominées par des pensées négatives que nous ne les reconnaitrons plus pour ce qu'elles sont. Elles deviendront notre environnement habituel. Au contraire, à mesure que nous défions la négativité, il sera plus aisé de la repérer et de la vaincre quand elle réapparaîtra.

C'est essentiellement ce que nous voulons dire lorsque nous parlons de révolution humaine. Lutter contre notre négativité inhérente, et le faire au quotidien, car elle ne disparaît jamais. Bien que nous ayons tendance à ne pas penser à nous-mêmes de cette manière, ces qualités négatives sont une partie naturelle et essentielle de notre humanité. Elles restent latentes en nous, même lorsque nous nous sentons au mieux de notre forme. Chaque fois que nous récitons, que nous en soyons conscients ou non, nous nous engageons dans cette bataille pour repousser et surmonter les éléments les plus faibles, négatifs et destructeurs en nous.

Le bouddhisme décrit ces éléments en les appelant de différentes manières : obstacles, illusions, fantasmes, voire diables et démons. Quand il parle de diables et en fait aussi de dieux, il utilise simplement ce langage pour accorder une identité physique à un état mental intérieur. Les démons et les dieux ne sont pas des puissances extérieures à nous. Ce sont des tendances négatives et positives en nous. C'est parce qu'il prend très au sérieux notre négativité que le bouddhisme utilise si fréquemment le langage de la bataille. Il reconnaît l'immense dommage que cette négativité peut causer à la qualité de notre vie, en la limitant et en la restreignant constamment de bien des façons. Une perception floue, générale et impersonnelle de la négativité ne suffit donc pas. Nichiren par exemple, s'efforce de nous dresser le tableau détaillé des différentes formes sous lesquelles la négativité apparaîtra inévitablement dans notre vie, presque comme s'il nous apprenait à identifier un suspect. Il nous donne tous les détails sur les visages sous lesquels elle peut se présenter, convaincu que la pleine reconnaissance et compréhension de l'ennemi constituent la première ligne de défense.

Le paradoxe est que nous ne pouvons pas avoir l'un sans l'autre. Nous ne pouvons pas grandir et développer le côté fort et positif de notre nature, sans qu'il y ait aussi le côté négatif à écarter et à combattre. L'analogie avec la forme physique est très pertinente. Nous savons très bien que pour nous rendre corporellement forts, il faudra beaucoup d'efforts et même de transpiration. Sans douleur, pas de progrès. Il en va de même pour notre pratique. Vaincre la voix négative est le tremplin vers notre force mentale. Il ne s'agit pas de bien s'élancer une bonne fois pour toutes pour être libres. Ce serait comme si on allait au gymnase une seule fois. C'est un processus continu : de petits pas, de petites victoires…

À l'instar de ceux qui montent jusqu'au sommet de l'Everest. Par petit pas. Un pas et ensuite un autre.

CHAPITRE NEUF

Le bouddhisme et le monde qui nous entoure

La pratique bouddhiste intègre tout ce que nous faisons au quotidien : les rencontres, les difficultés et les succès, les joies et les contrariétés. Cela ne veut pas dire qu'il s'agisse, à chaque fois, d'un processus conscient. En fait, cela est extrêmement improbable. Ce que nous recherchons, c'est que nos valeurs bouddhistes deviennent la base sur laquelle nous gérons tous les événements et répondons à toutes les situations.

Mais évidemment, il n'en va pas toujours ainsi. Donc, le but premier de la récitation du matin est de trouver l'énergie et la volonté pour rester positifs et optimistes au cours de la journée qui commence. L'objectif est de rassembler un peu d'inspiration et d'optimisme avant de sortir de chez nous pour prendre la route, pour faire face aux personnes que nous rencontrerons et aux événements qui se présenteront à nous.

Mais il y a une autre façon, moins évidente peut-être, de décrire cela. Nous travaillons pour créer un environnement positif autour de nous. Cette approche indirecte met en lumière l'un des enseignements les plus importants du bouddhisme et peut-être l'un des plus difficiles à comprendre : nous *créons* notre propre environnement. Selon le bouddhisme, lorsque nous nous déplaçons d'un endroit à un autre, nous créons l'environnement dans lequel nous cheminons. Ou, pour le dire plus formellement, il enseigne qu'il n'y a pas de séparation réelle entre nous et le monde qui nous entoure, de sorte qu'il n'y a pas simplement une interaction entre les deux. Au contraire, nous sommes complètement inséparables. Nous faisons partie d'un même tout.

Ce principe fondamental est décrit comme l'unité que forment l'individu et l'environnement. C'est une idée tout à fait remarquable. Cependant, elle est assez difficile à appréhender comme proposition réaliste et concrète. Outre les questions écologiques évidentes, à savoir le souci de préserver l'environnement, au sens classique du terme, la question fondamentale soulevée est la suivante : quelle différence réelle cela fait-il dans la façon dont nous voyons notre vie ? Quelle est l'importance de cet effort fondamental pour intégrer les valeurs bouddhistes positives dans notre vie ? Est-elle mineure ou centrale ?

Regardons de plus près.

Nous acceptons volontiers que, par le simple fait d'exister, nous avons un impact à la fois positif et destructeur sur notre environnement. Par exemple, lorsque nous chauffons nos maisons et nous conduisons une voiture ou prenons l'avion, nous produisons des déchets et de la pollution atmosphérique. Et nous ne le savons que trop bien. Plus nous sommes nombreux sur la planète, plus nous réalisons ce type d'actions, et plus l'impact sur l'environnement est important.

À l'inverse, nous savons aussi pertinemment que notre environnement a un impact sur nous, bien que de manière légèrement différente. En effet, si au lever d'un lundi matin, il fait gris et que le jour est pluvieux nous en ressentons les effets et nous pouvons nous sentir un peu abattus. De la même façon, nous pouvons nous sentir déprimés si nous avons à marcher dans une rue pleine d'ordures ou de graffitis couvrant les murs. En revanche, nous pouvons être émus à la vue d'un cerisier en fleurs ou du sourire éclatant de l'assistante qui aide les élèves à traverser la rue. Nous reconnaissons sans peine ces interactions permanentes, généralisées, et non invasives avec notre environnement.

Le principe bouddhiste de l'unité du soi et de l'environnement reconnaît tout ce qui vient d'être expliqué. Il englobe ce genre d'interactions quotidiennes, fragmentaires et superficielles, entre nous et ce qui se passe alentour. Mais cela va bien au-delà. Le bouddhisme affirme que nous *créons* notre propre environnement, car il est dans son essence inséparable de notre état de vie subjectif. L'environnement dans lequel nous nous trouvons est le donc le reflet exact de notre état de vie *intérieur* à ce moment-là.

C'est une idée tout à fait surprenante. La ligne de démarcation que nous croyons voir si nettement entre nous et les différentes catégories de matières qui composent notre environnement, est une illusion qui vient de notre vision limitée et partielle. La réalité, selon le bouddhisme, est que les humains, les animaux, les plantes, la terre, font partie de la même entité ou du même continuum. Plutôt que d'être séparés et distincts, ils sont intimement interconnectés. Et la partie la plus difficile à accepter est, manifestement, la connexion entre animé et inanimé. Je ne pense pas qu'il faille s'inquiéter outre mesure de la *difficulté à accepter* une telle idée. C'est, comme je l'ai dit, un concept énorme et non évident.

La science a-t-elle quelque chose à dire qui pourrait nous aider à l'accepter ?

La perspective scientifique

Richard Feynman, l'un des physiciens théoriciens les plus brillants et les plus influents du XXe siècle, aujourd'hui disparu, était un conférencier agréable et brillant, qui abordait des questions scientifiques complexes. Dans l'une des collections de ses brillantes conférences, il parle de la nature de la matière :

« *Tout d'abord, il y a la matière. Et si surprenant que cela paraisse, toute matière est la même. La matière dont sont faites les étoiles est la même que celle de la planète Terre... La Terre contient les mêmes types d'atomes. Et ces mêmes types d'atomes sont présents chez les créatures vivantes et dans les éléments inanimés ; les grenouilles sont faites des mêmes 'substances' que les pierres, sauf que différemment disposées. Cela simplifie donc notre problème ; nous n'avons que des atomes, tous pareils, partout*[19]. »

---

[19] Richard Feynman, *The Character of physical law* (Le caractère des lois physiques). Traduit par nous.

Voilà comment un physicien théoricien, radical et moderne, se rapproche étonnamment de l'une des déclarations les plus passionnées que Nichiren avait faites quelques 700 ans plus tôt :

« La vie à chaque instant inclut le corps et l'esprit, le soi et l'environnement de tous les êtres vivants et de tous les êtres non sensitifs, dans les dix mondes ainsi que dans les trois mille mondes, notamment les plantes, le ciel, la terre et même la plus infime particule de poussière. La vie à chaque instant imprègne tous les phénomènes et s'y manifeste[20]*. »*

Rien de plus clair comme affirmation de l'unité du soi et de l'environnement : « *...la vie à chaque instant inclut le corps et l'esprit, le soi et l'environnement...* »

Il est donc clair que nous ne pouvons pas nous y soustraire.

Mais qu'en est-il de la seconde partie du thème que nous abordons, à savoir l'*interaction* entre l'esprit et la matière ? Quelle est la nature de notre interaction en tant qu'êtres vivants avec la matière qui constitue notre environnement ? Est-ce que nous nous contentons simplement de l'observer, ou avons-nous une interaction beaucoup plus dynamique avec notre environnement ? Une fois de plus, il me semble utile de nous tourner vers la science. Non pas, et je l'ai déjà dit, que je croie que le

---

[20] Les écrits de Nichiren. 32 – Sur l'atteinte de la bouddhéité - p. 3 (Soka Gakkai – Bibliothèque du Bouddhisme de Nichiren) nichirenlibrary.org

bouddhisme ait besoin de la science pour valider ses idées. Rappelons que la science n'étend pas ses attributions jusqu'au monde de la religion.

À ce titre, une maxime d'Einstein, semble quelque peu insolite : « *La science sans religion est boiteuse, la religion sans science est aveugle.* »

Cette affirmation représente probablement l'une des expressions les plus concises et les plus puissantes sur le fait que, pour comprendre le monde, mieux encore l'univers, de la manière la plus satisfaisante possible, nous avons besoin de ces deux approches. La science a très peu, voire rien à dire sur les vastes domaines de l'existence humaine qui se situent au-delà de ce qui peut être vu et mesuré. La religion a beaucoup à apprendre sur le fonctionnement de l'univers à partir des connaissances que la science peut fournir.

Illustrons cette question de l'interaction par une histoire fascinante. C'est une petite digression dans ce voyage personnel, mais je crois que cela en vaut la peine. Tout commence dans les premières décennies du XXe siècle. Une véritable révolution dans notre approche sur la façon dont la matière se construit ; sur les briques, pour ainsi dire, avec lesquelles tout se construit, y compris nous-mêmes, et qui devrait nous aider à voir plus clairement l'interaction primordiale qu'il y a entre nous et notre environnement.

À cette époque, les scientifiques, et notamment les physiciens, pensaient avoir une idée quasi achevée du fonctionnement du monde. Il ne restait plus qu'une ou deux pièces mineures du puzzle à poser, et ils étaient convaincus que ce serait une affaire de deux ou trois ans tout au plus, sans trop de surprises. Ils croyaient être très près de ce qu'ils appelaient la « théorie du tout », une théorie qui englobait, de manière exhaustive, toutes les particules et toutes les forces de l'univers.

Cependant, en l'espace de quelques années, cette vision confortable, douillette et bien établie sur ce qu'est réellement la substance de l'univers a été renversée à tout jamais. Tout d'abord, un jeune scientifique brillant, du nom de Rutherford, à Manchester, a prouvé que l'atome, que l'on croyait alors être la plus petite particule, et donc le principal élément constitutif de l'ensemble de notre monde physique, n'était en fait pas du tout solide.

Ce n'était pas, comme on l'avait cru, une sorte de melon microscopique, avec des morceaux plus solides répartis en son cœur. Rutherford a démontré qu'au contraire, il était essentiellement constitué de *rien*. C'est-à-dire, principalement d'espace vide, avec un minuscule noyau solide, au centre, et un nombre variable de particules encore plus petites, que l'on a appelé électrons, gravitant autour de lui de manière aléatoire. Pour avoir une idée de cet espace vide là où nous croyions qu'il y avait de la matière solide, on peut comparer le noyau de l'atome à un grain de sable au milieu d'un stade de football. Les électrons se déplacent à peu près là où se trouvent les tribunes. Je raconte cela non seulement parce que c'est fascinant, mais aussi parce que cela prouve à quel point notre vision prétendument concrète de la matière, issue du bon sens traditionnel, est partielle et incomplète.

Par la suite, des scientifiques de différentes régions d'Europe ont commencé à explorer cet univers microscopique, totalement nouveau et inattendu, qui s'était soudainement ouvert à eux. En termes d'impact sur la science, il s'agissait d'une véritable révolution. C'était un peu comme une de ces anciennes cartes médiévales qui ne montrent que le contour d'un continent nouvellement découvert, avec un vaste espace vide au milieu, et une inscription signalant : « *ici il y a des monstres* ». Personne ne savait à quoi s'attendre ensuite.

Fort heureusement les scientifiques pionniers de l'exploration de ce nouveau territoire étrange ont été parmi les plus remarquables que le monde ait jamais connu. Des hommes comme Albert Einstein, Niels Bohr et Werner Heisenberg, entre autres. Mais eux-mêmes ont été complètement pris au dépourvu. La matière, à ce niveau, c'est-à-dire en-dessous de l'échelle de l'atome, semblait littéralement avoir une vie propre. Elle ne suivait aucune des règles qui avaient été si soigneusement élaborées au cours de 300 ans de recherche scientifique pour décrire le monde que nous pouvons tous voir. Ils ont trouvé, ainsi que leurs successeurs, des dizaines de particules nouvelles, jusqu'alors inconnues, qui apparaissaient de « nulle part », et puis retournaient nulle part, apparemment au hasard.

Ils ne pouvaient pas vraiment comprendre ce qui se passait. Tout ce qu'ils pouvaient espérer c'était de trouver des équations mathématiques qui leur indiqueraient comment les électrons pourraient se comporter dans différentes circonstances. C'est ce que les scientifiques ont fait, avec une imagination et une lucidité brillantes. Ces équations ont été la base sur laquelle toute l'industrie informatique et électronique moderne a été bâtie. Le monde merveilleux de l'informatique et des communications globales à la vitesse de la lumière dont toutes les sociétés modernes dépendent totalement, existe parce que ces équations fonctionnent, même si les scientifiques ne comprennent pas encore pleinement la réalité qu'elles décrivent. Il est certain que ces équations nous réservent bien des surprises, au-delà de ce qu'on pourrait imaginer ! Le débat sur la nature de ce monde subatomique qui fait penser à celui d'*Alice au pays des merveilles,* se poursuit encore. On le connaît sous le nom de mécanique quantique.

Richard Feynman, nous décrit avec finesse le cœur du problème :

« ... En réalité la difficulté est psychologique et surgit du tourment perpétuel qui nous assaille lorsque nous nous demandons : 'Mais comment cela peut-il être ainsi ?' Ce qui reflète le désir incontrôlable mais totalement vain d'appréhender tout cela en des termes qui nous résultent familiers... Je pense pouvoir dire, sans me tromper, que personne ne comprend la mécanique quantique. »

Mais revenons au bouddhisme, car la seule raison de cette digression sur l'une des révolutions les plus extraordinaires et inachevées de toute l'histoire de la science moderne est qu'elle nous permet de dégager deux éléments qui me semblent fort utiles pour éclairer certains aspects fondamentaux que Nichiren essaie de nous décrire, à propos de l'unité du soi et de l'environnement.

Rappelons tout d'abord que nous ne parlons pas ici de particules ésotériques, insignifiantes et minuscules, qui existeraient quelque part, en marge de notre vie. Nous parlons des éléments de base de la matière, à partir desquels *tout* est fabriqué, sans exception : nous-mêmes, ainsi que notre environnement dans sa totalité ; chaque galaxie, chaque plante et chaque animal, chaque être humain. Ces particules ne sont pas seulement constitutives de ce qu'il y a sur la Terre ; elles existent dans toute la matière de l'univers. Leur comportement explique par exemple le mécanisme de la photosynthèse dans le monde végétal pour fabriquer l'aliment dont toute vie dépend. On comprend aussi comment l'œil et la vision fonctionnent chez tous les animaux, y compris chez les humains. C'est aussi ce qui permet de comprendre comment les processus nucléaires à l'intérieur du Soleil produisent l'énergie qui est à la base de toute vie. Nous sommes donc en présence d'un phénomène véritablement universel. Et tous ces processus, apparemment dissociés, font partie d'un tout.

Le deuxième point est tout aussi important et surprenant. Les recherches sur les particules fondamentales de la matière, menées pendant des décennies, par de nombreux scientifiques, révèlent l'un des effets les plus extraordinaires, et encore inexplicables, de toute la science. Il existe une interaction profonde entre l'*esprit de l'observateur*, et la *matière* qu'il observe. La présence du scientifique, le processus même de sa présence au cours de l'expérience, semble altérer les résultats. Quel que soit le soin apporté lors de la mise en place de ses expériences, quel que soit le degré de perfectionnement de ses dimensionnements, plus il tente d'observer le comportement de ces particules fondamentales, plus il se rend compte que le processus d'observation lui-même modifie le comportement des particules, d'une manière qui ne peut encore être ni entièrement expliquée ni entièrement comprise. C'est presque comme si les particules avaient conscience d´être observées. Les scientifiques rejetteraient sans doute mon utilisation anthropomorphique du terme « *conscient* », mais cela montre bien le problème.

Jacob Bronowski, scientifique et écrivain inspiré, décrit ainsi cette nouvelle vision du monde, étrangement interactive, révélée par ces particules :

« *Le monde n'est pas un ensemble fixe et solide d'objets extérieurs, car il ne peut pas être totalement séparé de la perception que nous en avons. Il se déplace sous notre regard, il interagit avec nous, et la connaissance qu'il engendre doit être interprétée par nous*[21]. »

« *... Il interagit avec nous...* » : voilà une affirmation surprenante, qui se rapproche beaucoup de l'idée que nous explorons, cette unité de soi et de l'environnement.

Richard Feynman, dans le style familier qui le caractérise, décrit encore l'effet de cette étrange interaction sur l'esprit des scientifiques observant le comportement de ces particules subatomiques :

---
[21] Jacob Bronowski. *The Ascent of man (L´ascension de l´homme)*. Traduit par nous.

« *Je vais vous raconter comment se comporte la nature. Si vous admettez qu'elle se comporte comme je vous dis qu'elle se comporte, vous allez la trouver délicieuse et fascinante. Essayez d'éviter de vous demander sans cesse comment cela peut-il être ainsi. Car sinon vous allez vous retrouver dans une impasse d'où personne n'est encore sorti. En effet, personne ne comprend[22].* »

J'espère que cette digression, un peu plus longue que prévu aura atteint son but. Il semblerait, aussi surprenant que cela puisse paraître, qu'une réalité physique observée par les scientifiques dans une multitude d'expériences, se rapproche beaucoup de l'affirmation bouddhiste sur l'unité essentielle entre soi et son environnement. La science utilise des mots comme « interaction ». Le bouddhisme quant à lui, utilise l'expression merveilleusement expressive, une fois entendue et jamais oubliée, « non deux ». Ils ne sont pas interchangeables, bien sûr, mais ils semblent emprunter des voies étroitement parallèles.

Mais comment Nichiren et ses prédécesseurs ont-ils pu percevoir et comprendre cette vérité essentielle bien avant l'apparition de ces notions dans la physique quantique ? Je ne sais pas si une réponse existe.

Mais quelle différence cela fait-il ?

Mais qu'en est-il des implications de la vision bouddhiste de l'unité du soi et de l'environnement ? Quelle

---

[22] Richard Feynman, *The Character of physical law (Le caractère des lois physiques)*. Traduit par nous.

différence cela fait-il en termes concrets, vis-à-vis de la façon dont nous voyons nos vies ? Eh bien, elle est fondamentale. En termes simples, selon cette vision, à tout moment, l'environnement dans lequel nous nous trouvons est le reflet de notre état de vie subjectif à ce moment précis. Si nous sommes dans un état d'esprit colérique, destructeur et agressif, cela se reflétera sur nous par le biais des réactions de notre entourage et des situations qui se présentent à nous. En revanche, si notre état de vie est élevé et que notre approche est constamment optimiste et créatrice de valeur, cela aura un impact sur notre environnement et une influence profonde sur ceux que nous rencontrerons et sur la façon dont les situations autour de nous évolueront. Je crois que ces affirmations, aussi fortes soient-elles, correspondent à l'expérience de la plupart des gens. Nous savons que le pessimisme et l'optimisme sont très contagieux. Nous préférons tous vivre entourés de personnes positives et optimistes. Nous sentons, en revanche, que lorsque nous côtoyons des gens constamment pessimistes, notre énergie est minée.

Tout cela, donc, pour ce qui est des relations entre des *personnes*, c'est-à-dire, notre expérience quotidienne. Or, étendre ce principe pour embrasser l'interaction entre notre état de vie intérieur et notre environnement *physique* ou universel est bien plus difficile à comprendre et à accepter. D'où le recours aux physiciens théoriciens et au réconfort de savoir qu'ils en sont conscients, même s'ils ne le comprennent pas entièrement non plus !

Cette interaction plus large est souvent décrite, de manière assez solennelle, comme « se mettre en harmonie avec l'univers ». Personne ne niera qu'il s'agit d'une bien belle expression, aux échos intenses, mais un peu difficile à comprendre dans son intégralité. Bien sûr ! Mais de même que les scientifiques peuvent utiliser les équations de la physique quantique pour nous procurer d'énormes avantages *concrets* sans vraiment comprendre ce qui se passe, nous pouvons nous aussi tirer d'énormes avantages de cette pratique, comme l'affirme Nichiren, quand bien même nous n'en avons pas une compréhension théorique complète.

Nichiren n'élude pas cette difficulté. Il comprend parfaitement notre situation et s'efforce de faire comprendre qu'il n'est pas nécessaire d'avoir une compréhension complète de la théorie qui sous-tend l'enseignement pour que nous puissions la mettre en pratique dans notre vie, et en tirer les bénéfices qu'elle procure.

« *Même sans lire ni étudier le Sūtra, la seule récitation du Daimoku est la cause d'une racine de bien. Le Sūtra enseigne que les femmes, les hommes mauvais, et tous ceux qui sont dans l'état d'animalité et en enfer — en fait, tous les êtres des dix états — peuvent atteindre la bouddhéité en cette vie. [C'est encore bien plus merveilleux que] le feu produit par une pierre extraite du fond d'une rivière ou qu'une lanterne éclairant un lieu plongé dans l'obscurité depuis cent, mille ou dix mille ans*[23]. »

---

[23] Les écrits de Nichiren. 121 – La phrase unique essentielle - p. 933,934 (Soka Gakkai – Bibliothèque du Bouddhisme de Nichiren) nichirenlibrary.org

UNE TRAVERSÉE PERSONNELLE

Il existe, bien sûr, d'innombrables analogies que nous pouvons tirer de la vie moderne, pour illustrer le fait que les bénéfices ne dépendent pas nécessairement de notre compréhension *du* fonctionnement des systèmes. Les exemples sont peut-être moins poétiques que ceux que Nichiren utilise, mais s'avèrent quand même utiles pour illustrer ce point. Nous n'avons pas besoin de comprendre les complexités du moteur à quatre temps d'Otto pour que le moteur de la voiture démarre quand il s'agit d'aller chercher les enfants à l'école. Nous n'avons pas non plus à comprendre le réseau complexe de serveurs, routeurs et câbles qui nous permettent d'envoyer, en un clic, et à la vitesse de la lumière, un simple message d'amour ou d'amitié où que l'on soit et à quelque distance que l'on se trouve. L'énorme complexité est réduite, pour notre bénéfice, à un ensemble de gestes extrêmement simples. De même, nous n'avons pas besoin de comprendre les aspects biologiques et chimiques complexes pour bénéficier des effets du comprimé que nous prenons avec un verre d'eau, trois fois par jour, après les repas. Nous devons simplement suivre la prescription.

Nichiren ne demande rien d'autre. En ce sens, en suivant la pratique bouddhiste qu'il prescrit, nous bénéficions de la formidable évolution de la pensée bouddhiste de quelque deux mille cinq cents ans sur la nature essentielle de la vie humaine. Nous n'avons pas besoin de connaître ou de comprendre les complexités de ce processus évolutif pour expérimenter les avantages de cette pratique qui se reflète dans nos vies et dans notre environnement, nous n'avons pas besoin de connaître ou de comprendre les complexités de ce processus évolutif. Nous devons simplement suivre la prescription.

L'horizon plus large

L'argument bouddhiste est que ce principe d'unité du soi et de l'environnement est valable même lorsqu'il est transposé au niveau de la société et, au-delà, à l'ensemble des nations. Bien qu'à première vue cela puisse sembler difficile à accepter, nous trouvons de nombreux exemples dans l'histoire récente, illustrant cette idée que, par exemple, une nation trouvera reflétée dans son environnement l'agression qu'elle projette.

Les 100 dernières années ont été marquées par cet état de choses. Le XXe siècle a été décrit comme le plus sanglant de l'histoire de l'humanité, car les cycles d'agression et de vengeance entre les nations se sont reproduits à maintes reprises. Plus de 70 millions de personnes ont été tuées dans différents types de guerres, soit plus que dans tous les siècles précédents réunis. Malgré les souffrances et les destructions dans le monde entier, il est tout à fait clair que l'Histoire, au sens d'expérience humaine, nous a fourni peu de stratégies pour briser ce cycle. Certes pas la diplomatie. Et, malheureusement, il semblerait que ce ne soit pas non plus le cas des Nations Unies, du moins pas encore. Environ 200 conflits armés ont eu lieu depuis la dernière grande conflagration mondiale et, aujourd'hui, le monde regorge plus que jamais d'armes de destruction massive, beaucoup plus puissantes.

Si l'on ajoute à cela le phénomène des informations 24 heures sur 24, qui nous réveillent et nous accompagnent jusqu'au coucher avec des récits de mort et de désastre, d'un bout à l'autre du globe, nous avons la formule idéale pour éveiller ce sentiment d'impuissance qui assaille même ceux qui ne sont pas directement concernés par ces catastrophes. Nous pouvons éprouver de la compassion, ou contribuer charitablement par des dons à des organismes de secours, mais que pouvons-nous faire d'autre ?

Il pourrait sembler prétentieux de dire que le bouddhisme peut offrir une stratégie pour s'attaquer à ces problèmes généralisés et apparemment insurmontables, mais c'est exactement la promesse du bouddhisme. C'est ce *quelque chose d'autre,* positif, créateur d'espérance et de valeurs, sur lequel nous pouvons travailler, et qui représente, dans un sens très réel, le but ultime de la pratique bouddhiste.

Tout commence avec un individu, des individus, qui décident d'assumer la responsabilité de leur propre vie et qui développent progressivement le courage et l'optimisme, la sagesse et la compassion pour transformer non seulement leur propre vie, mais aussi celle de ceux qui les entourent. C'est ce que rappelle une fois de plus Daisaku Ikeda, avec une clarté de vision absolue : « *Personne ne naît en détestant les autres*[24]. »

La vision est celle d'un nombre croissant de personnes qui décident de mettre en œuvre cette transformation dans leur propre vie, pour leur propre bien, mais aussi

---

[24] Daisaku Ikeda, *Notes pour l'exposition:: Painting a World of Friendship*. Traduit par nous.

pour celui de leur famille, de leurs amis et de tous ceux qui font partie du cercle élargi de leur vie. Nous pourrions alors assister à un changement fondamental de fonctionnement des groupes, des sociétés et des nations. C'est bien évidemment un grand voyage, dont le but embrasse tout l'horizon, puisqu'il s'agit de la paix et de l'harmonie pour notre monde.

Mais l'argument bouddhiste est que ce n'est pas un voyage lointain ou inaccessible. Non ; il commence ici-même.

CHAPITRE DIX

Les défis du changement

Nous pratiquons pour que notre vie progresse depuis les mondes inférieurs, chargés des effets négatifs de nos attitudes et de notre comportement, vers les états de vie supérieurs, à savoir l'apprentissage et la réalisation, le boddhisattva et la bouddhéité. Ainsi, nous cherchons à faire évoluer toute notre vie vers l'extrême positif, avec la promesse que nous changerons également notre environnement. À mesure que *nous* changeons, que nous nous éloignons de la colère, par exemple, focalisée sur notre propre ego, pour adopter une approche plus compatissante et plus réceptive aux autres, nous constatons que ces qualités nous sont renvoyées, de plus en plus par notre environnement. Les défis et les problèmes ne sont pas moins fréquents ni moins sérieux. Ils peuvent même s'aggraver. La différence fondamentale réside dans la *clarté* avec laquelle nous les percevons, et dans la capacité renforcée à y faire face.

La clarté est un facteur important. L'un des principaux avantages de cette pratique, présenté par Nichiren, est la plus grande clarté de vision qu'elle apporte. Il la décrit comme « la purification des sens ». Nous voyons par exemple des opportunités que nous n'aurions peut-être pas remarquées autrement, ou décelons des problèmes à un stade plus précoce, lorsqu'ils peuvent être plus facilement résolus. Les gens qui pratiquent racontent que bien souvent les choses se déroulent beaucoup plus facilement pour eux. Ils se trouvent au bon endroit au bon moment ; ou encore, le hasard d'une rencontre leur apporte une opportunité tout à fait inattendue. On dit qu'il n'y a pas de coïncidences dans le bouddhisme. Le caractère paisible de la vie, et les événements apparemment fortuits, se produisent parce que nous voyons les choses plus clairement et réagissons de manière plus positive.

Il peut y avoir aussi un changement profond en termes d'espoirs, d'ambitions et d'attentes, c'est-à-dire de ce que nous sommes prêts à exiger de nos vies. Il est fréquent, par exemple, que nous ayons accepté une situation ou un ensemble de circonstances, quand, au fond de nous-mêmes, nous savons qu'elles sont insatisfaisantes, voire source de beaucoup de malheurs. Il peut s'agir d'un emploi qui ne nous offre aucune possibilité d'avancement, ou d'une relation que nous avons négligée, ou encore d'une situation familiale chargée de colère. Par peur, apathie, ou manque de courage, ou simplement parce que nous ne savons pas comment changer sans provoquer de rupture, nous y consentons, nous apprenons à vivre avec ce genre de situations qui dominent une grande partie de notre vie, souvent pendant des années.

Comme nous le savons tous, rien n'est plus difficile que d'introduire un véritable changement dans nos comportements ou nos attitudes. Il nous a fallu toute une vie pour les construire, il faut donc une énergie et une détermination réelles pour entreprendre de les changer. C'est ce à quoi nous sommes habitués. Peut-être, surtout, avons-nous besoin d'espoir, d'un véritable sentiment que les choses *peuvent* changer.

L'une des affirmations les plus courantes à propos de cette pratique, et qui est ancrée dans mon esprit depuis presque mes premières récitations, est que si nous nous retrouvons face à une situation difficile, et que nous ne savons pas vers qui nous tourner, lorsque nous commençons à réciter, pour chercher une solution, « *comme si, de nulle part, l'espérance jaillissait.* »

Mais bien sûr, ce n'est pas de nulle part qu'elle jaillit. Elle vient de l'intérieur. Et c'est l'étincelle initiale, nécessaire pour déclencher le processus de changement face à une situation difficile. L'espérance peut provoquer la colère, parce qu'on a laissé la situation perdurer trop longtemps. Ou bien, elle peut inspirer la détermination intérieure d'agir pour y remédier. En tout cas, quelle que soit la façon dont elle s'exprime, cela signifie que le processus de changement a déjà commencé. Peut-être que, depuis longtemps, on a été conscient qu'il fallait changer les choses, mais que la crainte du changement a été trop grande ou que les circonstances n'ont jamais semblé tout à fait adéquates. Nous sommes tous très doués pour la procrastination, pour nous convaincre que ce n'est pas le meilleur moment. Mais si nous continuons à réciter, en songeant à ce que nous voulons modifier, sans qu'il faille nécessairement une conviction profonde ou une idée précise de la *manière* dont nous pourrons la résoudre, l'espérance surgira de nulle part, ainsi que le courage pour affronter la situation. Les bouddhistes parlent souvent de la façon dont, après des mois, voire des années de flou, ils comprennent soudainement ce qu'ils doivent faire, et sont capables de passer à l'action.

Il est fort possible que nous ayons à prendre des décisions difficiles qui perturbent la vie d'autrui, par exemple en remettant en question certains aspects d'une relation. Le bouddhisme ne nous enseigne pas à renoncer à une décision parce qu'elle dérange ou met en cause d'autres personnes. Il nous dit seulement que nous devons prendre la décision en faisant preuve de compassion envers les besoins des autres, et accepter la pleine responsabilité des causes que nous créons.

Avant que ces changements ne se produisent dans notre vie et notre environnement, il faudra un temps qui sera naturellement variable, car nos particularités et notre environnement sont uniques. Ce délai dépendra aussi de l'engagement et de la sincérité dans notre pratique. La promesse fondamentale du bouddhisme de Nichiren est que les bienfaits commenceront à se manifester, et les changements *commenceront à se produire* dès que nous commencerons à réciter. Il n'y a pas de période de qualification préliminaire. Nous n'avons pas besoin de constituer un capital à la banque, pour ainsi dire.

D'aucuns pourront se dire que tout cela est valable pour ceux qui ont la chance de croire en cette pratique. Mais qu'en est-il de ceux qui doutent ? Selon de nombreux commentaires bouddhistes nous ne devrions jamais avoir de doutes. Pour ma part, cela me semble difficile. Les doutes font partie intégrante de notre vie, tout comme la négativité lui est inhérente. Bien que ce ne soit pas tout à fait la même chose, évidemment. Les doutes incitent à la prudence. Et il n'y a rien de mal à faire preuve d'un peu de prudence dans un monde dangereux. En effet, « prudence » serait le meilleur terme, malgré son caractère un peu démodé aujourd'hui.

La négativité peut, cependant, nous désarmer ou nous paralyser. Elle peut, par exemple, nous mener à nous dire que la pratique bouddhiste peut très bien traiter les problèmes des *autres,* mais pas *celui-ci,* pas celui qui *nous* dérange actuellement, parce qu'il est spécial, ou profondément enraciné, parce qu'il fait partie de notre vie depuis si longtemps, ou enfin, parce qu'il concerne une relation particulièrement compliquée. Bref, les arguments ne manquent pas. Nous croyons généralement que nos propres problèmes ont une spécificité qui les rend particulièrement difficiles. Nous ne manquons jamais de costumes pour en vêtir notre négativité. Notre jumeau maléfique est un maître du déguisement.

En d'autres termes, nous devons apprendre à marcher sur la corde raide entre la prudence et la négativité handicapante. Cette négativité sera toujours là. Écoutez-la, et regardez-la pour ce qu'elle est. Mais ne cédez pas, comme nous conseille Nichiren. Déjà, le reconnaître nous aide déjà à la défier. Et à mesure que nous en prenons conscience, nous croyons davantage en notre capacité à la surmonter. Nous revenons sans cesse à cette prémisse : le bouddhisme n'est pas une mince affaire ; la vie est dure, et ce que nous voulons obtenir exige un réel effort et de l'application. Ce que nous essayons de faire, c'est de mieux voir les problèmes tels qu'ils sont, d'avoir le courage d'y faire face, et la persévérance nécessaire pour les résoudre.

Qu'entendons-nous par bénéfices ?

En adoptant cette pratique, nous sommes invités à participer à une expérience dont nous sommes le foyer. Notre vie est le banc d'essai. On nous encourage à pratiquer, sans réticence, avec enthousiasme, à essayer sans réserve et de manière authentique, et en rechercher les bénéfices dans notre vie. Dans le bouddhisme de Nichiren, le terme *bénéfices* est presque un terme technique.

Il peut sembler étrange de parler des bénéfices de la pratique d'une religion, car ce n'est pas une notion que l'on applique d'habitude au champ religieux. Nous ne parlons pas, par exemple, des *bénéfices* d'être chrétien, ou du moins ce n'est pas mon expérience. En général, nous pensons que les religions sont principalement une question de croyance. Et les options consistent soit à croire à la vision de la vie qu'elles présentent, soit à ne pas y croire. L'idée de bénéfices n'entre pas vraiment en ligne de compte. Cela peut donc poser un problème lorsque l'on découvre le bouddhisme. C'est exactement ce qui m'est arrivé. En effet, à première vue, pratiquer une religion dans l'attente de bénéfices de quelque nature que ce soit, dans cette vie, semble inévitablement égoïste.

Il est important toutefois de garder à l'esprit une distinction cruciale qui a déjà été quelque peu abordée dans un chapitre précédent. La plupart des autres grandes religions ont un caractère divin, et concernent donc essentiellement la nature de la relation entre un individu et son créateur. Le bouddhisme, en revanche, est créé par l'homme et porte essentiellement sur la relation d'un individu avec *lui-même* et avec le reste de l'humanité. Son but ultime est donc de permettre aux êtres humains ordinaires de réaliser pleinement leur potentiel unique, afin qu'ils soient en mesure de créer la plus grande valeur possible en toutes circonstances, pour eux-mêmes et pour les autres. Voilà la notion clé.

C'est en ce sens qu'il faut comprendre le concept de bénéfices. On pourrait dire que l'objectif de la pratique est d'obtenir des bénéfices dans cette vie, ici et maintenant. Ce n'est en aucun cas ésotérique ou extraordinaire. C'est extrêmement concret et terre à terre. Il ne s'agit pas d'une récompense, d'un paradis, d'un au-delà, mais plutôt d'un plus grand bonheur au cœur de la vie souvent difficile et des dures réalités du quotidien. Le principe fondamental est que ces avantages sont accessibles à tous, indépendamment de l'état de vie et des difficultés particulières de chacun.

Dans ce contexte, voyons donc ce que cette idée signifie dans la pratique. Les bénéfices sont décrits comme étant vécus sous deux formes : *invisibles* et *apparents*.

Les bénéfices *invisibles*, comme le nom l'indique, sont donc des changements qui peuvent se produire dans la partie spirituelle ou invisible de notre vie. Ils peuvent également se produire assez lentement, en l'espace de plusieurs mois. C'est un peu comme marcher lentement sur une colline. On ne prend conscience de ce qu'on a gravi que lorsqu'on se retourne pour regarder en bas. Il se peut ainsi que ce ne soit qu'en regardant en arrière, au fil des mois ou des années, que l'on se rende compte de l'ampleur des changements qui se sont produits. Les angoisses que l'on a peut-être éprouvées toute notre vie, par exemple, ne pèsent plus aussi lourdement.

Les gens réussissent à maîtriser la colère corrosive ou le cynisme, qui peuvent avoir été à l'origine de grands dommages pour eux-mêmes et pour leur entourage. Ou bien ils trouvent les moyens de lutter plus efficacement contre la dépression ou ont davantage confiance en eux-mêmes, pour le bénéfice de leurs relations personnelles. J'ai rencontré de nombreuses personnes qui commençaient à peine leur pratique, et qui sont passées à l'action pour résoudre des problèmes dans leurs relations, alors que, pendant des années, elles n'avaient tout simplement pas eu le courage de les affronter. D'autres se sont épanouis en l'espace de quelques mois et sont passés d'un repli sur eux-mêmes et d'une certaine timidité face aux autres, à faire preuve de confiance en soi et à débattre et discuter librement de questions complexes dans un forum ouvert.

Comme on pourrait s'y attendre, les bénéfices invisibles sont très personnels et propres au caractère et aux circonstances de chacun. En tout cas, d'après ce qu'on peut déduire des expériences ci-dessus mentionnées, leur signification est profonde si nous pensons à la somme totale de plaisir et de joie que nous pouvons avoir dans la vie.

Cela peut sembler superficiel, et c'est peut-être d'ailleurs le cas, mais je dois avouer que l'une des choses qui m'ont le plus frappé lorsque je me suis aventuré pour la première fois dans des réunions bouddhistes, c'est de voir les gens sourire et rire, même si je savais que plusieurs d'entre eux étaient confrontés à des défis extrêmement difficiles dans leur vie personnelle. Ils semblaient en outre toujours avoir l'énergie et la vitalité nécessaires pour se soutenir les uns les autres avec une chaleur et une sincérité extraordinaires. Je ne veux pas dire, bien sûr, que ce soit une spécificité du bouddhisme. Mais c'est une caractéristique importante des groupes bouddhistes lorsqu'ils se réunissent, soit dans les groupes de discussion habituels, soit à d'autres moments. Il y a une conscience accrue de la valeur du soutien mutuel. Prenons ici le temps d'analyser les implications de ce phénomène. C'est en effet très éclairant par rapport aux bénéfices invisibles.

Faible estime de soi

Que nous ayons ou croyions avoir un esprit indépendant, nous avons tous besoin de soutien. L'isolement, le sentiment de solitude, sans personne vers qui nous tourner pour obtenir de l'aide ou de la compagnie, tout comme le sentiment d'une faible estime de soi sont des phénomènes bien identifiés, et sont classés parmi les causes principales de la dépression chronique. Il se trouve que les femmes sont plus sujettes que les hommes à souffrir de cette maladie. Je ne sais pas s'il existe une étude exhaustive expliquant cette différence, mais parmi les explications avancées, il est suggéré que même en ces temps modernes d'égalité, il est plus fréquent que ce soient les femmes qui restent à la maison, et qui s'occupent des enfants. Ainsi, elles seraient plus enclines à se sentir attrapées au quotidien dans des tâches répétitives, fastidieuses, auxquelles elles ont du mal à se soustraire.

Cependant, ce phénomène n'est pas nécessairement lié à la vie domestique. Une étude sérieuse, réalisée récemment en Angleterre, a montré des résultats similaires chez de jeunes fonctionnaires, des employés qui d'habitude passent leurs journées de travail à effectuer des tâches répétitives et sans intérêt. À la grande surprise du chercheur, ces fonctionnaires subalternes, dont la journée de travail est généralement peu stressante, étaient néanmoins beaucoup plus susceptibles de souffrir de diverses formes de maladies cardiaques et artérielles que leurs supérieurs, surchargés et soumis à une forte pression. On a déduit que le stress sous-jacent ne provenait pas de la surcharge de travail, mais du fardeau de la routine, de la répétition, et de l'absence de défis.

Bien que la dépression ait été considérée dans le passé comme un trouble psychologique, une question plutôt mentale, il existe aujourd'hui des recherches importantes qui montrent qu'une dépression sévère peut avoir un effet puissant sur plusieurs aspects physiques importants tels que le rythme cardiaque, les niveaux d'hormones et le cycle menstruel, et qu'elle est liée à un risque accru de maladie cardiovasculaire[25]. C'est un aspect essentiel qu'il est utile de préciser.

---

[25] Michael Marmot, UCH London. Étude sur le stress.

Cela suggère donc que des facteurs assez répandus dans la société, tels qu'une faible estime de soi, un sentiment dominant d'isolement, ou de manque de contrôle sur la vie quotidienne, ont des conséquences qui vont bien au-delà d'un malheur personnel. Leur effet peut être beaucoup plus sérieux et plus durable. Ils pourraient influencer profondément la santé physique en général, et être même à l'origine de maladies graves comme le cancer et les maladies cardiaques.

C'est à partir de ces constatations que nous pouvons commencer à évaluer les effets réellement bénéfiques de ce que l'on appelle les bénéfices *invisibles*. Encore une fois, je ne suggère pas que ce genre d'effets bienfaisants *ne* puissent être obtenus *que* par la pratique bouddhiste. De nombreuses recherches montrent qu'une dimension religieuse, quelle qu'elle soit, peut avoir un effet positif puissant sur la santé générale. Tout ce que je veux souligner, c'est que ce type d'effets bénéfiques et d'amélioration de la vie sont sans aucun doute ressentis dans le monde entier, par des milliers de personnes ayant choisi de fonder leur vie sur la pratique du bouddhisme de Nichiren.

Des bénéfices apparents

Les bénéfices apparents, comme leur nom l'indique, sont beaucoup plus évidents. Ils se rapportent à tous les éléments tangibles et matériels qui constituent une grande partie du tissu de notre vie quotidienne. Les bénéfices apparents peuvent donc inclure de meilleures conditions de vie, un meilleur logement ou un meilleur emploi, un salaire plus élevé ou une situation financière généralement plus favorable et plus stable.

Le bouddhisme de Nichiren est très clair sur ce point. Il enseigne que si nous voulons parvenir à une vie véritablement épanouie et créative, puisque nous avons des besoins aussi bien physiques que spirituels, nous devons nous occuper de ces deux aspects. Le bouddhisme est une affaire de vie quotidienne. Aussi, les *désirs matériels* pour ainsi dire, les besoins ou les aspirations qui se rapportent à l'aspect tangible de notre vie en font partie intégrante et essentielle.

Ainsi, le bouddhisme de Nichiren ne consiste pas à *renoncer aux aspirations matérielles*. Il affirme qu'il est parfaitement normal et naturel de désirer un meilleur logement, un emploi mieux payé ou plus satisfaisant, ou encore une relation plus épanouissante. Nous ne devrions donc, en aucun cas, essayer de rejeter ces désirs naturels comme étant indignes de notre moi spirituel. En fait, c'est l'inverse qui est vrai. Lorsque nous intégrons ces objectifs de vie à notre pratique, et que nous récitons pour les obtenir, ils peuvent devenir la voie pour notre révolution humaine. En effet, indépendamment de la raison pour laquelle nous récitons, le processus même de la récitation commence à faire jaillir de notre intérieur le courage, la force vitale et la compassion. L'essentiel est de maintenir un équilibre.

Tel que nous l'avons évoqué, le problème se pose, pour nous et pour ceux qui nous entourent, lorsque l'avidité devient notre condition de vie dominante. Quand le besoin d'avoir encore plus de biens matériels, plus de bénéfices tangibles, devient la principale force de motivation dans notre vie, et que nous la poursuivons, avec ou sans égards pour les dommages que nous causons à nos propres valeurs ou pour les effets que nous pourrions provoquer sur la vie de notre entourage. Le bouddhisme est catégorique à propos de ce type d'appétit. Il décrit la cupidité comme un poison dans notre système. En fait, comme l'un des trois principaux poisons qui peuvent contaminer nos vies et devenir source d'une douleur et d'une souffrance immenses et durables. Les deux autres sont la colère et l'ignorance. Nous les avons tous dans notre vie, à des degrés divers. Plus ces poisons existent en nous, plus notre environnement nous en enverra le reflet.

Les personnes dominées par l'avidité, par exemple, ont tendance à considérer le monde entier comme étant cupide. Ils agissent donc en suivant leur nature. Les personnes dominées par la colère se demandent souvent pourquoi *tout le monde* est si en coléreux et de si mauvaise humeur.

Mais regardons de plus près l'avidité, qui est devenue si à la mode, si je puis dire ainsi. Indéniablement, elle est à l'origine même de la grande marée de consumérisme qui nous a entraînés à des niveaux records d'endettement personnel, voire de faillites. Mais puisque l'acquisition d'un objet désiré est sans nul doute une expérience agréable, pourquoi le fait d'acquérir de plus en plus de biens matériels n'est-il pas source de bonheur solide et durable ?

Une étude récemment publiée à Londres sur la perception des gens face à leurs salaires, a montré que ceux qui gagnaient 60 000£ estimaient pouvoir être *heureux* avec 100 000£, ceux qui gagnaient 100 000£ avec 250 000£, et ceux qui gagnaient déjà 250 000£ estimaient qu'ils seraient vraiment *très heureux s'ils dépassaient* le million. Il semble donc que le bonheur par l'acquisition de biens de consommation sera toujours hors de portée. Des études menées ces dernières années aux États-Unis sur la nature du bonheur ont donné des résultats très similaires. Dès que les besoins élémentaires sont satisfaits, les revenus supplémentaires, même substantiels, ne semblent pas contribuer à accroître le sentiment de bonheur ou de satisfaction. Et de plus en plus d'études dans ce domaine tendent à confirmer cet état de fait. Aussi désirables que puissent paraître la richesse et l'avoir, ils ne sont tout simplement pas suffisants.

À cet égard, l'enseignement bouddhiste est extrêmement réaliste et concret. Il affirme que tout plaisir découlant du consumérisme ne peut être que de courte durée et disparaît dès que la nouveauté de la possession s'est dissipée. Il est immédiatement remplacé par la soif de la prochaine acquisition. Par définition, un état constant d'avidité ne peut que conduire à un malheur profond. C'est pourquoi le bouddhisme soutient essentiellement que la plus grande joie de vivre c'est le fait de faire et de donner, plutôt que de prendre. Faire et créer de la valeur, ici et maintenant, c'est-à-dire dans nos circonstances actuelles, plutôt que de dépendre de ce qui se trouve dans la vitrine de la salle de ventes.

En phase avec la psychologie moderne

Pour aborder cette question sous un angle légèrement différent, un élément fondamental pour l'enseignement bouddhiste est que la manière dont nous *considérons* chaque situation ou chaque environnement est de la plus haute importance. En d'autres termes, une situation nous affecte non pas tellement en fonction de la circonstance extérieure, mais plutôt de la façon dont nous la *percevons*. Nous souffrons non pas tant par ce qui se passe, que par la façon dont nous *réagissons à* ce qui se passe. Le bouddhisme enseigne donc qu'à mesure que nous développons et renforçons les bénéfices invisibles de notre vie, la sagesse, le courage, la résilience, ainsi que la compassion et la vision positive, nous développons la capacité à transformer l'environnement dans lequel nous nous trouvons.

Ainsi, nous pouvons créer ce que les gourous de la gestion appellent un *cercle vertueux*, une situation gagnant-gagnant. Tant que nous sommes soumis au stress dans notre propre vie, nous n'avons ni temps ni espace pour les autres. À mesure que nous changeons et que nous développons notre capacité à gérer nos propres situations avec courage et résilience, nous disposons de plus de ressources pour soutenir et encourager les autres. Nous trouvons également beaucoup plus d'occasions de le faire : en partageant nos expériences, en apportant un soutien moral et émotionnel ou en consacrant du temps et de l'énergie aux problèmes des autres. Donner et faire, plutôt que prendre et consommer. Le bouddhisme enseigne, paradoxalement, que c'est en s'exerçant de cette manière, c'est-à-dire en se concentrant sur l'extérieur plutôt que sur l'intérieur, en se préoccupant des problèmes des autres plutôt que de se focaliser sur nos propres difficultés et préoccupations, que l'on parvient à un développement plus rapide de sa propre force intérieure et de sa capacité à surmonter ses difficultés.

Il est vrai que le bouddhisme encourage à agir de la sorte depuis bien longtemps. Mais il faut dire aussi que cette idée est amplement soutenue par les travaux de nombreux psychologues modernes. Le professeur Richard Layard, par exemple, dans son livre intitulé *Happiness (Le prix du bonheur)*, en fait un élément central dans son plaidoyer en faveur d'un nouveau code moral :

« *Cela devrait être au cœur de l'éducation morale, afin que nos enfants comprennent que ce qu'ils donnent à la vie est plus important que ce qu'ils en retirent. Avec cette philosophie, ils resteront en fait plus heureux, comme le montre la psychologie moderne*[26]. »

Sonja Lyubomirski, chercheuse en psychologie, à l'UCLA, partage cet avis. Elle associe ses propres conclusions à celles d'autres chercheurs, et place les actes de soutien aux autres presque au sommet de la liste des actions qui conduisent à un plus grand niveau de satisfaction individuelle.

« *Être gentil avec les autres, qu'il s'agisse d'amis ou d'étrangers, déclenche une cascade d'effets positifs. Cela vous fait vous sentir généreux et capable, vous donne un plus grand sentiment de connexion avec les autres et*

---

[26] Profeseur Richard Layard. *Happiness (Le prix du bonheur)*. Traduit par nous.

vous gagne des sourires, de l'approbation et de la gentillesse réciproque[27]. »

Il y a là deux expressions clés qui se rapportent directement à notre argument : « *effets positifs* « et « *gentillesse réciproque* ». Elles se réfèrent toutes deux précisément à des modifications dans le comportement des autres, c'est-à-dire aux changements dans l'environnement, déclenchés par notre comportement.

Il est assez facile d'accepter, je pense, qu'il existe une interaction constante entre nous-mêmes et la société ou l'environnement immédiat, puisque la plupart d'entre nous en avons une expérience directe. Nous pouvons tous raconter des cas où notre colère ou notre joie se sont répandues dans notre entourage et ont déclenché des réactions instantanées. Et nous connaissons tous des gens qui ont tendance à transporter leur tristesse et leur découragement, ou leur optimisme abondant, comme une valise, et à le déballer dans chaque pièce où ils entrent.

Les changements fondamentaux d'attitude et de comportement sont sans aucun doute extrêmement difficiles à réaliser. Mais à mesure que nous changeons et que nous nous développons spirituellement, nous constatons que nous avons une plus grande capacité à voir et à comprendre les besoins des autres, ou que nous disposons de plus de ressources de compassion pour répondre à leurs problèmes.

---

[27] Sonja Liubomirski, UCLA, *Revue Time*, Février 2005. Traduit par nous.

CHAPITRE ONZE

Une vie longue et saine

Le bouddhisme s'intéresse beaucoup aux questions concernant la santé et la quête d'une vie longue et active. De même que nous sommes responsables de toutes les causes que nous générons, nous sommes aussi tenus de prendre le plus grand soin de notre santé, et de faire tout notre possible pour développer notre connaissance de ce qui peut nous aider à avoir une vie longue et saine. Le fait d'être en vie implique la responsabilité de ne pas la gaspiller. Pour ce faire, nous récitons au quotidien.

Dans l'un des derniers chapitres du Sûtra du Lotus, Shakyamuni raconte l'histoire d'un médecin sage et de ses nombreux enfants. Le médecin doit partir en voyage et, pendant son absence, ses enfants, après avoir mangé quelque chose tombent gravement malades. À son retour, il les trouve souffrants, couchés et dans un état piteux. Le médecin se rend compte immédiatement qu'il n'a pas de temps à perdre. Il diagnostique rapidement ce qui ne va pas chez eux, prépare une potion, et essaie de la leur donner. Certains de ses enfants reconnaissent tout de suite leur père, et acceptent le médicament. La douleur commence à diminuer et leur état de santé s'améliore. D'autres pourtant se trouvent dans un tel état qu'ils ne reconnaissent pas leur père médecin et refusent de prendre le remède. Ils souffrent terriblement. Ce n'est que lorsqu'ils se rendent enfin compte qui est vraiment ce médecin qu'ils acceptent le médicament, commencent eux aussi à se rétablir, et la douleur et la souffrance s'amenuisent.

C'est bien sûr une parabole, et comme la plupart des paraboles, elle fonctionne à plusieurs niveaux. Une première interprétation est que le médecin représente le Bouddha lui-même, Shakyamuni, qui vient au monde avec son grand enseignement de développement personnel. Les nombreux enfants sont tous les êtres humains ordinaires, c'est-à-dire nous-mêmes qui subissons différemment les effets des trois poisons universels, la cupidité, la colère et l'ignorance. Le médicament qui nous est offert est le Sûtra du Lotus. Ceux qui sont prêts à appliquer cet enseignement peuvent surmonter les souffrances inhérentes à la vie humaine.

Cependant, à un autre niveau, cette histoire peut être considérée comme une prescription bouddhiste, en vue d'une vie longue et saine. Il ne s'agit pas simplement de surmonter les défis et les problèmes que nous rencontrons au quotidien. Il s'agit également d'appliquer la prescription, c'est-à-dire pratiquer pour vaincre les véritables maladies qui nous affligent de temps en temps, aussi bien dans notre corps que dans notre esprit. Des maladies passagères comme le rhume et la grippe, qui peuvent nous clouer au lit quelques jours et nous épuiser, jusqu'aux maladies qui attaquent notre vie toute entière, comme les dépressions et les phobies, en passant par celles qui écourtent la vie, comme le cancer et les maladies cardiaques.

Au cœur même de la vision bouddhiste de la guérison se trouve l'idée que nous ne devons pas nous contenter de remettre la responsabilité de notre santé entre les mains des professionnels de la médecine. Nous avons besoin des deux, c'est-à-dire des meilleures connaissances médicales, mais toujours en nous appuyant sur nos propres pouvoirs naturels et innés de guérison.

Le bouddhisme de Nichiren enseigne que réciter est, en soi, un processus puissant d'énergie et de revitalisation. Il nous aide à libérer l'énergie dont nous avons besoin pour défier la négativité et le sentiment de défaite ou de fragilité personnelle qui accompagnent souvent la maladie, et à les remplacer par l'espoir et l'optimisme. L'espoir est en soi un grand guérisseur. Sans lui, il ne peut y avoir de détermination à vaincre la maladie. Il existe un nombre croissant de recherches scientifiques et médicales qui soutiennent et étayent l'idée qu'une attitude vigoureuse et positive est d'une importance capitale pour résister aux maladies de toutes sortes, et pour les vaincre.

Cela ne veut pas dire que le bouddhisme sous-estime les bienfaits de la médecine traditionnelle ; bien au contraire. Il conseille constamment de toujours rechercher les meilleurs soins et conseils médicaux à notre portée. Mais il préconise aussi de ne pas sous-estimer l'importance de l'énergie de guérison qui ne peut venir que de notre intérieur. Nous avons la capacité de renforcer et d'améliorer notre propre réponse immunitaire naturelle, ce qu'aucun médicament, aussi exceptionnel soit-il, ne saurait remplacer.

De même que le bouddhisme n'assimile pas le bonheur à l'absence de problèmes, il n'identifie pas non plus la bonne santé à l'absence de maladie. Il va même plus loin puisqu'il considère la bonne santé, au sens large, comme un état de vie qui n'est pas simplement exempt de maladie physique ou mentale, mais marqué par la vitalité et l'énergie, et imprégné d'un sentiment d'optimisme et de détermination. Avec cette image dans notre esprit, nous pouvons nous rendre compte jusqu'à quel point nous développons nos capacités. Si nous nous limitons à une absence d'anxiété ou d'inquiétude, il faudrait se demander si nous sommes réellement en train de tirer le meilleur parti de notre vie. L'Organisation Mondiale de la Santé a d'ailleurs adopté une définition très proche de cette idée dans sa définition de la bonne santé : un état de bien-être physique, mental et social, plutôt que de la simple absence de maladie ou d'infirmité.

Cependant, nous devons être très prudents dans ce domaine. Les médecins et les scientifiques signalent clairement qu'il est très difficile de mettre en place des expériences pour illustrer la corrélation précise entre la psychologie et la maladie, voire le lien entre notre façon de penser et de ressentir, et l'évolution d'une maladie. Il existe pourtant un nombre croissant d'articles médicaux qui semblent illustrer ce lien entre les états émotionnels et certaines maladies. L'espoir et l'optimisme sont liés à une bonne santé et à des périodes de récupération plus courtes, tandis que l'anxiété et la mélancolie prolongées ont été associées à des maladies qui raccourcissent la vie, comme le cancer et les maladies cardiaques.

Face à l'esprit ces deux points de vue, la prudence et l'optimisme, examinons très brièvement le témoignage de plusieurs personnes qui se sont tournées vers leur pratique pour lutter contre des maladies graves. De nombreux autres récits de personnes ayant vécu des expériences similaires sont disponibles dans diverses publications. Les récits proposés ici ne sont ni les plus marquants, ni les plus dramatiques. Ils concernent des gens ordinaires qui pratiquent le bouddhisme dans le même quartier que moi, à Londres.

Lucy

Lucy était une jeune femme mariée, sur le point d'atteindre la trentaine. Elle avait grandi et vécu sans aucune maladie spéciale ni aucun problème de santé particulier. Peu de temps après la naissance de son premier enfant, elle a été confrontée à un stress très important. Son petit garçon souffrait d'arythmie cardiaque. Au cours de sa première année, une hospitalisation et une intervention pour la pose d'un stimulateur cardiaque. Le petit garçon s'est rétabli très rapidement. Il a continué à grandir normalement. Il a vite appris à marcher à quatre pattes, et puis à marcher et à parler. Il est ensuite allé à l'école avec d'autres enfants de son âge. Cependant, la maman ressentait constamment, peut-être inévitablement, l'anxiété latente que son fils John subisse une rechute grave.

Malgré son anxiété, Lucy semblait aller bien, sans aucun changement visible. Cependant, elle a commencé à ressentir un manque de vitalité et une fatigue croissante. Son corps était comme meurtri et ses jambes lui faisaient mal. Elle est allée voir son médecin, qui n'a trouvé aucune raison d'alarme. Il lui a recommandé une alimentation saine et équilibrée, et beaucoup de repos. Mais l'état de santé de la jeune femme s'est progressivement dégradé. En l'espace de quelques mois, Lucy était à peine capable de se lever et de s'occuper de son enfant. Elle était incapable de monter ou de descendre les escaliers, tellement elle avait mal aux articulations. On lui a prescrit alors d'urgence des analyses médicales. Plusieurs anomalies sont apparues lors de ces tests, dont la plus alarmante concernait son système immunitaire. Il était sérieusement atteint et le taux de globules blancs par exemple était bien en-dessous du seuil normal.

Cette à cette époque que Lucy avait rencontré quelqu'un qui pratiquait le bouddhisme Nichiren et qui lui avait parlé de la pratique et de la récitation. Au début, quand Lucy a réalisé à quel point elle était malade, elle a simplement paniqué. Elle ne savait pas quoi faire. Alors, elle a décidé de « donner une chance à la pratique de la récitation ». Comme elle le dit elle-même : « Qu'est-ce que j'avais à perdre ? »

Elle a donc décidé de réciter au moins une heure par jour, tous les jours, quoi qu'il arrive, en se concentrant sur l'idée de ramener son taux de globules blancs à la normale.

Quelques membres de la SGI ont appris la situation de santé de Lucy et ont décidé d'aller régulièrement réciter avec elle. Il y avait, dans le groupe, une amie qui avait commencé à pratiquer tout récemment. Une autre dame avait déjà une très longue pratique, et était prête à donner de son temps pour aider Lucy à traverser cette crise. Ce soutien a été crucial. Lucy a eu beaucoup de mal à maintenir sa résolution. Réciter était une expérience entièrement nouvelle. Et une heure par jour exigeait une énorme détermination de sa part.

Deux semaines plus tard environ, Lucy est retournée à l'hôpital pour un contrôle. À la lecture des résultats des analyses, le médecin lui a demandé si elle prenait d'autres remèdes. Étonnée, Lucy a répondu qu'elle ne prenait rien d'autre, à sa connaissance. Le médecin lui a alors demandé si elle avait changé quelque chose dans sa façon de vivre. Au début, Lucy n'a songé à rien de précis. Mais ensuite, elle a raconté qu'elle avait commencé à réciter tous les jours. Lucy assure que la jeune femme médecin l'a regardée d'un œil incrédule et lui a dit « Ah oui ? Vraiment ? » En tout cas, elle s'est ressaisie tout de suite et lui a recommandé de continuer à faire *quoi que ce soit* qu'elle faisait. Son taux de globules blancs était beaucoup plus élevé, encore bien en dessous du taux normal, mais plus élevé que ce que le médecin aurait pu croire possible en si peu de temps.

C'était, bien sûr, très encourageant. Pour Lucy il était encore extrêmement difficile de réciter une heure par jour, même si elle avait l'impression que lorsqu'elle pratiquait, elle se sentait plus vigoureuse. En tout cas, elle a fait de son mieux. Au bout d'une semaine environ, son taux de globules blancs était bien plus proche de la normale et Lucy se sentait beaucoup plus en forme. Elle ne passait plus au lit la plupart du temps. Elle avait eu la force de faire ses courses, de reprendre ses études et de s'occuper à nouveau de son fils pendant la journée.

Lucy et son mari pratiquent désormais le bouddhisme Nichiren. Ils organisent des réunions chez eux, et Lucy a l'énergie et la vitalité nécessaires pour accueillir et s'occuper de tout ce monde. Elle a quand même, encore, des crises de fatigue et de perte d'énergie. Quand elle en parle, on se rend compte qu'elle-même trouve surprenant de voir à quel point le fait de réciter l'aide à surmonter ces crises. Récemment par exemple, lorsque John, qui a maintenant trois ans, a subi une intervention cardiaque assez délicate, pour remettre en état son stimulateur, Lucy, soutenue par un groupe d'amis de la SGI, a commencé à réciter plus longtemps tous les jours pour trouver du soutien pendant cette période de stress. Naturellement, elle avait peur pour son enfant. Mais son état de santé général n'a pas faibli. En effet, elle raconte qu'elle se sentait si forte qu'elle a été capable de rester positive et pleine d'entrain pour s'occuper elle-même de tous les soins dont John avait besoin.

Catherine

Catherine est une jeune femme chinoise, âgée de 35 ans environ. Elle est célibataire, a une formation universitaire, et est très occupée et active. Elle a également déjà une grande pratique bouddhiste, et récite au moins une heure par jour. De plus elle lit, étudie régulièrement et participe pleinement à des groupes de discussion et autres activités avec ses amis bouddhistes.

Il y a environ un an, Catherine a commencé à ressentir des douleurs au ventre. Elle a subi une série d'analyses. Aucune cause spécifique n'a été identifiée. Cependant, au cours des mois suivants les douleurs ont augmenté au point de l'empêcher d'assister à quelques réunions. Finalement, les médecins ont détecté une masse dans son utérus. Il s'agissait d'un kyste non malin, mais son médecin voulait l'enlever au plus vite.

Catherine hésitait : elle avait du mal à se décider à se faire opérer, même si elle souffrait souvent beaucoup. Elle s'est donc mise à réciter pour chercher la meilleure solution. Puis, elle a pris une décision fort courageuse : essayer de vaincre le kyste en utilisant simplement sa pratique bouddhiste et la connaissance profonde qu'elle avait de la médecine alternative.

C'est donc ce qu'elle a fait. Elle a décidé, au cours de cette étape, d'aménager sa vie autour de cette tâche, en s'appuyant sur sa ferme croyance dans les effets bénéfiques de la pratique. Elle a pris la décision de supporter la douleur, de vivre aussi normalement que possible en termes de travail, en l'organisant au mieux pour atteindre le but qu'elle s'était fixé. Cela signifiait par exemple qu'elle devrait se lever plus tôt chaque matin afin de réciter au moins deux heures par jour, en se concentrant fortement sur l'élimination du kyste et la guérison de son corps. J'ai rencontré Catherine à de nombreuses reprises pendant cette période. Elle ne s'est jamais plainte, même s'il était évident qu'elle souffrait énormément. De plus, elle a apporté une énorme contribution aux différentes activités bouddhiques qui ont été organisées. En fait, elle parlait rarement, voire jamais, de ses problèmes.

Il lui a fallu deux ans d'une immense détermination. À présent, le kyste s'est résorbé. Son médecin le lui a confirmé. La douleur a également disparu.

Margaret

Margaret est écrivain, et frôle la cinquantaine. Actuellement elle vit seule bien qu'elle ait été mariée ; elle a plusieurs enfants. C'est une personne très calme et douce qui veille soigneusement à préserver son intimité. Elle n'a jamais eu de penchants religieux, mais il y a quelques années, elle a ressenti le besoin d'une dimension spirituelle de soutien dans sa vie. Elle a essayé une forme de méditation bouddhiste, avec un certain succès. Il y a quelques années, elle a rencontré le bouddhisme de Nichiren et a été attirée par ce qu'il semblait promettre. Elle a essayé de réciter pendant un certain temps, mais a constaté que cela ne marchait pas vraiment pour elle. Elle a donc abandonné au bout de quelques mois. Elle est restée quand même à la recherche de quelque chose qui lui manquait au centre de sa vie. Après quelques mois, elle est revenue au bouddhisme de Nichiren.

Elle a traversé ce que l'on pourrait appeler une longue période d'expérimentation de la récitation. Elle a aussi participé à des réunions de discussion et a parlé avec beaucoup de gens. Elle n'était pas pressée. Elle a fini par se sentir capable de s'engager dans cette pratique, sur une base régulière. Peu après, elle a dit quelque chose qu'il me semble important de raconter : « Tout cela fortifie, en quelque sorte, l'esprit. Vous n'avez plus peur de ce que la vie peut vous réserver. »

Peu de temps après s'être engagée dans cette pratique, Margaret a découvert, consternée, qu'elle avait une protubérance au sein. Depuis longtemps, elle craignait une maladie et notamment, un cancer. Une vingtaine d'années auparavant, elle avait dû subir plusieurs interventions assez compliquées, pour enlever des tumeurs bénignes près d'un sein.

Le diagnostic initial n'était pas porteur d'espoir. Les médecins ont clairement indiqué qu'ils pensaient devoir opérer assez rapidement. Cependant, des analyses plus poussées ont indiqué, au grand soulagement de Margaret, que la tumeur n'était pas maligne, même si elle était grande. Malgré tout, les médecins ont estimé, vu son âge et la dimension de la masse, qu'il serait prudent de l'enlever. Rappelons que Margaret était une toute jeune bouddhiste, avec moins d'un an d'engagement et de pratique régulière. C'est d'ailleurs l'une des raisons pour lesquelles il me semble que son expérience est si précieuse.

Avec beaucoup de courage, Margaret a décidé qu'elle n'allait pas subir l'opération. Elle allait déposer toute sa confiance dans la force de la pratique, et allait « réciter » pour que cette protubérance disparaisse. Elle avait déjà récité avec ardeur pour surmonter le stress du processus des analyses et du diagnostic. Elle passait désormais plus de temps chaque jour à réciter : deux heures, trois heures parfois, avec le soutien de plusieurs de ses nouveaux compagnons de la SGI.

Pendant un certain temps, aucun changement ne s'est produit. Mais Margaret avait accepté le fait que ce ne serait pas un processus facile. Une année ne s'était pas encore écoulée et la masse a commencé à diminuer de volume. Margaret a passé plusieurs examens médicaux et on a constaté que la masse diminuait progressivement. Non seulement elle n'est pas réapparue depuis, mais l'énergie et la vitalité de Margaret sont nettement supérieures à ce qu'elles n'avaient été depuis plusieurs années.

Margaret est très réticente à raconter son histoire. Mais intérieurement elle est profondément convaincue que sa détermination à guérir lui a donné la capacité de se débarrasser de cette masse indésirable.

Que pouvons-nous conclure ?

De nombreux commentaires peuvent être faits sur ces expériences. Mais il y en a deux qui me semblent particulièrement importants. Tout d'abord, comme je l'ai déjà annoncé, ces expériences n'ont point été spécialement choisies. Elles ont simplement été vécues dans mon quartier par des personnes que je connaissais personnellement. De plus je sais de première main qu'il y a de nombreuses personnes pratiquant dans d'autres régions du Royaume-Uni et ailleurs, qui ont vécu des expériences similaires.

Le deuxième point est plus englobant. En effet, bien que j'écrive ces lignes en tant que bouddhiste pratiquant, je ne prétends pas suggérer que le fait de s'aider soi-même à guérir, en associant une pratique ferme et la médecine courante, soit un atout qui n'appartienne qu'au bouddhisme. Au contraire, il est tout à fait clair qu'au cours des siècles, des processus d'auto-guérison ont été enregistrés dans de nombreuses cultures et dans bien des environnements religieux. En outre, de multiples recherches ont été menées ces dernières années pour explorer comment la foi et la prière, quelles que soient leur nature, peuvent avoir des effets bénéfiques sur le nombre de guérisons.

Le Dr Herbert Benson, professeur de médecine à l'université de Harvard, à Boston, a mené une longue série d'études cliniques dans les années 1990 sur l'efficacité de diverses formes de prière et de pratique religieuse. Les résultats de ces études sont présentés dans son rapport « *Timeless Healing : The Power and Biology of Belief* ». Sa conclusion, essentiellement, est que de nombreuses formes de prières répétitives, issues de la foi, peuvent avoir de puissants effets bénéfiques sur des facteurs physiologiques tels que la pression sanguine, le rythme cardiaque et le système immunitaire.

Autrement dit, de nombreuses modalités de prières, utilisées régulièrement et surtout, liées à un système de croyances fondamentales, aident les gens à surmonter des maladies ou à se remettre plus vite ou mieux après des interventions chirurgicales, souvent contre tout pronostic. Le Dr Benson a inventé une expression mémorable pour définir ce processus de guérison. Il parle de retour au « *bien-être mémorisé* ».

Vu la multiplicité d'études de cette nature, réalisées dans de nombreuses régions du monde, il semblerait que le pouvoir de la foi et de la prière, sous de nombreuses formes, pour revitaliser et stimuler l'efficacité du système immunitaire, soit un élément difficile à ignorer. Une approche positive de la vie, quelle que soit sa source, est porteuse de santé. Et le bouddhisme reconnaît clairement la validité et la vertu de la riche diversité des traditions spirituelles et religieuses du monde, dont aucune n'a le monopole de la vérité.

Selon la vision du bouddhisme de Nichiren, le processus de récitation remet le contrôle ou le choix entre nos mains. Quelle que soit la nature de la circonstance qui se présente à nous, cette pratique nous permet de passer du négatif au positif ; du sentiment d'être limités et, en un sens, écrasés par le poids de la maladie, on passe à la défier, à trouver l'espoir, le courage et la confiance pour la surmonter, plutôt que de compter uniquement sur l'efficacité du traitement médical.

Le concept de visualisation

Dans son livre intitulé *Modern Buddhist Healing*, Charles Atkins ajoute une perspective légèrement différente, mais très éclairante sur le type d'expériences dont nous avons parlé. Il décrit une forme de thérapie qui consiste à réciter tout en concentrant ses pensées sur les parties du corps qui nous préoccupent le plus, ou en les visualisant. Ce faisant, on imagine ou on visualise le corps en train de rassembler ses forces de guérison pour les envoyer sur la zone affectée. Il peut s'agir, par exemple, d'un bras cassé, d'une opération à cœur ouvert, d'une masse dans la poitrine ou de maux de tête persistants. Quelle que soit la maladie ou la cause de la souffrance, il s'agit essentiellement d'une méthode qui nous permet de concentrer et de focaliser nos énergies intérieures, comme un laser, pourraiton dire, sur les zones du corps où la guérison est la plus nécessaire.

Charles Atkins est bouddhiste Nichiren depuis plus de 30 ans. Il a mis toute sa foi et son énergie dans cette méthode, qu'il appelle « *mantra-powered visualisation* » (visualisation assistée par mantra), pour l'aider à surmonter une forme mortelle de cancer, un lymphome de Hodgkin, dont il a souffert lorsqu'il avait trente ans :

« *Pour moi, la visualisation assistée par mantra a été un outil puissant contre la maladie, quand je n'avais même pas la force de lever un marteau. Les mots ont du pouvoir. Certains pourraient se moquer de la capacité de certains mots à sonorité étrange pour produire des résultats aussi impressionnants. Rien que des phrases comme 'Je t'aime' ou 'Je te déteste' ont un effet puissant sur notre psyché. Il est impératif que nous renforcions notre capacité à prendre fermement le contrôle de notre esprit, grâce à la détermination de notre esprit, surtout lorsque notre corps semble faire le contraire de ce que nous voulons consciemment qu'il fasse. Au cœur de notre être se trouve un maître médecin, 'roi de la médecine'* » *si vous voulez, qui peut accélérer la guérison avec l'aide de votre médecin*[28]. »

Cette approche est tout à fait conforme au principe général selon lequel, lorsque nous récitons pour un problème que nous rencontrons dans la vie, nous ne devons pas réciter pour le problème, mais pour la *solution*.

---

[28] Charles Atkins, *Modern Buddhist Healing*. Traduit par nous.

Cela peut sembler anodin, mais en fait, c'est crucial. Si nous récitons en nous concentrant sur le problème lui-même, nous focalisons en quelque sorte notre énergie sur la partie négative de l'équation, ce qui le rend encore plus important dans notre vie. Alors que si nous tournons notre attention vers la *solution,* ou vers le type de *résultat que nous* souhaitons, nous nous tournons immédiatement vers l'avenir, vers la solution que nous souhaitons atteindre, et nous dynamisons toutes nos ressources spirituelles dans cette direction. Nous regardons vers l'avenir, c'est-à-dire vers le futur plutôt que vers le passé.

L'une des plus grandes qualités du bouddhisme, qui représente un potentiel de bénéfice pour le bien dans nos vies, est qu'il nous fournit un cadre philosophique clair pour envisager tout ce qui nous arrive, y compris la maladie, sous un jour positif, comme une source puissante de croissance. Aussi paradoxal que cela puisse paraître, aussi difficile que soit le défi au départ, nous pouvons constater qu'il s'agit d'un processus qui se renforce en permanence. Plus on le fait, plus on est *capable* de le faire. Ainsi, plus nous arrivons à voir dans cette optique, tout ce qui nous arrive, les coups et les revers ainsi que les joies et les succès, plus notre confiance grandira. Nous développons ce que Daisaku Ikeda appelle *« esprit de combat »*. Nous commençons à voir que nous avons effectivement en nous cette capacité à tout transformer, même le défi d'une grave maladie, en source de croissance. Le concept bouddhiste de l'unité du corps et de l'esprit est au centre de cette compréhension.

CHAPITRE DOUZE

L'unité du corps et de l'esprit

Au centre de la vision bouddhiste d'une vie saine se trouve la compréhension qu'il n'y a pas de distinction ou de séparation fondamentale entre les aspects physiques et les aspects spirituels. Pour décrire cette relation, une belle expression a été conçue « deux mais non deux ». C'est-à-dire que l'esprit et le corps peuvent *apparaître comme des* entités différentes. En effet, en Occident, nous sommes très conditionnés par la tradition culturelle et médicale à les voir comme des entités à part. Cependant, le bouddhisme enseigne que c'est une vision incomplète. La réalité fondamentale, selon le bouddhisme, est qu'il s'agit simplement de deux aspects différents de la vie de chaque individu. Ils sont inséparables, distincts et pourtant, intimement liés, comme le sont les deux faces d'une feuille de papier. Ou que notre corps et son image dans le miroir. Ils sont tous deux séparés et pourtant inséparables. L'un est inconcevable sans l'autre. Si vous en déplacez un, vous déplacerez inévitablement l'autre. Tout ce qui affecte l'un affectera forcément l'autre, et à un niveau très profond, car cela arrive jusqu'aux systèmes essentiels qui se chargent de maintenir notre corps en vie.

UNE TRAVERSÉE PERSONNELLE

Lire dans l'esprit des autres

Personnellement, je suis convaincu que nous le faisons, puisque nous utilisons constamment l'interaction entre l'esprit et le corps, à travers la manière dont nous gérons nos relations avec les autres. Le langage corporel, par exemple, est une forme de communication cruciale. En tant que membres de la tribu humaine, nous sommes devenus extrêmement habiles à lire tous les signaux physiques *externes du* visage et du corps, pour essayer de saisir ce qui se passe dans la *tête* d'autrui. Si nous regardons de plus près, nous nous rendons compte que la survie de nos ancêtres a souvent dû dépendre de leur capacité à bien comprendre les autres. Si par exemple nous ressentons une colère intense, et la colère existe sous forme d'une émotion dans notre esprit, elle se révèle dans notre corps par un visage qui rougit, un regard fixe, le raidissement de tous les muscles du visage, et des mouvements souvent violents des mains et des bras. On sait aujourd'hui qu'au plus profond du corps, des systèmes entiers réagissent à la colère que nous ressentons. Les hormones font battre le cœur et le sang, préparant ainsi les muscles à l'attaque. Autrement dit, l'interaction entre notre esprit et notre corps est à la fois manifeste, complexe et répandue dans tout notre être.

Aujourd'hui, ce n'est peut-être plus notre survie qui dépend d'une lecture précise de l'esprit de l'autre à travers les signaux transmis par le corps. Bien que cela ait encore un rôle clé à jouer, car il nous permet, par exemple, de reconnaître que c'est le bon moment pour quitter le bureau de notre patron, ou pour nous éloigner de la portée de notre partenaire. Mais quoi qu'il en soit, nous répondons à la connexion intime entre l'esprit et le corps, entre ce que l'on peut voir et ce qui n'est pas visible. À l'inverse, si nous apercevons quelqu'un qui a une démarche lasse, des yeux vides et une absence apparente d'appétit pour la vie, même s'il s'agit d'un parfait étranger, nous savons que ce que nous voyons sont les signes extérieurs et physiques d'une profonde anxiété ou d'une dépression intérieure. En effet, nous avons maintenant la capacité de percevoir plus profondément l'intérieur, là où les yeux ne peuvent arriver, et savons qu'une dépression prolongée peut entamer plusieurs systèmes physiologiques vitaux du corps, depuis le rythme cardiaque et le flux sanguin jusqu'aux niveaux des hormones sexuelles et au fonctionnement de l'ensemble du système immunitaire[29].

Bien sûr, nous pouvons dissimuler. En fait, nous sommes très doués pour cela. Nous pouvons délibérément transmettre des signaux extérieurs et physiques de colère ou d'affection, alors que nous ne ressentons pas une telle émotion, simplement pour confondre les autres. Mais, cela ne sert qu'à prouver le point de vue que nous avons présenté. L'esprit et le corps sont si intimement liés que nous pouvons même *manipuler* la connexion, pour l'utiliser à nos propres fins. Une école d'anthropologie soutient d'ailleurs que l'augmentation importante de la taille de notre cerveau antérieur, pour laquelle on n'a pas encore trouvé d'explication, a peut-être été provoquée par ce phénomène, à savoir la complexité des relations humaines.

---

[29] Dr. Carol Shively, *The Journal of Biological Psychology*, novembre 2004. Traduit par nous.

Nous avons acquis cet énorme cerveau il y a environ 100 000 ans, à une époque où la vie était relativement simple : chasser, cueillir des graines et des fruits, fabriquer des outils relativement simples en pierre, en bois et en os. Le problème fondamental, qui n'est toujours pas résolu, est donc de savoir quel a été le déclencheur, le stimulus, qui nous a permis de développer cet énorme cerveau bien avant que nous en ayons eu réellement *besoin* ou que nous ayons pu l'utiliser. C'est ce même cerveau qui est capable de calculer les mouvements des étoiles, de définir la relation fondamentale entre l'énergie et la matière dans tout l'univers, d'écrire Hamlet, ou la 5e symphonie, d'envoyer un homme sur la lune, de créer le World Wide Web, etc. Cela reste un énorme mystère !

Une théorie fascinante et qui a vraisemblablement beaucoup de chances d'aboutir, est que nous avions besoin de cet énorme cerveau pour faire face à la complexité des *relations humaines*. D'après cette théorie, à mesure que les familles et les groupes tribaux se sont agrandis et diversifiés, le succès, voire la survie, ont commencé à dépendre de la capacité de chacun à gérer les relations avec un plus grand nombre de personnes : aussi bien comprendre rapidement leurs véritables motivations qu'apprendre à manipuler leurs réponses. Il fallait donc un cerveau plus large, capable de lire dans les complexités et les subtilités infinies, les motivations *intérieures* des autres à partir de signaux *externes* qu'ils transmettaient. Étaient-ils amicaux ou hostiles ? Étaient-ils vrais ou faux ? Les plus habiles dans ce domaine avaient clairement de meilleures chances de survie. Et c'est ainsi que nous avons hérité de ce grand cerveau. C'est une belle théorie.

Peu importe si c'est exactement ce qui est arrivé à cette époque, mais si nous appliquons cette hypothèse de l'âge de pierre à ce qui se passe de nos jours, nous nous rendons compte qu'elle est tout à fait cohérente. Elle *fait* partie intégrante de notre vie. Si nous pensons, ne serait-ce qu'un instant, à notre cercle d'amis et de collègues, nous constatons que nous sommes tout à fait habitués à porter des jugements non seulement sur le caractère intérieur de ceux qui nous entourent, mais aussi sur les changements subtils de leur humeur et de leurs motivations. Comment est-ce nous nous y prenons ? Eh bien, nous lisons toutes les manifestations physiques extérieures, depuis les expressions et les gestes du visage, et la posture du corps, jusqu'au mouvement des yeux, au ton de la voix, etc. En permanence, nous appliquons cette compétence pour essayer de savoir ce qui se passe dans la tête et l'esprit, tel qu'il est révélé par le corps, car au fond de nous, nous croyons que les deux sont intimement liés.

Un autre exemple de cette inséparabilité corps-esprit qui me plaît énormément, et qui a même reçu un nom scientifique. Il s'agit de l'effet biophile. Il a été démontré que l'amour pour le monde naturel est si profondément ancré dans notre nature que lorsque nous marchons dans des champs verts ou des bois profonds et ombragés, le plaisir que nous ressentons dans notre *esprit se* traduit par un effet puissant et rafraîchissant sur notre physiologie, en termes de réduction de la pression sanguine par exemple, et même de relaxation des muscles du visage.

Nous nous détendons beaucoup mieux lorsque nous sommes entourés de verdure que lorsque nous sommes entourés de briques et de béton. L'exercice physique en milieu urbain peut brûler autant de calories et étirer autant de muscles que la course à pied à la campagne, mais c'est seulement là, semble-t-il, que nous ressentons le bonus supplémentaire de l'interaction corps-esprit.

La force de la tradition culturelle

Indépendamment de l'ampleur avec laquelle, presque instinctivement, nous reconnaissons et nous acceptons l'interaction corps-esprit, nous sommes tous, peu ou prou, prisonniers de nos traditions culturelles et spirituelles. En Occident, depuis des milliers d'années, l'esprit et le corps ont traditionnellement été considérés non seulement comme des entités entièrement séparées, mais très souvent en conflit. Cela est particulièrement vrai à l'ère chrétienne, bien que ce type de dualisme ne soit pas limité au christianisme. Il y a eu historiquement une tendance profondément enracinée à voir l'esprit comme étant dirigé vers le ciel, comme la partie divine de notre être, reflétant nos aspirations spirituelles les plus élevées. Quant à notre corps, avec sa lourdeur, il est associé à la terre. La partie animale de notre être pèse avec ses désirs terrestres et ses instincts primaires. Ainsi, l'esprit était considéré, et dans une certaine mesure l'est encore, comme source du bien, qu'il faut encourager, tandis que le corps ou la chair, est source du mal, qu'il faut réprimer.

Au fil des siècles, souvent et de bien des façons, nous retrouvons l'expression de ce dualisme intense, où l'esprit et le corps sont séparés et antagonistes. Dans l'hindouisme par exemple, avec les pratiques de l'ascèse, le corps doit être puni et nié, pratiquement jusqu'à la destruction, afin de libérer l'esprit et de lui permettre d'avancer sur son chemin vers l'illumination. Dans l'Europe médiévale, la flagellation du corps avec fouets et épines, pour les péchés commis, était une pratique religieuse régulière. Mon propre nom de famille provient d'une pratique similaire, bien que plus douce. En anglais « *woolward-going* » était le terme utilisé pour décrire une pratique, adoptée par les moines qui avaient trahi leurs vœux, qui consistait à porter une chemise en laine rêche contre la peau nue pour punir la chair et élever l'esprit. L'Inquisition s'est donnée pour mission d'éliminer complètement les corps corrompus de ses victimes en les brûlant sur le bûcher, seul moyen sûr de libérer leurs esprits troublés. Dans l'Angleterre puritaine de Cromwell, les plaisirs physiques bruyants, tels que la danse, les fêtes foraines et le théâtre, étaient perçus comme une soumission aux exigences basses et déshonorantes du corps, et comme un avilissement de la dignité et de la pureté de l'esprit humain.

Évidemment toutes ces pratiques, ou la plupart d'entre elles en tout cas, appartiennent au passé. Cependant, la tradition culturelle perdure, et le souvenir persiste. Même à l'époque moderne, de nombreuses personnes qui ne sont pas nécessairement des catholiques pratiquants adoptent la pratique qui consistant à renoncer, pendant la période du Carême, à un plaisir *physique*, comme manger une barre de chocolat ou boire un verre de vin par exemple, en guise de « châtiment » physique symbolique, pour alléger et faciliter le chemin de l'esprit.

Mais soulignons ici qu'en raison de la persistance de cette longue tradition culturelle, sous différentes modalités et sans doute aussi dans une partie de la médecine moderne, il est peut-être difficile pour nous d'accepter l'idée qu'il n'y ait pas de distinction fondamentale entre notre moi spirituel et notre moi physique, entre notre esprit et notre corps. Après tout, nous pouvons voir le corps, mais nous ne pouvons pas voir l'esprit. Nous ne pouvons certainement pas constater qu'ils sont « *deux mais non deux* ». Il s'agit donc d'un concept que nous devons nous efforcer d'appréhender. Reconnaître que la souffrance et le bonheur viennent de l'intérieur, plutôt que de l'extérieur est au cœur de la pratique du bouddhisme. Il en va de même pour la compréhension que notre propre force vitale est primordiale dans notre processus de guérison. Par-dessus tout, réciter peut nous aider à maintenir ou à retrouver notre santé. C'est le concept le plus ancré dans la vision bouddhiste de la guérison.

Heureusement, nous disposons aujourd'hui d'un nombre croissant de preuves scientifiques et médicales pour nous aider à comprendre. En effet, mes fils, qui sont médecins, m'ont appris qu'un nombre croissant de grandes écoles de médecine prennent en compte ce facteur d'auto-guérison et incluent aujourd'hui dans leurs cursus des éléments concernant les effets de guérison profondément bénéfiques des thérapies alternatives ou spirituelles, qui peuvent inclure des pratiques telles que la méditation et la prière.

L'effet placebo

Les scientifiques et les médecins connaissent depuis longtemps l'interaction étroite entre le corps et l'esprit, notamment ce phénomène connu comme « effet placebo ». C'est en fait un indicateur extrêmement important du pouvoir de « deux mais non deux ». Abordons-le très brièvement. Pour étudier les effets des nouveaux médicaments, il existe un protocole d'essai très clair, selon lequel un groupe de patients reçoit un médicament, tandis qu'un autre groupe, le « groupe témoin », reçoit une dose équivalente et similaire d'une substance totalement inerte, comme un comprimé de sucre ou une concoction. Le but de cette méthode est, bien entendu, de permettre aux médecins-chercheurs d'établir la différence entre les *effets* constatés sur deux groupes de personnes similaires : un groupe qui reçoit le médicament, et un autre qui ne le prend pas.

Bien sûr, toute l'information est disponible. En effet, toutes les personnes recrutées pour le test en connaissent les modalités. Mais pour que le test soit efficace, il est indispensable qu'aucun des *patients ne* sache à quel groupe il appartient. Aucun des membres du groupe ne sait s'il reçoit le médicament actif ou le placebo. Désormais, il est largement admis que beaucoup de ceux qui reçoivent le *faux* médicament vont néanmoins présenter des effets *positifs,* souvent très visibles, comme s'ils avaient reçu le médicament. En d'autres termes, la simple *croyance qu'*ils avaient pris le médicament a eu le même effet, ou un effet très similaire à la prise réelle du médicament. La puissance de l'esprit a eu un effet physiologique puissant sur le corps.

Il existe, en outre, un certain nombre de maladies qui, même en termes médicaux conventionnels, ont longtemps été considérées comme découlant en grande partie de l'état d'esprit du patient, plutôt que de causes physiques. Ces affections ont d'ailleurs été spécifiquement qualifiées d'affections « *corps-esprit* » ou « psychosomatiques ». Les symptômes typiques souvent décrits de cette manière sont les ulcères internes et diverses affections cutanées douloureuses comme l'eczéma ou le zona. En d'autres termes, la médecine conventionnelle reconnaît pleinement que le stress ou l'anxiété chronique d'un individu, ou le choc provoqué sur l'ensemble du système par un événement éprouvant, et non pas nécessairement par un dysfonctionnement physique, peuvent affecter profondément le *corps*.

À nouveau, il est important de souligner, une fois de plus, que le bouddhisme n'enseigne, absolument pas, que nous pouvons *remplacer la* médecine moderne par une croyance forte. Le bouddhisme enseigne que nous avons besoin des deux. D'une part la sagesse, pour obtenir le meilleur diagnostic et le meilleur traitement médical possible, et de l'autre, le courage de reconnaître que ce qui guérit notre esprit et notre corps, c'est notre propre force vitale. Nous avons besoin des deux.

Des recherches plus récentes ont démontré qu'il existe un lien direct et permanent entre nos émotions, c'est-à-dire ce que nous ressentons dans notre tête, et le fonctionnement physique de notre cœur. Lors de périodes de stress mental extrême et d'émotions négatives puissantes telles que la colère ou la tristesse, l'efficacité réelle de pompage du cœur est réduite. Lorsque nous ressentons des émotions positives telles que l'optimisme ou la joie, ou lorsque les patients sont encouragés à se concentrer sur des émotions positives et constructives, le cœur se trouve au mieux de son rythme de réponse et de flexibilité.

À long terme, il est désormais reconnu qu'un état de vie négatif continu est clairement associé à une détérioration généralisée des systèmes de l'organisme. Plusieurs chercheurs soulignent différentes réponses physiologiques qui mettent en danger la vie, comme, par exemple une réaction immunitaire affaiblie face à la maladie, un risque accru de maladies cardiaques et d'accidents vasculaires cérébraux, et de cancer.

Heureusement, l'inverse est également vrai. Il y a de plus en plus d'évidences qu'une approche de la vie fortement optimiste et positive renforce le système immunitaire et améliore notre capacité à résister ou à surmonter la maladie, fait baisser la pression sanguine et régule le rythme cardiaque. Le bonheur, pourrait-on dire, peut faire battre le cœur plus longtemps.

Le nombre croissant de recherches médicales et scientifiques montre, dans l'optique du bouddhisme de Nichiren, combien la pratique nous donne un outil extrêmement puissant, à savoir, la capacité de choisir, chaque jour, de remettre en question la négativité dont nous savons maintenant qu'elle peut avoir des effets néfastes sur notre santé physiologique. Chaque jour nous pouvons choisir d'orienter notre vie vers la partie positive de l'éventail, dont nous savons maintenant qu'elle apporte tant de bienfaits pour la santé. Il est clair que la bonne santé ne veut pas simplement dire absence de maladie ou d'anxiété à un moment donné. Elle signifie plutôt la création d'un état de vie fort et positif, que nous pouvons choisir de renforcer chaque jour, et qui nous permettra de faire face et de surmonter la maladie et l'anxiété qui, inévitablement, entreront dans notre vie.

Rentrer chez soi

Tel qu'on pourrait s'y attendre, il y a autant de réactions à cette pratique que de pratiquants. Chacun a sa propre vision. En tout cas, une impression qui revient très souvent, bien qu'en des termes quelque peu différents, est celle de « rentrer chez soi ». De manière extraordinaire, du temps de Shakyamuni, on s'exprimait pratiquement de la même manière. Beaucoup de ses premiers disciples auraient dit que c'était comme si on rejoignait le courant d'un fleuve.

Or, en soi, cela ne suffit pas. Les enseignements de Nichiren doivent être débattus, examinés et testés dans la réalité de notre propre vie. D'ailleurs, il nous invite à le faire. Il nous dit de ne rien prendre pour argent comptant, mais de chercher plutôt des preuves concrètes de cette pratique dans le mouvement quotidien de nos vies et de nos relations.

Mais cette réaction initiale de l'esprit ne doit pas non plus être laissée de côté. Ce bouddhisme ne concerne pas l'intellect, ou plutôt, pas seulement. Il concerne aussi et surtout le cœur. C'est particulièrement important par rapport à ces deux principes fondamentaux : l'unité du soi et de l'environnement dont nous avons parlé dans un chapitre précédent, et l'unité du corps et de l'esprit, thème de ce chapitre. Ces deux principes sont, indéniablement, des idées qui nous interpellent. À bien des égards, elles vont à l'encontre de la tradition culturelle et spirituelle dans laquelle beaucoup d'entre nous avons grandi. Mais il est important que nous les voyions pour ce qu'elles sont. Il ne s'agit en aucun cas d'un simple ensemble de théories intéressantes, mais quelque peu éloignées et académiques. Au contraire, elles représentent avant tout une description pratique de notre réalité quotidienne.

Ces deux idées fondamentales, prises conjointement, cherchent à expliquer comment la pratique de la récitation peut avoir un effet profond sur notre vie et sur notre environnement. À mesure que *nous* changeons et créons de la valeur dans nos vies, nous envoyons les ondes du changement dans notre environnement. De même, l'esprit et le corps n'étant pas séparés mais deux aspects intimement liés de notre vie individuelle, la pratique de la récitation place l'esprit et le corps en harmonie, et, ce faisant, libère l'énergie spirituelle qui nous donne la vitalité nécessaire pour aider à guérir notre corps ou à nous sortir du désespoir.

CHAPITRE TREIZE

Les conceptions modernes de la vie et de la mort

Il serait impossible d'écrire un livre sur le bouddhisme sans aborder la question de la renaissance ou de la réincarnation. En partie parce que c'est l'un des rares termes bouddhistes dont on peut dire qu'il est devenu monnaie courante en Occident. En effet, c'est souvent la première question que les gens soulèvent lorsqu'ils apprennent que vous êtes un bouddhiste pratiquant. Cela les intrigue.

Mais il y a, sans doute, une autre raison, bien plus importante, pour parler de la vision bouddhiste de la fin de la vie. C'est une raison très positive, d'ailleurs ; elle peut être extrêmement bénéfique, et cela pour plusieurs raisons. Pour ceux qui se détournent de toute considération sur la mort et qui refusent simplement d'y faire face, ainsi que pour ceux qui sont la proie à ce sujet d'une forte charge de peur et d'anxiété. Personnellement, je suis arrivé au bouddhisme en partant du catholicisme. L'idée de renaissance ou de réincarnation m'a longtemps posé de grandes difficultés. Pour être tout à fait franc, elles persistent. Cependant, sur la base de cette expérience, j'irais même jusqu'à dire que, quelle que soit la croyance ou l'absence de croyance, l'étude de la vision bouddhiste de la mort et de la relation entre la vie et la mort est à la fois éclairante et utile. Il faut dire également qu'il n'est absolument pas nécessaire de comprendre ou de croire à l'idée de réincarnation pour adopter une pratique bouddhiste.

Le fait essentiel auquel nous devons tous faire face, bien sûr, est que toute vie est en fin de compte une question de mort. Il existe une vieille légende hindoue selon laquelle un dieu a posé un jour la question suivante : « *Quel est le plus grand mystère de l'univers ?* » Personne n'a osé répondre. Personne ne voulait prendre le risque de répondre à une question aussi profonde. Après une longue pause, le dieu donna lui-même la réponse :

« *Le plus grand mystère est que, bien que chaque être humain ayant vécu sur la planète soit mort, aucun être humain vivant aujourd'hui ne peut comprendre facilement que cela lui arrivera aussi.* »

Shakyamuni nous raconte une histoire semblable. Alors qu'il visitait un village, nous raconte-t-on, il a été approché par une mère, frappée par le chagrin de la mort de son enfant. Elle a imploré Shakyamuni, du plus profond de sa douleur, d'employer tous ses pouvoirs pour faire revivre son enfant. Shakyamuni ne l'a pas repoussée, il lui a répondu qu'il ferait revivre son enfant, si seulement elle faisait le tour du village et lui rapportait une graine de moutarde prise dans la demeure d'une famille qui n'aurait jamais perdu personne. La femme est allée pleurer de maison en maison, cherchant la graine de moutarde. À mesure qu'elle faisait son parcours, elle en vint lentement à accepter la mort inévitable pour tous les vivants.

Ces histoires sont inoubliables. Elles vont droit au cœur de la question. Nous reconnaissons tous immédiatement la vérité au cœur de ces histoires. Ce qui est extraordinaire, pour autant que la science nous le dise, c'est que l'homme est le seul vivant qui soit conscient de son caractère mortel. Tout dans l'univers, vivant ou non, passe par le même cycle, le grand cycle de la naissance, la croissance, le déclin et la mort. Tout nous montre que ce cycle sans fin s'applique à tout ce que nous connaissons, depuis la galaxie la plus imposante tournant autour de sa profusion de lumière, dans la périphérie sombre de l'univers, jusqu'au plus petit microbe émergeant dans l'obscurité d'un minuscule fragment de terre.

Je reviendrai sur cette idée fondamentale dans la vision bouddhiste de la vie et de la mort. Mais le point particulier qui nous occupe maintenant est que seuls les êtres humains sont conscients dès leur plus jeune âge du caractère inévitable de la mort. Toutes les autres créatures meurent aussi, bien sûr, mais pour autant que nous le sachions, et on n'en est pas absolument sûr, elles ne prennent conscience de leur mort que très brièvement, tout juste avant qu'elle ne survienne. Nous pouvons donc dire, dans un certain sens, que nous occupons une position très privilégiée. Cependant, vu sous un autre angle, nous pouvons dire que nous portons un lourd fardeau, car nous pouvons considérer la mort de loin, et réfléchir à ce qu'elle signifie par rapport à la vie. En effet, on a souvent dit que le mystère de la mort est le plus grand problème auquel chaque individu est confronté.

Pour la plupart d'entre nous, le fardeau semble peser beaucoup plus que le privilège. Aussi naturelle, normale ou quotidienne qu'elle soit, la mort n'est pas un sujet que nous abordons avec plaisir. Au contraire, nous faisons plutôt de gros efforts pour l'éviter. Et pourtant, tous les jours on en parle dans les journaux et les reportages télévisés à propos d'accidents survenus près de chez nous ou de catastrophes dans différentes régions du monde.

Il y a cependant une grande différence entre regarder la mort de loin, et l'envisager personnellement. En fait, malgré la sophistication et la libéralisation progressives de la société occidentale, la mort reste un sujet tabou. Chacun pourrait se demander quand .il a passé, ne serait-ce que quelques minutes, à parler de la mort. D'une manière générale, en Occident, nous nous sommes arrangés pour nous protéger en réussissant à ce que les morts soient « pris en charge » par un petit nombre de personnes : des équipes médicales et sociales spécialisées, des médecins, des infirmières, des entrepreneurs de pompes funèbres, etc. Nous avons tellement bien réussi au cours des dernières décennies que, même si des milliers de personnes meurent chaque jour, la plupart des Occidentaux continuent de vivre leurs vies, sans avoir le moindre contact avec la mort, jusqu'à ce qu'un proche décède ou qu'ils soient eux-mêmes confrontés à leur propre mort.

C'est, si l'on y réfléchit bien, une situation plutôt singulière. Beaucoup de gens pourraient avancer, j'en suis sûr, que ces comportements sont tout à fait justifiés, et que l'équilibre est à peu près correct. La vie est une question de vie ; elle est pleine de lumière, de variété et d'opportunités, alors que la mort est un abîme sombre et mystérieux dans lequel nous devrons tomber un jour. Nous devrions donc nous tourner vers la lumière et ignorer l'obscurité, passer le moins de temps possible à penser à la mort, jusqu'au jour où elle viendra s'imposer à nous et qu'il faudra simplement l'affronter.

Cependant, cette approche est accompagnée d'une sanction : la peur de l'inconnu. La génération actuelle, peut-être plus que jamais auparavant, en a très peur, en grande partie parce que les consolations offertes par la religion ne sont plus aussi largement acceptées, ni aussi efficaces. Depuis longtemps déjà le processus de déclin et d'érosion de l'influence religieuse s'étend, avec la montée en puissance et l'influence de la science et de la technologie dans tous les aspects de notre vie. Nous nous sommes éloignés des commandements et des promesses de la religion pour nous tourner vers les preuves et les certitudes de la science. Cependant, alors que la religion nous parle beaucoup de la signification et des implications de la mort, comme étant une partie de la vie, la science n'a pratiquement rien à en dire. C'est peut-être la principale raison pour laquelle la mort est aujourd'hui presque universellement redoutée et considérée comme une tragédie, une grande perte, plutôt que comme l'événement naturel et humain qu'elle est.

C'est une vision de la mort que l'on retrouve de manière précise et poignante dans le célèbre poème de Philip Larkin, L'Aubade.

« *Tout le jour au travail, et presque ivre la nuit.*
Je marche à l'aube, scrutateur d'un noir sans bruit.
Viendra le temps que les rideaux vont s'éclaircir.

Je vois pour l'heure, tel qu'il est, là, le réel :
mort éternelle, et tout un jour qui va venir,
abolissant toute pensée mise à part celle
des comment, quand et où moi-même je mourrai.
Vain questionnement : pourtant l'anxiété
de mourir, d'être mort,
m'incite à tenir bon, à m'effrayer encore.
Tête vide au regard. Non qu'on soit repentant
– le bien qu'on n'a pas fait, l'amour exclus, le temps
passé à ne rien faire – ou se sente piteux :
la vie souvent requiert longtemps pour s'épurer
de ses mauvais débuts, et parfois ne le peut ;
mais à jamais le vide et son entièreté,
L'extinction certaine où nous sommes conduits,
où nous perdre à jamais. Et n'être plus ici,
ni en nul autre endroit
bientôt ; rien de plus vrai...[30] »

Une vision vraiment déchirante du vide à la fin de la vie. Mais il y a un autre facteur qui, je pense, est devenu de plus en plus important, qui contraint les gens de toutes générations, jeunes et vieux, à faire face aux questions difficiles posées par la mort. La science médicale est devenue si puissante en termes d'allongement de la dernière période de notre vie, lorsque beaucoup de nos facultés et de nos capacités physiques sont nettement diminuées, que nous sommes confrontés à une période beaucoup plus longue, souvent plusieurs années, pour contempler l'obscurité de la mort. Cela est vrai aussi bien pour les personnes âgées, que pour les jeunes qui

---

[30] Traduction de Lionel-Édouard Martin – Extrait du blog Lire, Écrire, Traduire. www.lionel-edouard-martin.net

doivent assister à la perte de facultés de leurs parents. Pour toutes les personnes concernées, cette période peut être extrêmement douloureuse et laisser de profondes cicatrices pour ceux qui restent. Voilà une excellente raison pour que tout un chacun puisse regarder et affronter courageusement sa propre mort.

Il y a deux options principales à envisager. D'une part, une vision religieuse, construite au cours de nombreux siècles de contemplation et de révélation. De l'autre, une vision scientifique, qui a émergé au cours des deux derniers siècles environ, à mesure que la science a supplanté la religion en tant que force sociale dominante.

Le point de vue religieux : l'aspiration à l'immortalité

Toutes les religions visent essentiellement à transmettre leur sagesse accumulée sur les aspects de notre existence que nous ne pouvons ni voir ni toucher. D'où venons-nous ? Quelle est la nature de notre vie spirituelle ici-bas ? Où allons-nous quand nous serons partis ? C'est l'essence même de toutes les religions. C'est ce dont elles parlent. Il est clair qu'aucune religion n'a le monopole de la vérité dans ces domaines puisqu'il s'agit, par définition, de spéculation. Il ne peut rien y avoir qui ressemblerait à une preuve empirique. C'est un point essentiel et souvent négligé. Nous pouvons, à juste titre, exiger des preuves de la part de la recherche scientifique, car il s'agit en général de ce qui peut être mesuré, pesé ou observé. Nous pouvons donc exiger de l'expérience scientifique qu'elle réponde à des questions du type : est-ce vrai ou faux ? En revanche, en ce qui concerne les religions qui traitent de l'invisible et de l'incommensurable, la question est très vaste. Il est bien plus logique d'appliquer un critère tout à fait différent, qui pourrait être exprimé de la manière suivante : « Est-ce que cela fonctionne ? »

Cela nous ramène à l'une des questions fondamentales et présente tout au long de ce livre, à savoir la *raison d'être de la* religion dans nos vies. Est-ce qu'elle fonctionne ? C'est-à-dire, est-ce qu'elle nous aide à vivre une vie plus complète ? Est-ce qu'elle nous aide à évaluer des situations et à prendre des décisions permettant d'accroître la somme totale du bonheur humain ? Est-ce qu'elle nous aide à mourir en paix ?

Sur ce point, nous sommes essentiellement au niveau de la spéculation. Or, ici, deux points clés semblent se détacher. Le premier est que nous devons tous faire face à notre mortalité à un moment ou à un autre. Et même si la discussion religieuse sur la mort se situe en marge de notre vie, elle continue de faire partie de l'environnement culturel dans lequel nous avons grandi. C'est ce qui nous encourage donc tout au moins à réfléchir sur la mort et à composer avec elle. Il faut dire que notre environnement culturel influence profondément la façon dont nous vivons notre vie.

Le deuxième point est que pratiquement toutes les religions enseignent que la mort n'est pas un point final, une transition de la vie vers le néant. Toutes les grandes religions du monde proposent la consolation d'une certaine forme de vie spirituelle après la mort. La nature précise de cet état de vie éternelle est fondamentalement différente, comme on s'en doute, d'une religion à l'autre.

Cependant, elles offrent toutes la promesse énorme et saisissante de continuité, thème qui a occupé une place spéciale tout au long de l'histoire de la civilisation. C'est ce que l'on appelle le *désir d'immortalité*.

Plus nous remontons dans le passé, plus nous constatons que dans toutes les civilisations, les morts étaient enterrés non seulement avec un grand respect, mais aussi avec les possessions et le mobilier dont ils auraient éventuellement besoin dans l'au-delà, pour y retrouver leur statut et leur permettre de vivre avec un certain confort.

Aujourd'hui, les personnes ne sont plus enterrées avec leurs possessions. Mais la croyance fondamentale en l'immortalité demeure. Les traditions chrétienne et islamique, par exemple, enseignent que chaque individu a une vie *unique*, et que cette vie est créée et lui est donnée par Dieu. De plus, il a une âme ou une essence spirituelle qui vit après la mort, pour toute l'éternité. Ce qui arrive précisément à l'essence spirituelle dépend beaucoup de la vie qui a été vécue. Elle peut être envoyée soit dans un lieu de punition, l'Enfer, ou dans un lieu de récompense, le Ciel, ou encore dans un lieu intermédiaire, le Purgatoire. Il semblerait que l'Église catholique moderne soit en train de mener un processus qui devrait aboutir à l'élimination de l'idée du purgatoire.

Selon plusieurs religions orientales ou asiatiques comme l'hindouisme et, notamment le bouddhisme, l'identité physique se dissout. Cependant, l'existence éternelle d'une force de vie spirituelle ou « entité de vie » persiste éternellement, et réapparaît dans une nouvelle vie après celle qui s'est éteinte. Elle ne s'éclipse jamais.

Les différences doctrinales entre le concept d'âme et celui d'entité de vie sont très importantes. Cependant, quel que soit le cas, il y aurait un noyau essentiel de l'être qui atteindrait l'immortalité.

La vision scientifique de la mort : la fin

Répétons que la science n'a pas grand-chose à dire sur la mort. Elle peut se référer très précisément à la conception et à l'évolution du fœtus dans l'utérus, et à la dissolution des caractéristiques physiques du corps après la mort. Mais, et cela semble tout à fait normal, elle ne saurait se prononcer sur ce qui pourrait être décrit comme une âme, ou sur l'existence continue d'une entité spirituelle. Ces questions dépassent largement le cadre scientifique. Certes, les implications de la position scientifique ne s'arrêtent pas là. Selon la logique scientifique lorsque le corps se décompose, le cerveau se décompose aussi, et avec lui toutes les caractéristiques que nous associons normalement au cerveau, y compris l'esprit, la conscience, la mémoire et la conscience de soi. Bref, tous les éléments que nous avons l'habitude d'utiliser pour définir notre individualité. Les philosophes peuvent parler de l'esprit en termes de capacité totale à penser et à ressentir. Et la plupart d'entre nous serions enclins à être d'accord avec ce genre d'idée. Notre esprit est merveilleux, unique ; il reflète tout ce que nous sommes, tout ce que nous pensons et ressentons, tout ce que nous vivons et désirons. Or, les scientifiques décrivent généralement l'esprit en termes de mouvement d'ions de potassium et de sodium à travers les membranes cellulaires. C'est peut-être le cas ; je ne suis pas en mesure d'en juger. Qui d'ailleurs le pourrait ? Tout ce dont nous pouvons être sûrs, c'est que les membranes cellulaires ne survivent pas à la décomposition du corps.

Le concept selon lequel un soi essentiel ou spirituel « quitte » le corps au moment de la mort et continue d'exister dans un autre environnement est donc jugé irrationnel et non scientifique, et donc très difficile à soutenir. C'est l'une des principales raisons de l'argument selon lequel la marche accélérée de la science au cours des cent dernières années, malgré tous ses avantages incontestés, a joué un rôle clé dans l'érosion du fondement d'une philosophie spirituelle cohérente dans la société occidentale. Cette situation est peut-être à l'origine de l'incertitude, de l'instabilité et de l'errance spirituelle qui caractérisent la société contemporaine.

Il est paradoxal pourtant que de nombreux scientifiques consacrant toute leur vie à la poursuite dévouée du rationnel et du définissable, conservent néanmoins une croyance inébranlable en l'existence d'une forme d'après-vie. Quelle ironie ! Cependant, c'est aussi, bien sûr, une source de grand réconfort pour nous. Évidemment l'homme ne peut exclusivement pas vivre de la science !

Le point de vue scientifique rationnel place néanmoins les organisations religieuses face à ce questionnement. En effet, leurs enseignements sur l'après-vie seraient fondés non pas tant sur une connaissance profonde, mais plutôt sur de tout autres motifs, tels que le fait d'apporter consolation et espoir à ceux qui, comme Philip Larkin, craignent le vide de la mort. Ou encore qu'elles cherchent à établir un puissant levier moral pour amener les gens à vivre mieux et de manière plus responsable ici et maintenant, afin d'éviter la punition divine dans l'avenir.

La grande révolution qui a divisé l'Église catholique au XVIe siècle s'est produite, en partie, parce que l'Église prétendait avoir des connaissances sur les mystères de la mort, et qu'elle s'en servait pour manipuler les croyants. En effet, à l'époque, elle avait même mis en vente ce que l'on connaît sous le nom d'Indulgences papales, promettant qu'elles permettraient aux gens d'échapper, dans l'autre vie, aux effets des péchés commis ici-bas. De cette manipulation universelle est né le schisme de la Réforme.

Cela soulève la question qui est vraiment au cœur de tout ce débat, et qui est fondamentale pour nous tous, à savoir l'effet que produit notre attitude face à la mort sur la façon dont nous vivons notre vie sur terre. Nous pouvons penser qu'il n'y en aurait aucun, mais il n'en est pas ainsi. Les effets sont profonds.

Une question de vie ou de mort

Au Moyen Âge, lorsque l'influence de l'Église était à son apogée en Europe, on plaçait dans les églises, bien visibles de tous, des représentations du Jugement Dernier qui montraient avec force détails les glorieuses récompenses du Ciel ou les féroces punitions de l'Enfer, correspondant aux bonnes ou aux mauvaises actions dans la vie. Ces images n'étaient pas simplement décoratives. C'était pour l'Église la méthode de son enseignement fondamental pour les analphabètes. L'Église voulait que la vision de la *mort,* ainsi représentée, exerce une profonde influence sur la façon dont les gens *vivraient.*

Les temps ont changé radicalement, mais la nature humaine a-t-elle changé ? On exige aujourd'hui des médecins chercheurs qu'ils soient plus précis que jamais pour définir le moment exact où l'étincelle de vie apparaît dans le fœtus et celui où elle s'éteint quand on meurt. Rappelons l'énorme discussion suscitée en 2005 aux États-Unis lorsque fut prise la décision de cesser l'alimentation par sonde d'une jeune femme paralysée, Terri Schiavo. Tout le monde a eu son mot à dire, depuis l'homme de la rue jusqu'au président lui-même. Tout-à-coup, chacun a été amené à s'interroger sur le choix difficile entre la vie et la lumière (même dans le cas d'une vie aussi détériorée) et la mort, ce grand inconnu.

On pourrait affirmer par exemple que l'horreur moderne des attentats-suicide, lorsque quelqu'un est prêt à mettre fin à sa vie pour une cause, *ne* peut *exister que* parce qu'il existe l'idée, à tort ou à raison, qu'une mort dans de telles circonstances ouvre un passage instantané vers un paradis dans lequel cette personne vivra dans un bonheur parfait. Je m'empresse de souligner l'expression « à *tort ou à* raison ». J'ai lu et étudié le Coran avec des professeurs islamiques, à une époque où je vivais et travaillais au Moyen-Orient, mais je ne suis pas en mesure de dire si cette promesse existe ou non dans ses pages, et je ne voudrais, en aucune façon, le suggérer. À ma connaissance, les différentes autorités islamiques semblent également être divisées sur la question. Mais il ne fait aucun doute que, quelle que soit la vérité, cette notion existe sous une forme ou sous une autre, ne serait-ce que comme propagande, et sert clairement à attirer des jeunes, prêts à donner leur vie de cette manière si singulière. En ce sens, il ne fait aucun doute que leur vision de la *mort* influence profondément leur façon de *vivre*.

Pour prendre un exemple plus prosaïque et moins extrême, si l'on considère que la mort est la fin ultime, et que rien ne vient après elle, il n'est pas difficile d'imaginer qu'elle pourrait bien motiver une approche égocentrique de la vie, envisagée à court terme et opportuniste. Une vie largement centrée sur l'acquisition de biens et l'ostentation, avec très peu, voire aucune préoccupation quant à l'impact sur les autres ou sur le monde qui nous entoure. Une telle attitude pourrait faire de notre vie une course pour imiter, ou mieux faire, et avoir davantage que les voisins. Nombreux sont ceux qui affirment que c'est là, à bien des égards, la *marque distinctive* de la société actuelle. Un consumérisme rampant, souvent désespéré, qui est même prêt à accepter la destruction de l'environnement qui nous maintient tous en vie.

Dans un tel scénario, la mort signifierait la perte et la négation de tout ce pour quoi on a vécu en termes de possession matérielle ; le fait alors d'envisager la proximité de la mort serait source de peur et de stress. Elle *ne* pourrait être envisagée *que sous l'*angle de la perte. Il existe, d'ailleurs, une expression fort sage pour décrire cette situation désespérée : « *Vous ne pourrez pas l'emporter avec vous* », nous rappelle-t-on. L'implication claire est que nous devons dépenser et jouir au maximum de la vie, dans une sorte de course effrénée avant que la fin n'arrive. Nous pourrions être tentés de croire qu'il s'agit d'un état caractéristique des temps actuels, né de la consommation ostentatoire du dernier siècle environ. Cependant, déjà Nichiren Daishonin s'était adressé de manière bienveillante aux personnes qui l'entouraient et qui étaient confrontées au même dilemme, très humain :

« *Même si vous évoluez en compagnie des plus grands nobles de la cour, les cheveux relevés élégamment comme des nuages et les manches flottant comme des tourbillons de neige, de tels plaisirs, lorsqu'on y pense, ne sont guère plus qu'un rêve à l'intérieur d'un rêve. Finalement, il vous faudra reposer sous le tapis d'herbe au pied de la colline et tous vos dais ornés de joyaux et vos tentures de brocart ne signifieront plus rien pour vous sur la route de l'après-vie*[31]. »

À l'inverse, si l'on envisage la mort comme le moment du *jugement*, lorsque les combats pour gérer les plaisirs, assumer les douleurs et faire face aux tentations de la vie terrestre seront pour ainsi dire mis sur la balance par le dieu suprême qui a créé toute vie, alors les effets d'une telle vision seront considérés autrement. On pourrait imaginer une sorte de corde de sécurité si solide et si apparente qu'elle pourrait nous aider à traverser tous

---

[31] Les écrits de Nichiren. 13 – Conversation entre un sage et un ignorant – p.107 (Soka Gakkai – Bibliothèque du Bouddhisme de Nichiren) nichirenlibrary.org

les problèmes de la vie avec la vision inébranlable d'une vie merveilleuse après la mort. Mais cette vision pourrait aussi générer crainte, prémonition et culpabilité, jetant une ombre puissante sur les dernières années de la vie. À la mort du pape Jean-Paul II en avril 2005, dans l'édition du *Time* Magazine qui couvrait l'événement, on pouvait lire, sous une image clé cette légende forte : « *Le pape s'est assuré que son message soit clair : à Dieu seul de donner la vie... et de la reprendre.* » Il serait bien difficile en effet de s'arrêter à une telle vision de la mort sans qu'elle n'ait un impact sur la vie elle-même.

À nous de choisir

Où nous mène alors cette brève discussion sur les deux principales options, la vision religieuse et l'approche scientifique de la vie après la mort ?

Il y a trois points principaux que je voudrais soulever.

Tout d'abord, aussi dominante que soit la science dans la société moderne, il serait imprudent de lui laisser le dernier mot sur la nature de la mort, puisque la mort est hors de sa portée. La science ne prétend pas, d'ailleurs, être en mesure de se prononcer sur des questions de spiritualité ou sur la nature de l'éternité. Elle a choisi d'exprimer son autorité uniquement dans les domaines où la recherche scientifique a abouti à des résultats. Daisaku Ikeda l'a dit de façon très succincte :

« *Les théories scientifiques sont soumises, et doivent être soumises, à des tests de validité théoriques et expérimentaux. Les méthodes d'évaluation des hypothèses religieuses sont, cependant, différentes. Pour commencer, les hypothèses religieuses doivent être jugées sur la façon dont elles expliquent le phénomène de la vie à l'intelligence humaine ordinaire. Ensuite, elles doivent être jugées sur leur efficacité à fournir une base pour le jugement et l'action humaine. En d'autres termes, nous devons nous demander si les hypothèses scientifiques sont vraies, alors que nous devons nous demander si les hypothèses religieuses ont une quelconque valeur pour l'amélioration des qualités de l'humanité[32]. »*

Le deuxième point est que l'idée d'une vie après la mort, quel qu'en soit son contenu, est une notion que le temps n'a pas abolie. Sous une forme ou sous une autre, elle s'est maintenue tout au long de l'histoire de l'humanité. Elle a pris des formes similaires dans des cultures très différentes et dans des sociétés très éloignées les unes des autres. Cette persistance n'apporte, bien sûr, aucune preuve ni aucune validation. Par définition, il est impossible de le savoir. Il s'agit d'une spéculation. Tout ce que la persistance prouve, c'est que ces idées répondent à un besoin profond de la psyché humaine. Elles en sont, pourrait-on dire, une partie essentielle.

Et le troisième point est que ces idées sont peut-être de la spéculation, mais qu'elles sont profondément bénéfiques, même à l'échelle de l'évolution. L'homme est essentiellement un animal social. Il n'a pu survivre et s'épanouir que dans des groupes sociaux. L'idée qu'il existe une après-vie, et que cette dernière soit

---

[32] Daisaku Ikeda, *Living the Gosho* (Le Monde du Gosho) *Vol 1*. Traduit par nous.

profondément influencée par la façon dont nous vivons nos vies actuelles, a d'immenses implications sociales. Non seulement elle peut fournir un noyau de force intérieure et de résilience à l'individu au cours de périodes difficiles et éprouvantes, mais elle encourage clairement des qualités *sociales* extrêmement difficiles à expliquer en termes d'évolution, comme l'altruisme, le souci d'autrui, et les actes de générosité.

De ce point de vue, le concept religieux de vie éternelle a un pouvoir extraordinaire pour améliorer la qualité de la vie humaine. Il contient la promesse constante que les actions qui créent de la valeur pour les *autres* comme pour soi-même, les actions qui soutiennent et maintiennent les *autres au* sein du groupe, apporteront des avantages dans la « vie » à venir. En attendant, ils améliorent la capacité de survie et la qualité de vie du groupe dans son ensemble.

Ce concept répond donc précisément au critère que Daisaku Ikeda a exposé dans la citation ci-dessous :

« ... *nous devons nous demander si les hypothèses scientifiques sont vraies, alors que nous devons nous demander si les hypothèses religieuses ont une quelconque valeur pour l'amélioration des qualités de l'humanité.* »

C'est dans ce contexte que nous pouvons examiner la vision bouddhiste de la vie et de la mort.

CHAPITRE QUATORZE

La vision bouddhiste de la vie eternelle

Il a souvent été dit que les questions profondes sur la mort sont au cœur de la philosophie bouddhiste. Cela est en effet très clair dans les histoires de vie du Bouddha Shakyamuni et de Nichiren Daishonin. Shakyamuni a quitté sa maison et sa famille, ému par les grandes souffrances qu'il voyait autour de lui, provoquées notamment par la vieillesse, la maladie et la mort. Il sentait qu'il devait résoudre ces problèmes d'une manière ou d'une autre, afin de pouvoir ensuite aider les gens ordinaires à surmonter les difficultés provoquées par de telles situations. De même, lorsque Nichiren est entré dans un monastère à un très jeune âge (environ 12 ans), il a été tellement ému par la souffrance causée aux gens ordinaires par la confusion des enseignements de l'époque, qu'il s'est lui aussi concentré sur le mystère posé par la mort. Il avait le sentiment qu'il ne pouvait pas aborder correctement les souffrances de la vie tant qu'il n'aurait pas compris le mystère de la mort.

L'implication pour nous semble claire. En effet, bien qu'il ne soit pas nécessaire de croire en l'idée de la réincarnation pour commencer à pratiquer le bouddhisme, il est important de se familiariser avec la vision bouddhiste de la mort et de sa relation avec la vie.

Le bouddhisme enseigne l'éternité de la vie, c'est-à-dire que toutes les formes de vie, y compris celle des êtres humains, naissent et que ces formes de vie meurent, mais que la force vitale qui les habite est éternelle. C'est-à-dire qu'il n'y a ni création, ni disparition de matière. Ce qui est assez extraordinaire dans cet enseignement, c'est sa modernité. Il convient de rappeler que le concept selon lequel il ne peut y avoir ni création ni destruction de l'énergie est également fondamental pour la physique moderne. Il existe un ensemble de lois physiques qui portent le titre quelque peu pesant de « lois de conservation de l'énergie et de la matière ». Selon ces lois toute la matière et toute l'énergie présentes dans l'univers représentent une quantité invariable. On ne peut ni l'augmenter, ni la réduire. Cependant, elle est constamment *interchangeable, de* sorte qu'elle peut passer d'une *forme* à une autre ou d'un état à un autre, dans un cycle éternel constant.

Ainsi par exemple l'énergie thermique du Soleil peut se combiner avec divers nutriments du sol pour produire, à partir d'un minuscule semis, un arbrisseau qui deviendra plus tard un arbre énorme dans la forêt. Cet arbre peut aussi être abattu, en cours de croissance, puis débité en bûches et brûlé, produisant ainsi une certaine quantité de chaleur et de lumière, et un tas de cendres. La *forme* de la matière et de l'énergie aura donc radicalement changé, mais à la fin du processus, nous dit la science, la *somme totale de* toute la matière et de l'énergie thermique et lumineuse impliquées dans ces processus restera constante. Rien n'est perdu, et rien n'est gagné.

Une autre possibilité est que ce même arbre pousse pendant de nombreuses années avant d'être fauché par une tempête et de commencer à se décomposer lentement dans le sol de la forêt. Pendant cette période de décomposition, il deviendra certainement foyer et source de nourriture de colonies entières de plusieurs autres êtres vivants, depuis les microbes et les insectes jusqu'aux mousses et aux lichens. Et chacun subira le même cycle de naissance, maturation, déclin et mort. Tout ce qui changera, dans chaque cas, sera l'échelle de temps. Pour certains insectes ce sera une question de mois ; d'années pour les mousses et les lichens ; de centaines d'années pour l'arbre lui-même. Mais le point essentiel est qu'à chaque étape du processus, la matière et l'énergie auront simplement changé de forme d'un état à l'autre. Quand toutes les additions seront faites, quand toutes les transformations de l'énergie et de la matière seront prises en compte, la science nous le dit une fois de plus, *rien n'*aura été ajouté par rapport au total de l'énergie et de la matière existant déjà dans l'univers, et *rien n'aura* été perdu ou n'aura échappé de l'univers. De nombreuses formes de vie seront nées et de nombreuses formes de vie seront mortes. Mais la somme totale de l'énergie et de la matière dans l'univers restera la même.

Ce qui est extraordinaire, répétons-le, c'est que le bouddhisme enseigne presque exactement le même concept. Même si, et il convient de le souligner, le bouddhisme ne cherche en aucune façon à valider la science, pas plus que la science ne cherche à étayer les enseignements de la religion. En tout cas, il est remarquable que, par la nature inexplicable de son illumination, Shakyamuni ait enseigné la loi de la conservation de l'énergie et de la matière, plusieurs centaines d'années avant qu'elle ne reçoive un nom.

La continuité et le renouvellement

Pour résumer, le principe bouddhiste de l'éternité de la vie incarne l'idée centrale de continuité et de renouvellement.

Pour le bouddhisme, la mort n'est pas la fin. C'est plutôt une période de repos. Ou plutôt en d'autres termes, ce que nous appelons vie ne constitue pas *un* seul état. Elle représente *deux* états. Il y a des périodes d'existence active et manifeste sur cette planète, et des périodes de repos ou de latence que nous appelons la mort. Pour le bouddhisme, ces périodes de latence ne représentent ni une existence ni une non-existence. Ce sont des périodes au cours desquelles la force vitale, ou l'énergie vitale, qui était inhérente à notre vie, replonge, pour ainsi dire dans l'océan d'énergie vitale qui remplit l'univers. Notre énergie vitale, ou « entité vitale », alterne entre ces deux états, dans un cycle qui se répète en permanence. Ainsi, l'idée centrale du bouddhisme est que chaque période de la vie contient un potentiel de mort ; et chaque période de mort, contient le potentiel de la vie suivante. Rien n'est créé, rien n'est détruit. À chaque période de vie active et manifeste, nos vies suivent le cycle fondamental qui est commun à tout dans l'univers, voire à l'univers lui-même. Nous naissons, nous grandissons, nous déclinons et nous mourons. L'énergie vitale de notre vie change alors simplement d'état, pour passer doucement, de la mort à l'état de latence, pour s'écouler à nouveau, sans à-coups, vers une nouvelle vie.

Dans les lettres adressées à ses disciples, Nichiren a cherché, à plusieurs reprises, à décrire ce sentiment de *continuité* de la vie et de la mort, comme étant les deux fonctions de la vie éternelle.

L'analogie qui nous est la plus proche, et avec laquelle nous sommes immédiatement familiers, est le cycle, constamment répété, de la veille et du sommeil. Nous nous levons le matin et nous nous lançons dans toutes sortes d'activités avec une énergie renouvelée. Nous voyageons, nous sommes en relation avec d'autres personnes, nous répondons aux problèmes et aux défis, nous réfléchissons et prenons des décisions concernant d'autres personnes. Nous rions et pleurons, peut-être, nous éprouvons de la colère et de la jubilation ; puis, tard dans la soirée, lorsque nous en avons eu assez, pour le moment, de penser et d'agir, nous nous endormons.

Lorsque nous dormons d'un sommeil profond, nous quittons essentiellement notre vie. Nous sommes, en termes pratiques, inconscients. Nous pouvons, bien sûr, rêver. Mais nous n'*avons pas l'initiative* de pensées ou d'actions. Bien que le sommeil soit pour nous un phénomène qui va de soi, aux yeux des scientifiques, c'est encore un mystère. Il s'agit d'un état tellement différent, que sa fonction et la relation du sommeil avec notre être, quand nous sommes réveillés, reste une énigme. Ils ne peuvent toujours pas identifier, par exemple, une fonction *biologique* vitale qui serait restaurée par le sommeil. Les muscles du corps, par exemple, ne semblent pas avoir besoin de sommeil. Des périodes intermittentes de relaxation leur suffisent. Ceux qui se sont le plus rapprochés de l'identification d'un objectif concernant le sommeil, ont constaté qu'il semblerait que le sommeil serve, d'une certaine manière, à rafraîchir le cerveau, et à lui donner le temps de consolider tous les flux d'informations qu'il a rassemblés pendant la veille.

Et parmi les rares aspects qui *ressortent* clairement du mystère général, on trouve le fait que le sommeil est absolument universel et vital. Dans tout le règne animal, de haut en bas, depuis l'imposante baleine bleue jusqu'à la minuscule mouche à fruits, les périodes de sommeil sont absolument indispensables. Le sommeil est donc, avec la nourriture et l'eau, un ingrédient essentiel à la vie. De plus, si l'être humain retarde son sommeil pendant une période prolongée, il devient progressivement incapable de fonctionner comme un animal cohérent et actif, jusqu'à ce que son cerveau se bloque tout simplement, comme un ordinateur surchargé qui ne peut plus maintenir son activité. Nous *devons* dormir.

Après avoir dormi, on se lève à nouveau, et on s'engage dans toutes sortes d'activités avec une énergie renouvelée. Nous voyageons, nous sommes en relation avec d'autres personnes etc...

Le sommeil n'est donc pas simplement l'*absence de* pensée et d'action. Il peut être considéré comme un état d'être différent. En ce sens, notre vie quotidienne ordinaire comporte *deux* phases clairement définies et nettement différentes : une phase d'activité, et une autre de repos. Ce sont, pour ainsi dire, deux volets du même être humain. De même, le bouddhisme enseigne que la vie et la mort sont les deux phases de la vie, inhérentes à la vie humaine ordinaire.

Vu sous cet angle, la mort n'est pas un phénomène totalement différent. Ce n'est ni un final ni un anéantissement. C'est un état d'être différent. Pour le décrire, le bouddhisme utilise l'expression « ni existence ni non-existence ». N'ayant pas un terme équivalent précis, nous pouvons parler de « latence ».

Nous savons bien que l'état de sommeil est très différent de l'état de veille, et que sa nature et son but ne peuvent que faire l'objet d'hypothèses ou de suppositions de la part des scientifiques. Aussi, ne devrions-nous pas nous sentir mal à l'aise face à la difficulté que nous pose l'idée de ce concept de « *ni existence ni non-existence* ». C'est un domaine qui suscite, par définition, beaucoup de spéculation, mais peu de certitude. Le point le plus important est que nous devrions nous pencher sérieusement sur la question pour aller plus loin dans notre compréhension, et réduire nos craintes.

Tout ce qui a été dit jusqu'à présent peut ne poser aucun problème pour le croyant, et apporter de la consolation à l'esprit humain craintif. Mais le sceptique se demandera toujours : « Quelle est précisément la nature de ce qui est éternel ? »

Voilà la question cruciale, n'est-ce pas ? Le fait est que, concernant le processus, la seule partie dont nous ayons connaissance est que l'ensemble des protéines et des éléments chimiques qui constituent le corps physique de toutes les personnes se désintègre et se décompose peu après la mort. Cela ne fait aucun doute, et nous savons que ce processus inclut les éléments fonctionnels essentiels, tels que le cerveau et la mémoire. Alors, comment décrire qu'une partie essentielle de ces mêmes personnes participe d'un processus éternel ?

La nature de l'identité

Bien que la vision chrétienne de la vie et de la mort nous soit très familière, il est utile de la rappeler brièvement afin de souligner les différences avec la vision bouddhiste. Essentiellement, le christianisme enseigne qu'au moment même où le spermatozoïde et l'ovule se rencontrent, Dieu crée une vie unique, dans laquelle il implante une essence spirituelle unique appelée âme. Lorsque la vie individuelle s'achève avec la mort, l'âme, qui lui est *propre* et qui s'identifie totalement à elle, vit éternellement soit dans le Ciel, soit en Enfer, soit dans un lieu intermédiaire appelé Purgatoire. Selon ce point de vue, qui est à la base même de la culture occidentale, chaque individu n'aurait qu'*une seule* vie physique sur terre, et les événements qui ont lieu pendant cette seule vie régissent ce qu'il adviendra de l'âme pour l'éternité.

Pour sa part, le bouddhisme n'a pas le concept d'âme, et ne partage pas l'idée qu'il y aurait un processus que l'on pourrait appeler création, étant donné que toute la matière et toute l'énergie existent déjà dans l'univers et que rien ne peut y être ajouté. Il propose en revanche le concept essentiel de parcelle d'énergie vitale, ou *entité vitale*. Au cours de la phase de vie, une entité de vie individuelle s'associe aux éléments ou composants essentiels nécessaires pour former un individu. À la mort, ces éléments ou composants se séparent ou se dissocient, et l'entité de vie s'éloigne et entame une période de latence. Lorsque les conditions sont réunies, elle retourne à nouveau, et réapparaît avec un autre ensemble d'éléments essentiels pour former une *autre* vie individuelle. Et ainsi de suite, éternellement.

Le bouddhisme désigne les éléments essentiels qui se rassemblent lorsque le sperme féconde l'ovule ou lorsque la vie individuelle commence, comme les Cinq Composants. Il est important de rappeler que ces cinq composants définissent l'être dans son *ensemble*, c'est-à-dire les aspects physiques et spirituels de la vie de l'individu car, comme nous l'avons vu, dans le bouddhisme, le physique et le spirituel sont inséparables. Examinons brièvement ces cinq composants :

- *La forme*, c'est-à-dire le corps physique, et les capteurs ou sens dont nous disposons, et qui nous permettent de recevoir un flux continu d'informations sur notre environnement.
- *La perception*, ou processus qui consiste à recevoir ce flux d'informations à travers nos sens et à l'organiser pour donner un sens à ce qui se passe autour de nous.
- *La conception*, c'est-à-dire la capacité intrinsèque que nous avons d'interpréter l'information qui nous arrive en permanence et de la décrypter ensuite de manière à ce qu'elle ait un sens pour nous.

- *La **volition**,* ou volonté d'engager des actions sur la base de notre flux continu d'interprétations.
- *La **conscience**,* qui représente notre capacité de continuer à mener les processus ci-dessus, c'est-à-dire, recevoir les informations, comprendre leurs dimensions physiques et émotionnelles, porter des jugements et prendre des décisions à leurs sujet et enfin, entreprendre des actions.

Les cinq composants se réunissent pour définir chaque vie individuelle et restent ensemble dans un processus constant de changement et d'interaction au fur et à mesure que l'individu traverse sa période de vie active. Comme nous le savons tous, à notre grand regret, notre « forme », ou notre apparence, change radicalement au cours de notre vie, au point que parfois nous devenons pratiquement méconnaissables. En vieillissant, nous changeons à tous les niveaux. De plus, la plupart de nos cellules changent complètement tous les sept ans environ. Pourtant, nous savons qu'au cœur de notre vie, nous avons un moi essentiel, reconnaissable par nous-mêmes et par tous nos amis.

De multiples points peuvent être soulevés à propos de ce concept des cinq composants. Mais il y en a deux qui me semblent essentiels pour une compréhension de base. Le premier est que la réunion des cinq composants est une question purement *temporaire*. Ils ne restent ensemble que le temps de notre vie. C'est ce qu'on appelle la Vérité de l'existence temporaire, qui exprime non seulement la brièveté fugace de la vie humaine, mais aussi le fait essentiel que chaque entité de vie représente une fusion *unique des* cinq composants. Ils ne se réuniront plus jamais de *cette* même *manière,* car les causes et les conditions qui ont été à la base de cette vie ne peuvent jamais être les mêmes. Ainsi, après la disparition d'une personne, les cinq composants ne se réuniront plus pour former l'entité de vie de cette même personne.

Dans le bouddhisme, la mort est définie comme le moment où l'interaction entre les cinq composants qui a commencé dans l'utérus arrive à sa fin. Il se peut que la mort survienne à un moment unique et clairement défini, comme un accident de voiture ou après une longue période de déclin, lorsque le corps vieillissant perd lentement sa capacité de fonctionner. Dans les deux cas, dès que la *Forme,* ou le corps, n'est plus capable de maintenir ensemble les autres composants, la conception, la perception, la volition et la conscience se dissocient. Cette vie unique prend une fin. La parcelle de force vitale qui lui était inhérente s'échappe et entre dans une période de latence.

Le deuxième point, qui peut surprendre, est qu'il n'y a rien dans cette description bouddhiste de la vie qui soit essentiellement en contradiction avec les explications scientifiques de la vie. Nous avons déjà examiné brièvement le fait que les lois de la physique décrivent un univers qui est remarquablement conforme à la vision bouddhiste fondamentale, dans lequel l'énergie et la matière ne peuvent être ni créées ni détruites, et qu'elles ne peuvent que changer d'état. Mais en plus, la science moderne décrit aussi la vie comme le rassemblement *temporaire* d'un nombre relativement limité d'éléments et de composés essentiels. Pris isolément, comme atomes et molécules séparés, on ne peut pas dire qu'ils aient quoi que ce soit que l'on puisse appeler « vie ». Mais, une fois qu'ils se sont réunis, ils se développent et se différencient d'une manière qui n'est encore que partiellement comprise, pour former un individu vivant, doté d'un potentiel physique, émotionnel et intellectuel complexe, pendant une période relativement courte, c'est-à-dire la durée d'une vie. Lorsque cette étape est terminée, les atomes et les molécules qui s'étaient si étroitement unis pour former une vie particulière et individuelle, retrouvent leur statut initial et se dissocient, comme matières premières inanimées. Ils ne disparaissent pas. Ils se dissocient simplement, et sont prêts à être rassemblés sous une autre forme. Ils sont, pour ainsi dire, recyclés.

Comme on le voit, cela ne semble pas si radicalement différent de l'idée des cinq composants, n'est-ce pas ?

Le dilemme de la mémoire

Mais il convient aussi d'examiner de plus près la façon dont le bouddhisme définit la conscience, car cela joue un rôle crucial dans la manière dont nous appréhendons ce qui vit éternellement. Le bouddhisme définit neuf niveaux de conscience. À première vue, le concept de neuf niveaux peut sembler très différent des descriptions larges que nous offrent les études occidentales modernes concernant l'esprit en action. Cependant, même une brève analyse révèle qu'il existe des chevauchements et des similitudes considérables. Révisons brièvement les neuf niveaux :

- Les cinq premiers niveaux sont équivalents aux cinq sens : la vue, l'odorat, l'ouïe, le goût et le toucher. Ce sont les niveaux sensoriels qui nous permettent d'acquérir un flux constant d'informations sur notre environnement.

- Le sixième niveau représente essentiellement l'intégration et la gestion immédiate et instinctive de ces informations, pour coordonner les différents apports de nos sens, des images, des sons et des odeurs, etc. et construire, à partir de ceux-ci, un assemblage merveilleusement détaillé et en mouvement constant d'images de ce qui se passe à proximité et plus loin de nous.

- Le septième niveau, parfois appelé *mano* ou niveau de *discernement*, n'est pas directement lié à l'apport sensoriel. Il fait appel à notre monde intérieur. C'est, pour ainsi dire, la partie pensante de notre esprit. C'est la partie de notre esprit qui pourrait être assimilée à la célèbre expression du philosophe français du XVIIe siècle Descartes, « *Je pense donc je suis* ». Elle présente donc une certaine équivalence avec le concept freudien d'ego, bien qu'elle ait été formulée environ 2 500 ans avant Freud. C'est à ce niveau qu'interviennent des aspects tels que la conscience de soi et l'estime de soi, le goût, le jugement et le sens du bien ou du mal, tous fondés sur notre réserve intérieure de connaissances et d'expériences, et de notre lecture des informations actuelles, à mesure qu'elles sont organisées par le sixième niveau.

Au cours de la journée, lorsque nous sommes éveillés et que nous menons notre vie, nous fonctionnons essentiellement sur la base de ces sept niveaux de conscience. Ils nous permettent de conduire une voiture convenablement, de traverser la rue après le passage du bus, de nous rendre au travail ou au supermarché, etc. Bien sûr, nous recevons en permanence ce vaste torrent d'informations sensorielles par l'intermédiaire de nos cinq sens. Un bombardement continu d'informations à tous les niveaux. Le sixième niveau veille à ce que nous fassions le tri, presque sans y réfléchir, de manière à faire les bons mouvements et apporter les bonnes réponses, au bon moment. Et pendant que nous évoluons ainsi au cours de la journée, le septième niveau, quant à lui, a la liberté et la capacité d'envisager des situations qui n'ont rien à voir avec ce que nous sommes en train de faire. Il peut par exemple se consacrer à des réflexions philosophiques profondes ou établir la liste des courses pour le dîner que nous sommes en train d'organiser.

- Le huitième niveau est encore plus profond. Il se situe en-dessous de notre esprit éveillé, de sorte que lorsque nous sommes actifs pendant la journée, il se trouve, pourrait-on dire, submergé sous les activités des sept premiers niveaux. Ce n'est que lorsque nous sommes profondément endormis, et que l'esprit conscient est donc dormant, que le huitième niveau entre en activité. Le bouddhisme enseigne, en effet, qu'il est probable que nos rêves soient composés des actions et des pensées aléatoires « libérées » par ce huitième niveau.

Il est connu sous le nom de conscience *alaya*. Il est souvent décrit comme l'entrepôt de notre esprit, un vaste endroit, sans fin, qui contient tout ce que nous avons rencontré et expérimenté avec nos sept premiers niveaux de conscience, que nous soyons ou non réellement « conscients » de les avoir expérimentés. Un point essentiel est que rien de ce qui s'est produit dans nos pensées, nos paroles ou nos actes n'échappe à la huitième conscience. Cela revêt une importance cruciale puisque, comme nous l'avons vu plus haut, nous créons des *causes* à ces trois niveaux, c'est-à-dire les pensées, les mots et les actes. Le bouddhisme enseigne donc, avant tout, que c'est dans cette huitième région que se trouvent emmagasinées toutes les causes que nous avons créées et tous les effets que nous avons rassemblés, non seulement dans cette vie, mais aussi mystiquement, dans toutes les vies précédentes. En ce sens donc, la conscience *alaya* ouvre une fenêtre sur ce qui demeure et, non moins important, sur ce qui ne persiste pas, au travers de la mort et de la période de latence vers la vie suivante.

Avant de poursuivre avec cette question centrale, tentons de compléter brièvement la description des neuf niveaux de conscience.

- Le neuvième niveau ou conscience *amala* est considéré comme la force vitale pure et fondamentale, au cœur même de notre vie, exempte d'effets karmiques. Il est assimilé à la force vitale inépuisable de l'univers, qui nous soutient dans notre vie, et dont notre vie est une manifestation. Ainsi, la neuvième conscience est considérée, dans le bouddhisme de Nichiren, comme source fondamentale d'énergie pour toute notre activité physique, intellectuelle et spirituelle. C'est une ressource à laquelle nous aspirons à accéder lorsque nous pratiquons la récitation, action qui occupe une place centrale au sein du bouddhisme. L'une des principales fonctions de la récitation consiste en effet, à élever notre force vitale.

Mais revenons à la huitième conscience. Dans le contexte de l'enseignement bouddhiste sur l'éternité de la vie, comment le vaste entrepôt de toutes nos expériences, de toutes nos causes et de tous nos effets, détenu dans la conscience *alaya*, se rapporte-t-il à ce que nous connaissons dans notre vie quotidienne comme mémoire ?

Il est clair que la mémoire est d'une importance capitale pour notre sentiment d'identité. Elle représente l'accumulation d'expériences et de connaissances qui nous définissent. Elle nous décrit le chemin que nous avons suivi et explique pourquoi nous nous trouvons à un point précis de notre parcours de vie. Les études sur les personnes qui ont perdu la mémoire, ou encore les rares cas de personnes incapables de se souvenir de leurs actes au quotidien, décrivent des individus qui sont, en quelque sorte, perdus dans l'espace et le temps, sans aucun sens du passé, privés d'un sens fondamental de leur être.

En termes simples, c'est la mémoire qui garantit que, quelle que soit l'envergure des changements physiques et mentaux qui s'opèrent dans notre vie, depuis notre enfance et jusqu'à notre vieillesse, nous continuons à *savoir que nous* sommes la même personne.

À ce niveau ordinaire de la vie quotidienne, le bouddhisme enseigne que l'entité de vie qui réémerge d'une période de latence dans une nouvelle vie ne porte en elle aucun *souvenir* d'une vie antérieure. L'entité de vie qui a constitué la vie d'un individu, ne porte aucun souvenir d'une *vie antérieure*. De même, après la mort de cette personne, lorsque cette entité de vie réapparaîtra de sa période de latence dans une nouvelle phase d'existence, à une date ultérieure, elle ne portera aucun souvenir de la vie de la personne décédée. Elle portera, comme nous le dit le bouddhisme, toutes les *causes* et tous les *effets de l'*existence de cet individu, stockés dans la conscience *alaya*.

La distinction est cruciale. Cela signifie que nous devons essayer de comprendre la différence entre *entité de vie*, d'une part, éternelle selon l'enseignement bouddhiste, et *identité individuelle*, d'autre part, de courte durée, et qui constitue la vérité de l'existence temporaire.

Comprendre l'identité

Si nous essayons de présenter l'identité en des termes très simples, cela signifie par exemple que mon identité unique et essentielle, c'est-à-dire en tant que William, tout comme mon apparence et mon caractère, sont temporaires. La personne que je connais comme étant moi-même, quels que soient les changements qui interviennent dans mon apparence et ma personnalité au cours de mes années de vie, est attachée à *cet* individu unique. Elle est constituée des souvenirs et des expériences, des causes et des effets que j'ai accumulés tout au long de *cette* vie. Elle est aussi temporaire que cette vie elle-même. Elle disparaît avec William au moment de la mort.

> En ce qui concerne l'*entité de vie,* ou la parcelle d'énergie de vie universelle qui façonne maintenant la vie de William, que l'on dénomme parfois *innée*, qui repose en-dessous de la connaissance de soi, elle passera, lorsque l'identité unique de William prendra fin, à une période de « ni existence ni non-existence ». Plus tard, à un moment donné, dans l'avenir, lorsque les conditions seront réunies, elle se manifestera à nouveau sous la forme d'une autre identité individuelle unique. Cette identité individuelle développera également son propre sens unique et essentiel de soi, qui sera à nouveau purement temporaire, et mourra lorsque cette identité individuelle arrivera à la fin de sa vie. Ce ne sera *pas* un William 2.

En ce sens, l'entité de vie, la force vitale brute, passe d'une vie à l'autre. Elle n'est ni créée ni détruite. Elle existe avant chaque naissance, et continue d'exister après chaque mort. À chaque période de l'existence, enseigne le bouddhisme, elle rassemble un nouvel ensemble de causes et d'effets.

> Cette charge accumulée de causes et d'effets, contenue dans la huitième conscience, se trouve en-dessous du niveau de l'esprit éveillé, de sorte que chaque forme de vie successive, chaque individu,

n'en aura ni la conscience ni la mémoire. Cependant, selon le bouddhisme, les causes et les effets accumulés dans la conscience *alaya* auront un effet *profond* sur les actions, les pensées, les paroles et les actes de l'entité de vie dans la prochaine période d'existence. C'est ce qui explique, selon les enseignements bouddhistes, un grand nombre de différences concernant les situations des individus, et un grand nombre d'effets, qui semblent inexplicables, et qui se produisent au cours de notre vie. Ce sont des effets liés à des causes lointaines qui s'attachent à l'entité de vie.

Toutefois, au cours de chaque vie, le changement d'*identité* est complet et total. Chaque entité est totalement différente de la précédente, et surtout, elle n'a pas de *mémoire* de ce qui s'est passé avant.

Cette distinction n'est évidemment pas facile à appréhender ; c'est inévitable. En effet, nous parlons ici de ce qui est inconnu et invisible. Et bien que l'on essaie d'envisager ce thème à la lumière d'une argumentation quelconque, il restera fuyant et insaisissable. D'ailleurs, le fait est que, dans la réalité quotidienne de notre vie, nous n'avons pas à y faire face.

Une métaphore qui nous aide à comprendre est celle des vagues qui se forment sur l'océan. Imaginons une vaste légion de vagues qui jaillissent et déferlent sur la surface de l'océan à perte de vue. Chaque vague peut ressembler à sa voisine, mais regardée de près, chacune sera subtilement différente et unique, avec ses propres caractéristiques et ses propres contours. Bien qu'elle puisse sembler ne faire partie que d'un vaste ensemble, chacune aura été formée autour de sa propre parcelle d'énergie *unique* qui l'a soulevée et qui lui a donné naissance. La vague voyage pendant un certain temps, puis s'estompe lentement et redescend dans l'océan d'où elle est venue. L'*identité* unique de la vague a disparu. Cette vague particulière, avec ses caractéristiques uniques, ne se formera plus *jamais*. La parcelle d'énergie qui l'a formée se sera enfoncée dans la vaste masse d'énergie qui déferle dans l'océan. Elle restera là, inchangée, dans un état que l'on pourrait appeler de latence. Et puis, lorsque les conditions seront réunies, elle se combinera à nouveau avec les composants de l'eau de mer pour soulever une autre vague, qui aura sa propre forme et ses propres caractéristiques, tout à fait uniques. Et ainsi de suite pour l'éternité. La parcelle d'énergie, l'entité de vie, le moi inné, ne change pas d'une existence à l'autre. Chaque vague successive, chaque forme qu'elle dynamise, est une *identité* totalement différente et temporaire.

L'image de la vague peut nous aider à fixer cette idée dans notre esprit. Cependant, elle n'apporte pas une *explication* et elle ne le peut pas. Nous sommes, comme nous l'avons déjà vu, dans le domaine de ce qui n'est pas connaissable. Mais ceci étant dit, il y a un sens à tout cela. Il y a une cohérence et une logique. Le bouddhisme est raison, et il n'y a rien dans cette explication qui soit en contradiction avec ce que l'on connaît et que l'on comprend concernant les cycles d'existence qui façonnent l'univers. C'est un point fondamental.

Le bouddhisme ne nous demande pas de nous faire à l'idée de la réalité de la mort pour assombrir nos vies. En fait, c'est l'inverse. En adoptant les idées bouddhistes sur l'éternité de la vie, il devient possible de voir la mort non pas comme un néant, vaste et effrayant, mais comme un continuum, une partie naturelle du cycle qui sous-tend toutes choses. À l'instar du sommeil, la mort apparaît comme une période naturelle, que l'on accueille volontiers, qui nous rafraîchit et nous redonne de l'énergie, entre chaque période de veille.

Le bouddhisme place nos vies humaines individuelles au centre du cycle universel sans fin qui englobe tout, le cycle de la naissance et de la croissance, du déclin et de la mort. Nous reconnaissons que toute existence physique est temporaire. Nous acceptons que toute l'énergie dans l'univers, y compris l'énergie vitale qui forme les êtres vivants est éternelle. Le bouddhisme place fermement nos cycles de naissance et de mort dans ce contexte.

CHAPITRE QUINZE

Vers la pratique

Il est important de démystifier le terme *pratique*. Il est utilisé ici de la même manière qu'on pourrait l'utiliser pour parler de n'importe quel autre domaine de l'activité humaine. L'objectif fondamental de toute pratique est d'*améliorer*. Tout sportif, musicien, artiste, sait que s'il ne s'entraîne pas, s'il ne pratique pas, il ne pourra pas développer tout le potentiel dont il est capable. D'ailleurs, avoir du talent *inné ne* signifie pas moins d'entraînement. Plus le talent est grand, plus le sportif ou le musicien devra s'entraîner, parce qu'il a un plus grand potentiel à exploiter. Peu de gens s'entraînent autant que les athlètes olympiques de haut niveau ou les pianistes de concert.

De même, indépendamment du caractère intrinsèque de la qualité de la bouddhéité, la faire ressortir à la lumière pour qu'elle soit présente dans notre vie quotidienne exige l'engagement personnel de réaliser une pratique régulière.

Comme l'a dit un jour le célèbre golfeur de classe mondiale Gary Player : « *Plus je m'entraîne, plus j'ai de la chance !* »

D'après mon expérience, il en va de même pour le bouddhisme. Vous entendrez souvent les bouddhistes dire que plus ils pratiquent, plus ils se sentent heureux, en harmonie avec eux-mêmes et, aussi difficile que cela puisse être à définir, en cadence avec le monde qui les entoure. Des possibilités inattendues apparaissent par exemple, au moment le plus opportun. Des problèmes apparemment insolubles se résolvent soudainement. Les relations s'améliorent, les angoisses diminuent. On pourrait penser que c'est trop beau pour être vrai. Mais la réalité est qu'il en est ainsi et que ces situations continuent à se produire. De même, lorsque les bouddhistes sont conscients qu'ils se trouvent sur le point de passer par une période de stress ou de difficultés supplémentaires dans leur vie, des examens importants, une grande tension dans une relation, une maladie ou un changement d'emploi, ils entrent en formation intensive, pourrait-on dire. Ils intensifient délibérément leur pratique, pour se doter d'une plus grande résilience, de sagesse et de confiance en soi, pour être en mesure de voir clair pendant une période difficile, et pour aider à traverser les turbulences.

Il convient de remarquer à quel point il s'agit d'un processus délibéré et conscient.

Les gens utilisent cette pratique comme une ressource supplémentaire à leur disposition. Rappelons que le bouddhisme *c'est la* vie quotidienne. À bien des égards, la phrase simple que l'on récite est le cœur même du message bouddhiste. Essayer d'apprendre à voir les problèmes et les défis qui se présentent à nous sans cesse et qui viennent de toutes les directions, comme des *opportunités, des possibilités pour faire grandir* nos vies. Si l'on y réfléchit un tant soit peu, cela revient nécessairement à développer la sagesse pour les repérer, et à trouver le courage de s'y accrocher. Car exploiter les opportunités signifie inévitablement introduire des changements. Et changer exige du courage.

C'est en quelque sorte comme les idéogrammes chinois qui représentent le concept de crise. En fait, le même idéogramme a deux significations : l'une est la *crise,* l'autre l'*opportunité.* Il s'agit donc d'une question de perception. Si nous percevons la situation comme une crise, elle menace de nous ébranler et de ruiner notre espoir. Si nous la percevons comme une opportunité, elle nous soulève et nous stimule. La situation elle-même n'est pas différente. Ce qui change c'est notre perception, notre attitude. Mais cela fait toute la différence, car elle nous permet d'atteindre un *résultat* radicalement différent.

L'argument bouddhiste est essentiellement que les problèmes ne cesseront d'apparaître. C'est aussi évident que de dire que l'eau mouille. C'est une certitude. Et la seule partie de l'équation sur laquelle nous avons un contrôle c'est notre *approche* de ces problèmes. Et l'étape clé du processus de changement consiste à comprendre qu'il ne s'agit pas d'un processus purement intellectuel. Le bouddhisme suggère que l'intellect ne peut pas aller au-delà d'un certain point. Nous ne pouvons pas nous contenter de *penser* à une approche radicalement nouvelle de la vie. Nous devons y travailler, nous former, acquérir cette nouvelle perspective.

Ce n'est pas une vérité à laquelle il est facile de croire ou qu'il est aisé de comprendre. Nous n'avons pas l'habitude d'agir ainsi. Si nous avons un problème, la réponse immédiate, instinctive et conditionnée est de recourir au cerveau. C'est ce que nous avons toujours fait. C'est là, selon nous, que se trouve la pile électrique. En Occident, nous sommes habitués, et même formés, à vivre notre vie sous l'impulsion de trois moteurs principaux : notre intellect, nos émotions, c'est-à-dire notre façon de penser et de ressentir et, enfin, notre image, c'est-à-dire notre apparence. Nous accordons une grande importance, et il n'y a là rien de mauvais, à notre capacité intellectuelle pour résoudre les problèmes de la vie. Nous attachons une immense valeur à l'expression des émotions, et peut-être beaucoup trop aux éléments extérieurs, c'est-à-dire à l'apparence physique.

En gros, tout ce que nous dit le bouddhisme, c'est d'attendre un peu, car il y a encore plus... Il y a une ressource spirituelle en nous, capable d'élever notre performance de vie à un nouveau niveau, notre nature de bouddha.

Trois éléments de base

La pratique du bouddhisme de Nichiren Daishonin comporte trois éléments fondamentaux.

La pratique de base consiste à réciter, à haute voix, la phrase *Nam myōhō-renge-kyō*, plutôt que de répéter un mantra en silence mentalement. Le point essentiel est qu'il s'agit d'un acte physique, avec des effets physiologiques évidents. Il y a une entrée et une sortie de volumes d'air considérables à travers les poumons, et une augmentation de la température du corps. Souvent, lorsqu'ils récitent, les hommes desserrent leur cravate ou enlèvent leur veste. Beaucoup assurent que c'est bénéfique pour le corps, car la circulation du sang se voit stimulée, et la peau se revitalise.

Mais surtout, il s'agit d'un son merveilleux et joyeux, qui est absolument central dans cette pratique. C'est, sans aucun doute, la force motrice essentielle, sans laquelle le processus de changement ne peut tout simplement pas se produire. Normalement, on récite deux fois par jour. Le matin, pour se lancer dans la journée avec un état d'esprit positif. Et le soir, dans un esprit de gratitude pour la journée que nous avons passée, qu'elle ait été bonne, mauvaise ou indifférente. Si elle a été bonne, il y a de quoi être reconnaissant. Si elle a été mauvaise, il faudra peut-être retrouver le courage et la confiance nécessaires pour relever les défis qui se sont présentés. De plus, matin et soir, la récitation est accompagnée de la lecture de deux brefs passages du Sûtra du Lotus, qui concernent l'universalité de la Bouddhéité et l'éternité de la vie.

Il n'y a pas de temps fixe pour réciter, ni de période fixe. Comme pour tant d'autres aspects de la pratique bouddhiste, cela dépend entièrement de l'individu ; c'est notre vie. Nous pouvons réciter un moment, avant de partir attraper le train pour aller au bureau, ou « suivant ce que notre cœur nous dit », comme le recommande Nichiren dans une de ses lettres. Cette pratique est extrêmement souple et s'adapte aux exigences de la vie moderne. L'élément clé est la *régularité* de la pratique. Tout comme nous avons besoin de faire le plein de notre corps avec des repas deux ou trois fois par jour, nous avons besoin de revigorer régulièrement nos ressources spirituelles.

A quoi pensons-nous lorsque nous récitons ? La réponse courte est qu'on ne pense pas à grand-chose. L'intention est de fusionner avec le rythme, écouter le son, ressentir la vibration. Profiter du moment, pour le plaisir. Centrer toute notre attention sur le son. Le temps de la réflexion a lieu avant de commencer, lorsque nous pensons pour quelle intention nous voulons réciter, et après avoir terminé, lorsque l'esprit est clair et que l'on décide quelle action on va entreprendre. Pourquoi récitons-nous ? Essentiellement pour chercher en nous le potentiel qui nous permettra d'atteindre une condition de vie plus élevée. Daisaku Ikeda soutient que ce potentiel est illimité. Voilà la pensée dominante sous-jacente à la pratique. Mais on peut réciter pour n'importe quel objectif que l'on souhaite atteindre, à court ou à long terme, dans notre vie et pour celle de ceux qui nous entourent.

La réalité est que d'une façon générale, les gens ne récitent pas pour sauver la planète. Il est bien plus probable qu'ils le font pour des raisons beaucoup plus personnelles et plus proches de leur vie quotidienne, parfois même extravagantes, ou égoïstes. Une meilleure maison, un meilleur emploi, une meilleure santé, une journée heureuse et réussie. Beaucoup de gens récitent tous les jours pour ces raisons et pour d'autres désirs matériels tout-à-fait normaux dans ce monde. Ils font partie intégrante de notre humanité ordinaire. Avoir ces désirs est tout à fait valable. Mais l'expérience commune est que le processus même de réciter le Nam myōhō-renge-kyō commence à élargir et à approfondir notre vision, et bien que ces désirs puissent rester, nous commençons à les modifier, à les affiner et à les élargir. Ils se développent de manière dynamique, à mesure que nous avançons dans notre vie. Les désirs initiaux servent de semence, de cause première, qui pousse les gens vers une plus grande connaissance de soi. C'est en ce sens que l'on peut dire que les désirs terrestres mènent à l'illumination.

Réciter pour la réalisation de désirs dans notre vie, y compris de choses matérielles, va à l'encontre d'une perception largement répandue du bouddhisme, selon laquelle il s'agit essentiellement de *renoncer, d'abandonner* la plupart des choses de ce monde. Comme s'il s'agissait d'une étape nécessaire pour atteindre une condition spirituelle supérieure. Le bouddhisme de Nichiren enseigne cependant que le renoncement, l'abandon des choses, *en soi*, n'apporte aucun bénéfice. Il affirme que le désir est fondamental pour toute vie humaine et que tant qu'il y aura de la vie, il y aura dans le cœur de tous les hommes et de toutes les femmes le désir instinctif de tirer le meilleur parti de cette vie : vivre, progresser, aimer, avoir.

Nichiren a clairement perçu qu'il serait presque inutile que les gens consacrent des quantités énormes de réflexion, de temps et d'énergie pour tenter d'éteindre une force qui se trouve au cœur même de leur vie. Au contraire, on peut atteindre beaucoup plus en l'acceptant comme une partie essentielle de l'humanité de chacun, et en la *dynamisant* comme un puissant moteur de développement individuel.

Mais soyons clairs ; il ne s'agit pas d'un processus tout à fait rationnel. À bien des égards, il se trouve hors de portée du seul intellect. Il y a beaucoup d'histoires à raconter sur des personnes qui ont commencé à réciter de manière quelque peu superficielle, poussées par des désirs purement personnels, le plus souvent sans aucune croyance ferme dans la valeur de cette pratique. Maintenant, quand elles regardent derrière elles, souvent, elles sourient en songeant à leurs débuts quelque peu frivoles, sachant à quel point leur vie et leurs préoccupations ont été profondément modifiées. Elles continuent à réciter pour leurs désirs personnels. Mais désormais, l'horizon est beaucoup plus large. Il part de la révolution humaine personnelle qu'ils vivent, et s'étend à travers des cercles toujours plus nombreux pour englober la famille et les amis, le lieu de travail et la communauté, et même la société toute entière. Le but ultime du bouddhisme de Nichiren est un monde composé de personnes et de communautés qui vivent en paix les unes avec les autres. C'est afin que cet objectif se réalise que nous récitons et que nous nous efforçons au quotidien.

Le deuxième élément majeur de la pratique est l'étude. Il porte sur un large éventail de sources, depuis les lettres et les écrits de Nichiren Daishonin lui-même, jusqu'aux commentaires des bouddhistes érudits, en passant par les récits de bouddhistes qui, individuellement, racontent comment la pratique a changé leur vie. Il est à remarquer que, s'agissant d'une philosophie d'une si grande portée, il existe une grande quantité de matériel sur ce sujet.

Mais il ne s'agit pas d'une pratique intellectuelle. L'étude ne vise pas à acquérir des connaissances de manière égocentrique, comme une fin en soi, mais à approfondir sa compréhension des principes qui sous-tendent la pratique. Nichiren n'hésite pas à en souligner l'importance :

« *Exercez-vous dans les deux voies de la pratique et de l'étude. Sans pratique ni étude, il ne peut y avoir de Loi Bouddhique[33].* »

Le troisième pilier de la pratique est l'action, la lutte pour intégrer les principes et les valeurs bouddhistes dans la trame de la vie quotidienne, afin qu'ils soient vécus et non seulement perçus ou compris. C'est un combat quotidien. Peu de choses sont aussi difficiles à changer que des schémas de pensée et de comportement inconscients et bien ancrés, mis en place par la colère, l'égoïsme ou l'indifférence face aux besoins des autres. Cela fait partie de notre expérience à tous. La pratique bouddhiste stimule la transformation intérieure en vue du respect fondamental de notre propre vie. C'est de là que jaillit le respect de la vie de tous les autres. Mais il ne s'agit pas d'un voyage où l'on avance de manière ininterrompue. L'expérience commune est plutôt que l'on fait un pas en avant et deux pas en arrière.

Il est important de souligner le point que nous avons abordé précédemment, à savoir que le bouddhisme n'est

---

[33] Les écrits de Nichiren. 40– La réalité ultime de tous les phénomènes – p. 386 (Soka Gakkai – Bibliothèque du Bouddhisme de Nichiren) nichirenlibrary.org

pas une morale. C'est-à-dire que sa force ne dépend pas d'un ensemble préétabli de comportements ou de pratiques. Il s'appuie plutôt sur le pouvoir de cette transformation intérieure, sur le fait que les gens apprennent à accepter la responsabilité de leur propre vie et de leurs propres actions. Il est clair que cela peut avoir des effets de grande portée non seulement sur la personne qui est au centre du processus, mais aussi sur l'ensemble de la société en général.

C'est la personne elle-même qui est à l'origine du processus. Tout commence par la détermination personnelle de changer sa propre vie. Mais l'effet des changements sur notre façon de penser, et donc sur notre comportement, s'étend bien au-delà de notre propre vie. En effet, étant donné que le bouddhisme ne fait aucune distinction entre l'individu et le monde qui l'entoure, l'influence se répand à travers une série d'ondes continues, et de plus en plus larges.

Puisque réciter la phrase *Nam-myoho-renge Kyo* est au cœur de ce processus, regardons de plus près ce qu'elle signifie et d'où elle provient.

La signification de Nam myōhō-renge-kyō

Le sens de cette phrase provient essentiellement du Sûtra du Lotus. *Myōhō-renge-kyō* est le titre du Sûtra du Lotus, en japonais classique. Il est écrit avec les idéogrammes chinois que les Japonais ont adoptés pour créer leur propre langue écrite. Les cinq caractères utilisés signifient littéralement « La loi mystique du Sûtra du Lotus ».

Le mot *Nam*, qui est placé devant l'invocation, signale notre engagement. Il vient de l'ancienne langue sanskrite et signifie « consacrer sa vie à ». Ainsi, une traduction littérale et directe de *Nam myōhō-renge-kyō* serait « Je consacre ma vie à la loi mystique du Sûtra du Lotus. »

De nombreux volumes ont été consacrés à sonder les profondeurs de la signification de ce mantra si simple en apparence. Et cela, parce que le titre donné à chaque Sûtra est considéré comme extrêmement important et incarne tout l'enseignement qu'il contient. Comme l'explique Nichiren Daishonin, en faisant l'analogie avec le nom du Japon :

« *Dans les deux caractères [chinois] composant le mot Nippon [Japon], il y a absolument tout ce qui se trouve dans l'ensemble des soixante-six provinces du pays : les êtres humains et les animaux, les rizières et autres champs, les personnes de haute et de basse condition, les nobles et les roturiers, les sept sortes de trésors et tous les autres précieux joyaux.*
De même, dans le titre, ou Daimoku, c'est-à-dire Nam-myōhō-renge-kyō, se trouve inclus tout le Sūtra [du Lotus] avec l'ensemble de ses huit volumes, vingt-huit chapitres et soixante-neuf mille trois cent quatre-vingt-quatre caractères, sans qu'il n'en manque un seul. Bai Juyi déclara à ce propos que le titre est au Sūtra ce que les yeux sont au Bouddha[34]. »

---

[34] Les écrits de Nichiren. 121– La phrase unique et essentielle – p.933 (Soka Gakkai – Bibliothèque du Bouddhisme de Nichiren) nichirenlibrary.org

De plus, le chinois est une langue d'une concision incomparable. Chaque caractère peut être utilisé pour exprimer un immense éventail de significations, différentes mais connexes. De sorte que ces cinq caractères se combinent pour transmettre un univers de pensées. Mais aucune de ces explications partielles n'arrive à transmettre la profondeur du sens que Nichiren lui-même attribue à cette phrase. Il la décrit comme la Loi universelle de la Vie, qui exprime la relation entre la vie humaine et l'univers entier. Elle résume en elle-même, dit-il, ni plus ni moins que la « *sagesse de tous les bouddhas* ».

Shakyamuni exprime quelque chose de très semblable dans le Sûtra du Lotus, lorsqu'il dit que cette Loi « *ne peut être comprise et partagée qu'entre bouddhas* ».

Il ne s'agit en aucun cas d'une sorte d'exclusivité. Loin de là, puisque le but du Sûtra du Lotus est de transmettre largement le concept central de l'universalité de la Bouddhéité. Tout simplement cela veut dire que les mots et les explications nous mènent sur le chemin, jusqu'à un certain point, mais qu'il nous faut pratiquer le bouddhisme et faire l'expérience de son pouvoir et de son potentiel dans notre vie, avant de commencer à le comprendre vraiment.

Il faut mordre la fraise avant de pouvoir commencer à comprendre son goût. Je ne pense donc pas qu'il faille s'étonner si, lorsque nous débutons dans cette pratique, nous trouvons certaines de ces questions insaisissables et difficiles à appréhender. Le bouddhisme est la vie quotidienne, et comme la vie est infiniment complexe, le bouddhisme reflète inévitablement cette complexité.

En ce qui me concerne, je dois dire que j'ai trouvé cela difficile. Comprendre les principes qui sous-tendent le bouddhisme, et apprécier à quel point ils pouvaient être précieux en termes de relations humaines, et plus loin peut-être en termes de fonctionnement de la société, c'était une chose. Mais m'engager dans la pratique de réciter un étrange mantra, peut-être une heure ou plus par jour, c'était autre chose. Est-ce que je voulais vraiment le faire ? De plus, un mantra qui comporte tout un ensemble de significations, d'associations et d'implications qui, dans une certaine mesure sont éloignées de l'expérience quotidienne et proviennent d'une culture tout à fait différente. Ce fut un sacré combat. J'ai commencé à réciter pour deux raisons principales. Les personnes que j'avais rencontrées et qui pratiquaient étaient dignes d'admiration à plus d'un titre. Elles étaient positives, compatissantes, socialement responsables, toujours constructives dans leurs buts et objectifs. Mais surtout, il me semblait qu'il n'y avait qu'*une seule* façon de comprendre la véritable valeur du bouddhisme de Nichiren dans ma vie quotidienne : le *laisser* entrer dans ma vie.

Pour en recevoir les bénéfices, lorsqu'on commence à réciter, il n'est pas nécessaire de comprendre *théoriquement* ce que cette phrase signifie. Au fur et à mesure qu'on avance dans la pratique, on comprend de plus en plus. Quand on récite, il n'est point nécessaire de s'occuper des nombreuses couches de signification contenues dans ces caractères. Ce n'est pas un processus intellectuel. Il ne s'agit pas non plus, d'après mon expérience, d'un *sentiment,* au sens où l'on doive s'attendre à une réponse émotionnelle. On récite simplement le *Nam myōhō-renge-kyō* à un rythme régulier, aussi fort ou aussi doucement qu'on le souhaite, ou que l'entourage le permet, en libérant l'esprit de toute préoccupation particulière, détendu, en écoutant le rythme de sa voix, en ressentant la vibration du corps. L'essentiel est surtout de profiter du moment pour ce qu'il est. Cependant, si on songe plutôt à d'autres activités, plus précieuses, qu'on pourrait être en train de faire, alors il est probablement préférable d'arrêter de réciter et de s'occuper de ce à quoi on est en train de penser.

Le bouddhisme enseigne donc clairement que tout ce qui pourrait ressembler à une foi aveugle n'est pas une base acceptable pour la pratique. Est-ce que cela fonctionne ? Est-ce que cela fait une différence ? Nichiren souligne que nous devons nous poser ces questions. Ne rien donner pour argent comptant, aussi intéressant, puissant et profond que soit l'enseignement. À moins qu'il ne nous permette réellement de mieux faire dans notre vie, de surmonter les problèmes, de ressentir une plus grande confiance en nos propres capacités, un plus grand sentiment de bien-être, de nous concentrer davantage sur ce que nous cherchons.

Comme nous l'avons vu, dans le bouddhisme, le mot « foi » n'est pas lié à une force extérieure, mais à la force de notre croyance en nous-mêmes, en nos ressources intérieures de courage, de sagesse et de compassion, et en notre capacité à les exploiter dans notre vie quotidienne. En effet, au départ, nous pouvons adopter cette pratique parce que nous apprécions une certaine qualité chez les bouddhistes que nous rencontrons, ou parce que nous sommes attirés par ce qu'ils racontent à propos de la promesse qui prend forme à travers cette pratique. Mais, au bout d'un certain temps, nous ne pouvons poursuivre notre pratique avec toute notre détermination que si nous sommes conscients des bénéfices que nous ressentons dans notre propre vie. C'est exactement ce que j'ai vécu. J'ai commencé lentement. Pendant quelque temps, ce fut un véritable combat. Mais lorsque j'ai pris conscience de ce sentiment profond de bien-être dans ma vie, j'ai commencé à me lever une heure plus tôt chaque matin, où que je me trouve, à la maison ou en tournage, pour réciter environ 45 minutes avant d'entamer ma journée.

Avant d'aller plus loin, permettez-moi d'essayer d'expliquer de manière un peu plus détaillée, mais pratique, la signification de *Nam myōhō-renge-kyō*. Non pas une explication qui nous mène jusqu'aux profondeurs de la philosophie bouddhiste, pour essayer de nous retrouver tant soi peu sur ce territoire si vaste, mais plutôt un aperçu pouvant servir de référence de travail. En gardant à l'esprit que si cela vous incite à en savoir plus, vous pourrez aller plus loin en consultant une des références de la bibliographie.

NAM

Le mot *Nam* vient du sanskrit *namas*. Bien qu'il soit communément traduit par se *consacrer à*, il a bien d'autres significations. Les plus importantes sont « mobiliser », « *réveiller* », « *puiser* » ou « *faire de grands efforts* ». Pourquoi est-il utile de connaître ces différentes significations ? Justement parce qu'elles expriment des différences subtiles dans notre approche ou notre état d'esprit lorsque nous récitons à différents moments. Quand nous sommes confrontés à une crise par exemple, nous pouvons très bien penser à mobiliser, ou à faire de gros efforts, plutôt que de simplement nous réveiller.

MYOHO

Myōhō décrit la relation profonde entre l'*essence* même de la vie, ou la force vitale inhérente à l'univers, et les millions de formes physiques sous lesquelles cette force vitale se manifeste ou s'exprime. Dans le bouddhisme, tout ce qui existe, qu'il soit ou non doté de conscience, est une manifestation de cette force vitale, et se trouve en même temps soumis au rythme éternel de la vie dont nous avons parlé : formation, continuation, déclin et désintégration. Tout est soumis à ce processus de changement, d'impermanence, comme on l'appelle souvent.

Nichiren définit ainsi cette idée :

« *Myō est le nom donné à la nature mystique de la vie, et hō à ses manifestations[35].* »

Myōhō est composé de deux éléments. *Myō,* qui fait référence à l'élément invisible ou spirituel qui est inhérent à toute chose, et *hō,* qui fait référence à la manifestation tangible et physique que nous pouvons appréhender avec nos sens. Dans le bouddhisme, toute chose, tout phénomène, possède un côté *myō* et un côté *hō*. Ce sont deux aspects différents mais inséparables de

---

[35] Les écrits de Nichiren. 1– Sur l'atteinte de la bouddhéité – p.5 (Soka Gakkai – Bibliothèque du Bouddhisme de Nichiren) nichirenlibrary.org

la vie, « deux mais non deux », comme l'exprime le bouddhisme, aussi inextricablement liés que le sont les deux faces d'une feuille de papier. L'un n'existe pas sans l'autre.

Ainsi, l'aspect *hō* d'un tableau, par exemple, est constitué de la toile et de la peinture qui y est étalée. L'aspect *myō* est le sentiment, l'émotion ou l'énergie créative de l'artiste lorsqu'il applique la peinture d'une manière particulière, et l'impact émotionnel que cela produit en nous, lorsque nous regardons la toile. De même, la musique a un aspect *hō* clairement reconnaissable dans la disposition des croches noires et blanches, ou des notes sur la page, et dans les vibrations physiques produites par les instruments. L'aspect *myō* profond est l'effet que la musique a sur nos émotions et nos sentiments, lorsque nous recevons les sons produits par les instruments dans une certaine séquence. Comme Shakespeare l'a si bien exprimé dans *Beaucoup de bruit pour rien*, il est tout à fait inexplicable qu'une séquence de sons produits par des cordes de violon, fabriquées à partir de l'intestin d'un mouton, puisse émouvoir notre cœur si facilement jusqu'aux larmes !

Si nous pensons à nous-mêmes, *hō* désigne tous les éléments de notre aspect physique qui peuvent être observés avec les sens : notre apparence, notre façon de nous tenir debout, de marcher et de parler, de remuer les mains et les différentes expressions que nous utilisons pour communiquer. Ce sont ces éléments-là qui nous rendent reconnaissables par les autres. Mais ce qui est clair, aussi, c'est que beaucoup de ces gestes et de ces mouvements, l'expression de nos yeux, le ton et la modulation de la voix, la vivacité du visage, la posture du corps sont aussi l'expression de notre vie intérieure, de notre *myō*. Ces deux aspects sont, comme nous l'avons dit, inextricablement liés. Lorsque nous pratiquons et que nous cherchons à renforcer la vitalité du *myō* ou du volet spirituel de notre vie, il ne fait aucun doute que cela provoque un effet puissant sur notre personne physique, sur l'expression de notre visage, notre regard, le ton de notre voix, notre disposition à sourire.

Ce sont là des exemples très évidents. En revanche, un concept plus difficile à accepter, voire l'un des plus difficiles à comprendre, surtout si l'on a une formation scientifique je suppose, est la croyance bouddhiste selon laquelle toute existence matérielle, tout ce qui se trouve sur terre et dans l'univers, qu'il soit animé ou inanimé, a un côté physique et un côté spirituel. Tout, absolument tout, contient à la fois le *myō* et le *hō*. L'arbre, le rocher, la rivière, la montagne.

Une idée difficile certes, bien que le bouddhisme ne soit pas le seul à avancer ce point de vue. Tout au long de l'histoire de l'humanité, les artistes et les poètes n'ont cessé de chercher à nous ouvrir les yeux sur cette vérité, dans toutes les langues et dans toutes les cultures. C'est le cas de Wordsworth, par exemple, lorsqu'il a décrit la célèbre danse d'un bouquet de jonquilles,

Près d'elles les vagues dansaient,
Mais brillaient moins qu'elles n'étaient gaies ;
Ravi ne peut qu'être un poète
En si riante compagnie :

Je scrutai, scrutai, sans savoir
Quel trésor leur vue me confiait :

Car souvent lorsque je m'allonge
Que je sois rêveur ou pensif,
Elles brillent pour l'œil intérieur,
Félicité des solitaires,
Et de plaisir mon cœur s'emplit
Et danse parmi les jonquilles[36].

Le bouddhisme insiste sur cet aspect de continuité et d'association, présent dans toute chose. Nous ne sommes pas séparés de ce qui nous entoure, mais plutôt étroitement liés. Ainsi, en termes bouddhistes, des expressions qui font référence à être en harmonie ou en désaccord avec son environnement, ne sont pas simplement des figures de style occasionnelles. Elles représentent une vérité fondamentale, une vérité qui est à la base du principe bouddhiste de l'unité de soi et de l'environnement. Cela signifie qu'à mesure que nous changeons, nous renforçons et révélons progressivement notre nature de bouddha par notre pratique, de sorte que le changement résonne dans tout notre environnement, en envoyant des ondes bénéfiques dans toutes les directions.

Pour nous donner une image quelque peu simplifiée certes, de la relation entre notre *myō* et notre *hō*, on pourrait faire une analogie avec le cheval et la charrette,

---

[36] Traduction de l'anglais par Maxime Durisotti – Extrait du site :
https://lefestindebabel.wordpress.com/2012/08/17/wordsworth-les-jonquilles-1815/
https://lyricstranslate.com

ou pour être plus précis, les *chevaux*, au pluriel, et la charrette. Notre vie serait la charrette, tirée par notre *myō*, ou notre énergie spirituelle la plus profonde, et par *hō*, notre vie physique. En général, il est vrai que nous avons l'habitude de consacrer beaucoup de temps et d'efforts à l'entretien de la force et du bien-être de notre cheval *hō*, parce qu'il est visible et accessible physiquement. Nous pouvons le regarder, comme nous le faisons nous-mêmes dans un miroir, et nous inquiéter de sa forme. Nous pouvons le nourrir trois fois par jour, faire qu'il s'entraîne, et le sortir pour qu'il prenne de l'air. Tout cela afin de nous assurer qu'il reste en forme, en bonne santé et qu'il soit convenablement détendu. Cet exemple nous montre à quel point nous avons tendance à assimiler notre bonheur ou notre sentiment de bien-être à la façon dont nous nous occupons de notre *hō*.

En revanche, nous avons tendance à passer relativement peu de temps, voire aucun, à soigner et à exercer notre cheval *myō*, car il est bien sûr totalement invisible et en général sa présence est moins puissante. Il en résulte un déséquilibre. Au mieux, notre vie est fortement tirée dans une direction, celle qui est régie par nos besoins physiques. Au pire, elle tourne en rond, en répétant des schémas de comportement, parce que le côté spirituel de notre constitution n'a tout simplement pas été suffisamment nourri pour influencer, pour changer, notre comportement habituel. Nous pouvons devenir des créatures d'habitudes, et avoir tendance à répéter des modèles de comportement, même lorsqu'ils entraînent de la douleur et de la souffrance. Les gens passent très souvent, par exemple, par toute une série de relations similaires, chacune d'entre elles pouvant suivre un schéma très semblable de montée et de descente. Ce que nous devons faire, selon le bouddhisme, c'est prendre conscience du danger de déséquilibre et consacrer plus de temps et d'énergie à maintenir les chevaux *hō* et *myō en* bonne santé.

RENGE

Renge signifie fleur de lotus. Mais veut dire aussi cause et effet. La fleur de lotus, comme titre de l'ultime enseignement de Shakyamuni, est un symbole extrêmement significatif dans le bouddhisme, pour de nombreuses raisons. C'est une plante dont la fleur, particulièrement belle, pousse et s'épanouit joliment dans des environnements boueux et marécageux. En ce sens, elle symbolise le grand potentiel enfermé dans chaque vie humaine, la promesse que nous pouvons construire des vies fortes, positives et florissantes, quelles que soient les circonstances et l'environnement dans lesquels nous nous trouvons.

De plus, le lotus porte à la fois des fleurs et des gousses de graines. En ce sens, il est considéré comme le symbole de l'un des principes fondamentaux du bouddhisme, connu sous le nom de simultanéité de la cause et de l'effet. Une fois encore, c'est un des principes du bouddhisme qui nous appelle à remettre en question la façon dont nous sommes habitués à penser à notre vie quotidienne et à nos relations. Selon ce principe, chaque cause dont nous sommes à l'origine, qu'elle soit bonne, mauvaise ou indifférente, engendre un effet équilibrant dans nos vies. Et ce dernier, obligatoirement, se fera sentir tôt ou tard. Il existe donc, pour chacun d'entre nous, une chaîne continue de causes et d'effets. C'est, en ce sens, la dynamique fondamentale de notre vie. Elle relie le passé, le présent et l'avenir.

Selon le bouddhisme ce n'est que lorsque nous l'aurons compris que nous pourrons saisir pleinement ce que signifie assumer la responsabilité de nos actes et changer les tendances intrinsèques qui nous font souffrir. Il s'agit donc d'un enseignement fondamental qui a toutes sortes de ramifications, puisque constamment, tous les jours, dans tout ce que nous faisons, disons et pensons, nous générons des causes dans notre propre vie, et par rapport à la vie de ceux avec qui nous sommes en contact. Bonnes causes, bons effets. Mauvaises causes, mauvais effets.

Ce processus de causes et d'effets attachés se poursuit en permanence. En d'autres termes, *l'endroit où nous nous trouvons, qui nous sommes, et comment nous agissons à présent* sont la somme de toutes les causes que nous avons créées dans le passé et qui ont eu des effets sur nos vies.

En même temps, les causes que nous créons maintenant contiennent les graines de notre avenir. C'est donc dire que le facteur clé qui façonne nos vies est la façon dont nous réagissons aux situations auxquelles nous sommes confrontés aujourd'hui. Quel que soit notre sentiment à cet égard, la vérité est que nous ne sommes pas simplement soumis aux aléas et au hasard de ce qui nous arrive de l'extérieur. Le facteur clé est la façon dont nous réagissons à ces situations, les causes que nous créons et, par conséquent, les effets que nous générons. Le message d'espoir fondamental est que, quoi qu'il soit arrivé dans le passé, les bonnes causes positives créées aujourd'hui produiront de bons effets à l'avenir.

KYO

Tout comme les termes *myōhō* et *renge*, *kyō* possède de nombreuses significations. La traduction littérale serait « sûtra » ou la voix ou l'enseignement du Bouddha. Il signifie aussi vibration ou son. Il peut donc être considéré comme représentant les vibrations qui se propagent à travers une personne qui récite. Il existe, en effet, un dicton bouddhiste commun qui dit que « *la voix fait le travail du Bouddha* ». Et il ne fait aucun doute que le son ou la vibration qui sont créés par un groupe de personnes qui récitent ensemble, même s'il s'agit d'un petit groupe, peut être très puissant.

Je me souviens encore très clairement, par exemple, de la toute première réunion bouddhiste à laquelle j'ai assisté, quelque temps avant de commencer à pratiquer. C'était un soir d'hiver sombre et froid, je m'en souviens. Nous marchions dans une rue de maisons victoriennes étroites de l'ouest de Londres. Avec très peu d'enthousiasme je me disais à moi-même : « Oh ! Quand même ! Ça *ne peut pas durer plus d'une heure environ, cette réunion.* » Et puis, alors que nous remontions le chemin du jardin jusqu'à la maison où la réunion avait été organisée, en allant vers la porte d'entrée, j'ai entendu ce merveilleux son résonnant. Fort, confiant, vibrant. Je me souviens d'avoir ressenti un frisson. C'était le son produit par une dizaine de personnes ordinaires, qui récitaient le *Nam-myōhō-renge-kyō*.

Ce n'est qu'un bref aperçu des nombreuses significations que recèle le *Nam-myōhō-renge-kyō*. Des significations auxquelles d'autres viennent s'ajouter, et que l'on approfondit au fil de la pratique. Comme nous l'avons dit, c'est un voyage continu, un processus permanent de découverte.

Cette pratique, centrée sur la récitation du *Nam myōhō-renge-kyō*, est le grand patrimoine que Nichiren a laissé à l'humanité. Nichiren était, à bien des égards, un moderniste. Et il montre clairement dans ses écrits que ce qu'il a conçu s'adresse spécialement aux gens ordinaires, quel que soit le lieu où l'époque où ils vivent, le Japon du XIIIe siècle ou l'Europe du XXIe siècle ; des gens avec une vie quotidienne chargée et énormément de choses autour d'eux pour occuper leur attention. Justement pour leur permettre de comprendre qu'au beau milieu des difficultés de la vie, il est possible de construire des vies d'espoir, d'optimisme et de résistance illimités. Et, oui, de grand bonheur aussi.

COMPRENDRE LE GOHONZON

Le Gohonzon est un simple rouleau de papier de riz. Il distingue le bouddhisme de Nichiren de toutes les autres formes de bouddhisme. C'est sa caractéristique distinctive. Le bouddhisme Hinayana ou Theravada est centré sur le Bouddha Shakyamuni, et le culte qu'on lui voue en tant qu'être humain unique. Le bouddhisme Mahayana quant à lui, est beaucoup plus soucieux d'introduire les enseignements bouddhistes dans la vie quotidienne des gens ordinaires, partout dans le monde. Dans le bouddhisme Nichiren, les Gohonzon, ralliés à la récitation du Sûtra du Lotus, Nam-myōhō-renge-kyō, constituent le principal moyen pour atteindre cet objectif. Le mot « *go* » en japonais classique signifie « digne d'honneur », et « *honzon* » signifie « objet de respect fondamental ». Il s'agit donc clairement d'un objet qui est tenu en très haute estime dans le bouddhisme de Nichiren. C'est aussi, je dois le dire, un objet d'une très grande beauté.

Le Dai Gohonzon. Dai signifie « *grand* » ou « *original* », et a été gravé par Nichiren le 12 octobre 1279. Le Gohonzon original, gravé par lui- même, est toujours conservé au Japon, dans un endroit non loin de Tokyo. Toute personne qui est prête à s'engager personnellement à pratiquer selon les principes de Nichiren, et à protéger et à prendre soin de son propre Gohonzon, reçoit une version en caractères d'imprimerie plus petits pour la conserver à la maison. C'est ainsi que les membres de la SGI pratiquent. C'est, je dois le souligner, un mouvement entièrement laïc. Il n'y a pas de prêtres. Nichiren lui-même, au cours de sa vie, a établi ce modèle d'individus recevant un Gohonzon personnel, pour leur permettre de pratiquer plus facilement dans un lieu de leur choix.

Peu de temps après, il a écrit :

« *Moi, Nichiren, j'ai inscrit ma vie à l'encre sumi. Aussi croyez dans ce Gohonzon de tout votre cœur*[37]. »

---

[37] Les écrits de Nichiren. 1– Sur l'atteinte de la bouddhéité – p.5 (Soka Gakkai – Bibliothèque du Bouddhisme de Nichiren) nichirenlibrary.org

Le sumi est une forme d'encre particulièrement utilisée dans la calligraphie japonaise. Avec cette phrase si simple, Nichiren résume l'ampleur de la tâche qu'il a accomplie. Il a clairement fait comprendre à ses disciples qu'il s'agissait ni plus ni moins de l'accomplissement de sa vie, une longue mission en tant que maître des êtres humains.

Les caractères du parchemin, en chinois et sanskrit, sont là pour représenter toute la réalité de la vie humaine. Au centre, en caractères plus grands et plus visibles par rapport au reste, illuminant toute la vie humaine qu'ils représentent, apparaissent les caractères *Nam-myōhō-renge-kyō Nichiren*.

Cette inscription centrale en gras est la clé pour comprendre la nature et l'intention du Gohonzon. Quand Nichiren a écrit « *J'ai inscrit ma vie à l'encre sumi* », il parle de sa vie de bouddha, ou de l'état de bouddha. Nous l'avons donc devant nous ; une représentation de ce que nous cherchons à extraire de notre propre vie, rien de moins que notre état de vie le plus élevé. C'est son grand cadeau pour toute l'humanité. Et en ce sens, il incarne le principe bouddhiste fondamental, déclaré pour la première fois dans le Sûtra du Lotus, selon lequel tous les êtres humains ordinaires ont le potentiel de la bouddhéité, inhérent à leur vie.

Il est difficile de trouver une analogie précise qui se rapproche de l'expression de ce qui se passe quand on récite devant le Gohonzon. Peut-être pourrait-on établir une analogie avec la musique. Lorsque Beethoven ou Mozart par exemple, s'asseyaient et écrivaient un morceau de musique, ils exprimaient leur état de vie, leur passion, leur esprit, leur exaltation ou leur mélancolie à ce moment précis. Un monde intérieur qui se transmuait en traits gras à l'encre noire sur du papier blanc. Quoi qu'il arrive par la suite à ce morceau de papier, l'esprit qui a coulé à travers le monde intérieur du compositeur à ce moment-là, y a été inscrit de façon indélébile, pour toujours. La feuille de papier portant les marques d'encre pourrait rester inaperçue sur une étagère poussiéreuse de la bibliothèque pendant des décennies. Elle pourrait être copiée avec amour par la main de quelqu'un, ou passer dans un photocopieur numérique moderne pour produire un millier de copies. Mais quel que soit le chemin parcouru, lorsque la dernière copie qui aurait été faite est placée devant un musicien qui interprète la partition, l'*esprit* incarné dans l'original il y a si longtemps, est, dans une plus ou moins grande mesure, ramené à la vie pour remplir la pièce de son éclat et de sa vibration, et pour recréer chez ceux qui l'entendent une certaine mesure de l'esprit qui y régnait lorsque la pièce a été écrite.

Dans cette analogie, vis-à-vis du Gohonzon, nous occupons le rôle du musicien. Nous cherchons à recréer l'esprit incarné dans l'original. Le Gohonzon dépeint tous les aspects de notre vie humaine ordinaire ; ce qu'il y a de bon, de mauvais et de laid, de positif et de négatif, la lumière et l'obscurité. Tous ces aspects de notre vie quotidienne sont là ; et ceux de Nichiren aussi. Car, après tout, il était un être humain ordinaire. Mais ils sont illuminés par le principe qui peut nous permettre, quelle que soit la force de notre colère ou la profondeur de notre désarroi, de faire avancer notre vie vers l'état de bouddha, que Nichiren a capturé à l'encre sumi. Rien n'est exclu ; aucun état de vie n'est rejeté. Nous n'avons pas à nous débarrasser de quoi que ce soit, ni à nous sentir coupables. La structure du Gohonzon est là pour montrer clairement qu'il n'y a pas d'état de vie ou de condition qu'un être humain puisse expérimenter qui, d'une certaine manière, serait susceptible d'empêcher ce voyage vers notre moi supérieur. Tout peut être transformé.

Telle est l'envergure de la promesse.

La fonction du Gohonzon est d'être là comme un élément physique sur lequel se concentrer. C'est surtout là son utilité : permettre à l'esprit de se concentrer sur la tâche à accomplir : réciter. Nichiren nous a donné cette « *image* » *de* ce que nous cherchons à atteindre ; Ni plus ni moins. Il est important donc de s'en souvenir.

Il est parfois décrit comme un miroir, qui nous renvoie à notre vraie nature. Tout comme nous ne pouvons pas voir notre visage sans un miroir qui nous renvoie notre image, nous dit Nichiren, nous ne pouvons pas percevoir notre bouddhéité sans le « miroir » du Gohonzon pour refléter son image.

Est-ce vrai ? Oui, sans aucun doute. Et pour des milliers de personnes. Pouvons-nous dire clairement pourquoi ? Je ne le crois pas. Il existe, à ce sujet, de nombreuses explications, mais trop souvent, elles sont formulées en des termes mystiques du même ordre que le sont les événements qui se sont déroulés devant le Gohonzon. Mais il faut quand même rappeler que bien des choses dans notre univers dépassent la portée de la vision partielle et incomplète fournie par notre intellect.

Ce que la pratique devant le Gohonzon exige, c'est une application et un effort réels, et un engagement pour persévérer, pour donner le meilleur de *soi-même*. Bien sûr, il y a des hauts et des bas. Un mois on avance à grands pas, le mois d'après on peut stagner. En tout cas, la stricte vérité est que les gens ne maintiennent cette pratique qu'en raison des bénéfices qu'ils constatent dans leur vie. C'est là l'épreuve du feu. Et les implications en sont profondes. Nous ne parlons pas d'un Ciel, sous une quelconque forme, dans l'au-delà. Une récompense pour la façon dont on aura vécu dans cette vie. Le bouddhisme, comme nous l'avons si souvent dit, est la vie quotidienne. Ici et maintenant. Les bienfaits doivent être ressentis à la maison, sur le lieu de travail, dans la façon dont on se sent dans la vie aujourd'hui, demain et après-demain.

Il n'y a pas d'épreuve plus décisive que la vie réelle.

CHAPITRE SEIZE

Un nouveau départ

J'ai entrepris ce long voyage vers le bouddhisme avec bien plus qu'une petite dose de réticence. Je ne pourrais pas affirmer que j'avais au départ une vision claire ou une quelconque connaissance de la direction à suivre ; sans une idée qui me guide, ou un but évident à atteindre. Cependant, et je m'en rends compte maintenant, il y avait une détermination intérieure. Sinon, il n'y aurait eu aucun sens à cette entreprise. Si j'essaie de revenir en arrière pour me retrouver dans ma situation de départ, je vois que j'étais décidé à poursuivre le voyage jusqu'à ce que j'aie la certitude, d'une manière ou d'une autre, de la valeur de cette pratique dans ma vie quotidienne. Il était assez facile pour les gens de me dire : « Le bouddhisme *est* la vie quotidienne ». Mais il s'agissait de savoir si cela fonctionnait vraiment à ce niveau. Est-ce que cette pratique marquerait-elle une différence fondamentale dans ma façon de voir le monde de tous les jours ?

À travers mes lectures et, surtout lors de mes conversations avec des pratiquants, j'avais eu l'impression que cela pouvait bien être vrai. Lorsque j'assistai à des réunions bouddhistes, il y avait un véritable sentiment d'optimisme, même lorsque les gens parlaient de toute sorte de difficultés et de défis. Il s'agissait, dans la vie, de voir les problèmes pour ce qu'ils étaient, de les défier et de les transformer en opportunités de changement. Des gens ordinaires, avec des problèmes quotidiens ordinaires, apprenant à voir la vie différemment, à travers la lentille de la pratique.

La grandeur de cette pratique, à mon avis, est précisément cela. Elle nous permet de réaliser ce léger changement de perspective. Et aussi étrange que cela puisse paraître, c'est tout ce qu'il faut. Il peut s'agir d'un tout petit changement. Mais peu à peu, il devient tel qu'il prouve être suffisant pour aborder un problème avec une attitude complètement différente, qui conduit ensuite à des changements tangibles, positifs, parfois même dramatiques, dans la vie de quelqu'un. Et, à chaque fois, cela renforce la volonté de traiter le problème suivant de la même manière. Nous passons face aux problèmes, d'une attitude généralement anxieuse et négative à une attitude déterminée et positive.

Or, cela va bien au-delà de la simple gestion des difficultés de notre vie, même si à nos yeux, elles sont d'une grande envergure au moment où nous les vivons. Il est très important de ne pas perdre de vue une perspective plus large.

Cet ouvrage a traité en grande partie de la manière dont la pratique bouddhiste peut nous aider, en tant qu'individus, à comprendre notre vie et à développer des relations heureuses et productives dans un environnement qui nous est relativement proche.

Évidemment, ce sont ces relations qui ont, et de loin, la plus grande influence sur notre vie. Elles constituent le tissu de notre vie, au quotidien. Maintenir des relations harmonieuses, même s'il s'agit d'un cercle relativement étroit, requiert un effort et une énergie énormes.

Car le plus grand défi que nous avons tous devant nous, en tant qu'individus, consiste à apprendre à étendre cette compréhension, cette compassion que la pratique nous aide à développer, au-delà du cercle de nos amis et de nos collègues, jusqu'à notre propre société, notre pays, et encore plus jusqu'à l'ensemble de l'humanité. À première vue, cela pourrait sembler un vœu pieux ; un vain espoir. L'histoire de l'inhumanité des hommes les uns vis-à-vis des autres a été si dévastatrice qu'on a du mal à penser qu'un tel changement puisse jamais se produire.

Toutefois une voix s'élève, de plus en plus, provenant de personnes qui pensent que le défi de cette génération consiste à chercher à ce que cette idée devienne réalité. Dans la série annuelle de conférences *Reith* de la BBC, en 2007, par exemple, le célèbre économiste américain Jeffrey Sachs a lancé sa thèse sur la possibilité de mettre en œuvre une synthèse globale. Reprenons ce qu'il a dit :

" *Je veux parler du défi de notre génération. Notre génération n'est pas celle qui a fait face au défi du fascisme. Notre génération n'est pas celle qui a été la première à se battre contre le démon nucléaire, bien que nous soyons encore aux prises avec lui aujourd'hui. Notre défi, le défi unique de notre génération est d'apprendre à vivre en paix...... et de façon durable, dans un monde extraordinairement surpeuplé...*

Le plus important pour nous, sur cette planète surpeuplée, confrontés au défi de vivre côte à côte, comme jamais auparavant, et face à un défi écologique commun qui menace l'humanité pour la première fois de son histoire, est que la manière de résoudre les problèmes nécessite un changement fondamental. Un changement radical. Il consiste à apprendre que les défis de notre génération ne sont pas du genre « nous contre les autres ». Ce n'est pas nous contre l'Islam. Nous contre les terroristes. Nous contre l'Iran. C'est nous, tous ensemble sur cette planète, contre un ensemble de problèmes communs et de plus en plus pressants. »

Il est indéniable que nous avons la plus grande difficulté à éprouver un sentiment de compassion durable envers ceux qui sont en dehors de notre environnement proche. Certes, les images des catastrophes naturelles et des tragédies provoquées par l'homme dans différentes parties du monde, qui envahissent de plus en plus souvent nos écrans de télévision, peuvent susciter notre compassion au point d'envoyer une contribution à une œuvre de bienfaisance. C'est, à notre avis, le seul geste utile que nous puissions faire. Mais alors, la machine à actualités, qui marche 24 heures sur 24, passe au drame suivant, à la crise suivante, de sorte que la précédente se dissipe rapidement.

Même si l'on fait preuve des meilleures intentions, il est extrêmement difficile de maintenir la compassion pour d'autres au-delà de notre cercle immédiat. On pourrait très bien affirmer que cette incapacité est à l'origine de bon nombre, voire de la plupart des grands problèmes auxquels sont confrontées les sociétés modernes. Parler de village global peut bien sembler une banalité. Pourtant, cela n'en est pas moins vrai. Nous vivons certainement dans un monde où plus aucun endroit n'est trop éloigné ; où ce qui se passe dans une vallée isolée en Afghanistan ou dans une rue poussiéreuse d'un village en Palestine ou dans un café au bord de la route en Indonésie, peut avoir un effet profond et dévastateur sur la vie des gens partout dans le monde.

Socrate a affirmé que nous recherchons instinctivement ce qui est bon pour nous. La plupart des êtres humains ordinaires veulent la paix dans le monde. La plupart des êtres humains ordinaires croient que c'est un idéal inaccessible et, en tout cas, il ne semble pas y avoir de chemin pour y parvenir. Le bouddhisme nous rappelle, *chaque jour*, deux vérités puissantes. Aussi difficile qu'il soit de l'atteindre, la paix reste un objectif souhaitable et significatif. Aussi difficile que soit le chemin, il commence ici même, avec chacun d'entre nous. Nous pouvons l'emprunter à tout moment, dès que nous le souhaitons. Pour ce faire, il s'agit de comprendre, en y mettant notre vie entière, que nous ne sommes pas impuissants, et que par nos actions individuelles nous pouvons produire un effet profond et bénéfique sur notre environnement.

Daisaku Ikeda s'est donné pour mission de nous expliquer les implications sociales et mondiales de cette pratique :

« *À une époque où la société et le monde religieux sont tous deux marqués par l'agitation et la confusion, seul un enseignement qui donne à chaque individu le pouvoir de faire ressortir sa nature de bouddha peut conduire toutes les personnes vers le bonheur et transformer le rythme de l'époque. En d'autres termes, la seule façon de réaliser le bonheur et la paix, à l'avenir, est de développer notre grand potentiel humain. Il ne peut y avoir de solution substantielle aux problèmes de la société qui n'implique pas le développement de notre état de vie[38]. »*

FIN

---

[38] Daisaku Ikeda. *Living the Gosho – Vol.1 (Le Monde du Gosho)*. Traduit par nous.

www.ingramcontent.com/pod-product-compliance
Lightning Source LLC
Chambersburg PA
CBHW032100090426
42743CB00007B/183